新时代礼仪文化

礼

任雪浩 主编

陈萌 刘欣 谌颖 副主编

知礼守仪，实现出彩人生

天津社会科学院出版社

图书在版编目（CIP）数据

新时代礼仪文化：知礼守仪，实现出彩人生 / 任雪
浩主编；陈萌，刘欣，谌颖副主编. -- 天津 ：天津社
会科学院出版社，2024. 11. -- ISBN 978-7-5563-1034
-0

Ⅰ．K892.26

中国国家版本馆 CIP 数据核字第 2024S7H002 号

新时代礼仪文化 ：知礼守仪，实现出彩人生
XINSHIDAI LIYI WENHUA:ZHILI SHOUYI,SHIXIAN CHUCAI RENSHENG
责任编辑： 王　丽
装帧设计： 祁　凯
出版发行： 天津社会科学院出版社
地　　址： 天津市南开区迎水道 7 号
邮　　编： 300191
电　　话： （022）23360165
印　　刷： 北京建宏印刷有限公司
开　　本： 710×1000　　1/16
印　　张： 18.5
字　　数： 270 千字
版　　次： 2024 年 11 月第 1 版　　2024 年 11 月第 1 次印刷
定　　价： 78.00 元

前 言

中华民族素有"礼仪之邦"的美誉,5000多年来的华夏文明,始终教育我们知礼、懂礼、守礼、用礼,"中国有礼仪之大,故称夏;有服章之美,谓之华。华、夏一也。"这是中国式现代化演绎中一代代中华儿女集体凝练的礼仪文化准则,形塑出中华民族的风骨和气蕴,演绎着华夏文明独具特质的情感与智慧。中国礼仪文化作为规范社会的准则和尺度,具有渗透、规约、协调、引导、维护、教育、形象塑造等多种功能,表现出强大的凝聚力、生命力和感召力。

"国尚礼则国昌,家尚礼则家大,身有礼则身修,心有礼则心泰。"礼仪是个人美好形象的标志、人际和谐交往的润滑剂、职业生涯发展的加速器、社会文明进步的载体,即便置身当今世界文化大涤荡、大融合、大发展的洪流中,中国礼仪文化对推进社会主义文化强国建设依然具有不可替代的重要价值。正如习近平总书记在党的二十大报告中指出的:"提高全社会文明程度。实施公民道德建设工程,弘扬中华传统美德,加强家庭家教家风建设,加强和改进未成年人思想道德建设,推动明大德、守公德、严私德,提高人民道德水准和文明素养。"①新时代背景下,礼仪文化作为五千年中华文明的精华,始终以强有力的精神力量教化人民、维系社会稳定,是社会文明程度的标志之一。礼仪文化虽然是一种规范和素养,却也充满技巧和方法。正因如此,我们编写了这本新时代礼仪文化书。

本书将新时代礼仪文化贯穿其中,总结了大量实用性强的提升礼仪文

---

① 习近平.高举中国特色社会主义伟大旗帜为全面建设社会主义现代化国家而团结奋斗:在中国共产党第二十次全国代表大会上的报告[M].北京:人民出版社,2022.

化的具体方法技巧，具有鲜明特色。一是精选内容，突出喜闻乐见。编者将社会主义核心价值观和中华优秀传统礼仪文化的基本内容有机地融入书中，并通过小箴言、小案例、小故事等读者喜闻乐见的形式，润物细无声地走进读者心灵。二是理实一体，注重知行合一。编者将理论知识与实践训练结合，设计了箴言选摘、知识详解、案例思考、实战演练、拓展阅读、深学细悟六个部分的内容，形成了独特的知行合一的内容体系，让读者在教中学、学中做、做中行，理实一体，学做结合，知行合一。三是与时俱进，注重时代性。编者紧密结合新时代要求，关注与时俱进的社会生活新要素，通过详实介绍形象礼仪、餐饮礼仪、会面礼仪、通联礼仪、网络礼仪、习俗礼仪、校园礼仪等，让读者拥有精致的仪容、优雅的仪态、得体的仪表和闪亮的签名，教育引导读者向美而行、向善而为，规范行为标准，提升交往能力，培养合作意识，提高修养水平，亮"出色"形象，建"出萃"社交，育"出众"能力。

本书是天津职业技术师范大学"新时代知礼守礼 实现出彩人生"选修课程组多年来打造的天津市首批"一校一品"思想政治理论选修课品牌建设课程的智慧结晶，凝聚了该课程组成员的集体力量。本书由任雪浩担任主编，陈萌、刘欣、谌颖担任副主编，组建了编写团队，经过通力合作，共同完成了编写工作。其中陈萌编写第二、六章；刘欣编写第三、四、五章；谌颖编写第一、七章；戴琳、李文彬参与了全书的审校工作。

此书得以面世，要特别感谢"新时代知礼守礼 实现出彩人生"课程创始人鲁艳老师。本书由鲁艳老师牵头精心组织策划，她付出了大量的心血与汗水，她把对礼仪文化的挚爱和多年授课经验上升为理论与实践体系，让更多的人可以看到这份大情怀和有益经验，闪亮步入职场，实现出彩人生。

本书在编写过程中，集采众家之说，参考借鉴了大量国内外礼仪文化相关的书籍和文献资料，吸收了国内外学者的最新研究成果，限于篇幅仅列出了主要参考书目，在此对所有贡献智慧的作者表示最诚挚的谢意。

编者

2024 年 11 月

目 录

第一章　习俗礼仪　礼承华夏

第二章　形象礼仪　魅力百分

第三章　会面礼仪　会见天下

---

① 刘晖编著.实用礼仪训练教程[M].北京:电子工业出版社,2008.

第四章　通联礼仪　连通你我

第五章　网络礼仪　网罗天下

参考文献

第一章

习俗礼仪　礼承华夏

入境而问禁，入国而问俗，入门而问讳。——《礼记·曲礼上》

君子敬而无失，与人恭而有礼，四海之内皆兄弟也。——《论语·颜渊》

人之有礼，犹鱼之有水矣。——葛洪《抱朴子》

子曰：「非礼勿视，非礼勿听，非礼勿言，非礼勿动。」——《论语·颜渊》

内睦者家道昌，外睦者人事济。——林逋《省心录》

知识详解

第一节　寻根问礼　追根溯源

礼仪是人类步入文明社会的"通行证"。自人类初现于世,便踏上了探索文明与美学的不懈旅程。礼仪,作为这一进程中的璀璨篇章,不仅映照出人类社会逐步挣脱蒙昧、野蛮与落后的轨迹,更是推动社会整体向前跃进的显著标志,彰显着一个国家、一个民族迈向进步、文明与繁荣的坚定步伐。在个人层面,礼仪是内在品德修养、文化素养及社交技巧的直观展现,它如同一面镜子,映照出个体的精神风貌与教养深度。而放眼社会,礼仪则成为衡量一个国家社会文明高度、道德风气及生活习惯的重要标尺,深刻反映着社会的整体风貌与价值取向。鉴于当前社会竞争日益激烈,且人本理念深入人心,我们更应将礼仪规范视为个人成长与社会和谐不可或缺的一环,致力于提升自身的礼仪素养,以更加文明、优雅的姿态,共筑更加和谐美好的社会图景。同时,作为大学生,更应该注重文明修养,讲究礼仪,每个人都应该成为礼仪的载体、文明的化身。

一、礼仪的概念

中国是举世公认的"礼仪之邦",中国的礼仪,充分展现了中国文化的特色。《礼记·冠义》载:"礼义之始,在于正容体,齐颜色,顺辞令。"从古人的这句话中可以看出,礼仪的肇始在于举动的得体、态度的端正和言谈的恭顺,它不但包含人的外在表现,而且体现了人的内涵。

(一) 礼的含义

古人认为礼定贵贱尊卑,义为行动准绳,廉为廉洁方正,耻为有知耻之心。在中国古代,礼扮演着双重核心角色,既是社会秩序的典章制度框架,也是约束并引导行为的道德规范体系。作为典章制度层面,它深刻体现了当时社会的政治制度精髓,旨在维护上层建筑稳定,并通过一系列详尽的礼节仪式规范人与人之间的交往行为。而从道德规范的维度审视,礼则成为全体社会成员行为的标杆与准则,引导着个体行为向善、有序发展。

追溯历史,早在孔子之前,中国已孕育了夏礼、殷礼与周礼,这三代礼制独具特色又相互承袭发展。至周公时期,周礼达到了前所未有的完善程度,它不仅是对前人智慧的总结与升华,更为后世礼仪文化的繁荣奠定了坚实的基础。作为观念形态的礼,在孔子的思想体系中同"仁"是分不开的。孔子说:"人而不仁,如礼何?"孔子倡导以"德"为引导,"礼"为约束的治理之道,突破了"礼专属于贵族"的传统界限,推动了礼教向更广泛的社会阶层普及。步入战国时期,孟子将仁、义、礼、智并列为基本道德支柱,其中"礼"被诠释为"谦让之心",成为塑造个人品德的关键要素之一。荀子则在孟子基础之上,对"礼"更加关注,其著作《礼论》深入探讨了"礼"的起源及其在社会秩序中的关键作用,强调礼能够确保社会各阶层,无论贵贱、长幼、贫富,都能在既定的等级体系中各安其位,和谐共处。在历史的长河中,礼作为中国独有的道德伦理体系与生活行为标准,对塑造中华民族的精神风貌与文化底蕴发挥了不可估量的积极作用。与此同时,随着社会结构的变迁与时代的演进,礼的内涵与表现形式亦在不断丰富与更新,经历着适应性与创新性的调整与变革,持续引导着社会风气的向好发展。《说文解字》中释:"礼,履也,所以事神致福也。""礼"同"履",也就是鞋子,既不能太大也不能太小,同时"礼"也表示对神的尊敬。

《礼记·曲礼》曰:"夫礼者,所以定亲疏,决嫌疑,别异同,明是非也。"也就是说,"礼"是用来确定人际关系的亲疏远近,判定人际关系存在的疑难问题,辨别古今的异同和异域的差别,辨明各种社会现象与个人行为正确与否的一种准则。

(二)仪的含义

"礼"的核心重在"尊重","礼者敬人也"。在人际交往中,既要尊重别人,更要尊重自己,但不能只是口头说尊重,要善于表达。尊重需要一定的表达形式:会说话,有眼色,懂得待人接物之道。因此,在人际交往中我们不仅要有礼,而且要有仪。

仪是"度",即分寸。它是指一个人要把握好尺度,如孔子说的"过犹不及"。它侧重反映一个人的外在形象,具体表现为仪表、仪态、仪容。同时,它也指一件事情的分寸、度量,具体表现为仪式。仪着重强调,无论是我们的外在形象,还是我们的行动,都要注意把握好一个原则,不要超出人们认可的范围,不要与人们习惯的认知标准相抵触。"仪"的核心重在"表达",即恰到好处地、适当地向他人表示尊重。

(三)礼仪的含义

中国具有五千年文明史,在古代,"礼"和"仪"实际上是两个不同的概念。"礼"是制度、规则和一种社会意识观念;"仪"是"礼"的具体表现形式,它是依据"礼"的规定和内容,形成的一套系统而完整的程序。

在古代社会,"礼"与"仪"被赋予了独特的含义。"礼",作为一种深层次的社会架构,蕴含了制度框架、行为规则以及普遍认同的社会意识观念;而"仪",则是"礼"的具体外在展现,它依据"礼"的内在精神与具体条款,演化成一套条理清晰、全面覆盖的程序体系。步入现代,礼仪的概念得以扩展,它不仅仅是历史积淀、风俗习惯、宗教信仰与时代精神的综合体现,更是人们在广泛社交互动中,基于共识与尊重,旨在构建和谐人际关系的一系列行为准则与规范的集合体。简而言之,现代礼仪是社会交往中普遍遵循的行为标准与道德指引。

礼仪,作为人类文明高度发展的产物,不仅规范了人们的互动行为,还深刻体现了社会的文明程度。其具体表现形式丰富多样，包括但不限于礼貌、礼节、仪表及仪式等。礼貌，即人们在交往过程中展现出的尊重与友善态度，诸如尊老爱幼、热情待客等美好品质的实践；礼节，则是人际交往中具体的行为方式与程序，如拜访、回访、挥手致意等礼节性动作；而仪表，则侧重于个人的外在形象，涵盖了容貌、着装、举止等多方面的综合体现，是个人修养与社会形象的重要组成部分。

二、中华礼仪的起源发展

(一)探索中华礼仪的根源

关于礼仪的起源，学术界众说纷纭，可归纳为五大流派：一是源自天神赐予的礼仪观；二是视礼为天地人和谐共生的象征；三是主张礼根植于人类本性的自然流露；四是认为礼是人性与外在环境相互碰撞、调和的产物；五则强调礼根植于理性，且深深扎根于民间习俗之中。

1. 从深层次的理论视角剖析，礼仪的诞生，实则源于人类为解决主客观世界之间矛盾的内在需求。

首先，礼仪的兴起旨在守护那份与生俱来的"人伦秩序"。在生存的严峻挑战下，人类选择了群居，以集体的力量对抗自然的无情。这种生活方式不仅促使了人与人之间的紧密依存，也无形中编织了一张复杂的人际网络。在这张网中，性别、年龄的差异天然构成了社会秩序的基石，这种秩序既是自然的赋予，也是社会成员间共识与维护的结果。为了维持这种秩序，确保群体的和谐共存，人类逐渐发展出一套规范"人伦秩序"的行为准则，这便是礼仪的雏形。

其次，礼仪的诞生，也反映了人类对自我欲望与外界条件之间动态平衡的不懈追求。追求欲望是人类天性的一部分，但在满足欲望的过程中，个人之间的冲突与摩擦在所难免。为了化解这些冲突，维护社会的和谐稳定，人类开始寻求一种既能尊重个体欲望，又能实现社会和谐的机制。礼仪，便是在这种背景下应运而生,它成为调节人际关系、平衡个人与社会需求的重要工具。

2.从仪式的实践层面探源,礼仪最初萌芽于原始宗教的祭祀仪式之中。

这些古老而质朴的祭祀活动,以祭天、敬神为核心,构成了最早、最纯粹的"礼"的表现形式。随着时间的推移,这些祭祀活动逐渐演化为一套完整且规范的礼仪体系,不仅体现了对天地鬼神的敬畏之情,更蕴含了深刻的社会秩序与道德准则。随着人类文明的进步,对自然界与社会关系的认知日益深刻,单纯以祭祀为内容的礼仪已难以满足人们日益增长的精神需求与复杂多变的现实调节需求。因此,人们开始将原本专属于祭祀活动的行为模式与象征意义,创造性地扩展到更为广泛的人际交往领域。这一转变不仅丰富了礼仪的内涵,更使其成为调节社会关系、促进人际和谐的重要工具。于是,礼仪从最初的祭祀之礼,逐渐衍生出涵盖社会各个层面的多样化形式,成为中华文化中不可或缺的一部分。

(二)中国礼仪的发展

在礼仪的漫长传承与沿革历程中,它持续经历着深刻的变革与演进。若从历史的宏观视角来审视,其演变轨迹可清晰地划分为六个标志性阶段。

1.礼仪的起源时期:夏朝以前(公元前2100年前)

在远古的原始社会,礼仪的幼芽悄然萌发于中、晚期阶段,约相当于旧石器时代的尾声。这一时期,礼仪尚处于萌芽状态,显得质朴而纯真,尚未沾染上阶级社会的色彩。其涵盖的内容广泛而基础,包括但不限于确立血亲联姻规范的婚嫁仪式,用以区分部族内部等级尊卑的礼制框架,以及为崇拜天地神灵而精心设计的祭祀典礼。此外,还包含了一系列人际交往中表达礼貌与敬意的基本动作与礼节,这些共同构成了原始社会礼仪体系的初步轮廓。

2. 礼仪的形成时期：夏、商、西周三代

（公元前2100年—前771年）

随着人类社会步入奴隶制时代，统治阶级为稳固政权，巧妙地将原始的宗教仪式转化为适应奴隶社会政治生态的礼制体系，使得"礼"深刻烙印上了阶级性的印记。这一时期，中国首次构建了全面覆盖社会生活各个层面的国家礼仪与制度体系，其中，"五礼"便是集大成者，它是一套详尽且系统的行为规范与礼仪准则，深刻影响着人们的日常生活。与此同时，古代礼仪的经典之作也在这一时期纷纷涌现，如周代的《周礼》《仪礼》与《礼记》，它们不仅是中国礼仪学领域的奠基之作，更在后世的2000多年间，作为国家制定礼仪制度的重要参考，被尊称为"礼经"，持续引领着中华礼仪文化的传承与发展。

3. 礼仪的变革时期：春秋战国时期（公元前771—前221年）

在这一时期，学术界迎来了前所未有的繁荣，诸子百家竞相争鸣，其中尤以孔子、孟子、荀子为代表，他们对礼仪进行了深入探究，不仅追溯了礼仪的起源，还深刻剖析了其本质与功能，首次从理论高度全面且深刻地论述了社会等级秩序的重要性及其深远意义。孔子对礼仪推崇备至，视其为治理国家、安定社会、实现天下太平的基石。他强调："不知礼，无以立"，意指礼仪是立人之本；"质胜文则野，文胜质则史，文质彬彬，然后君子"，则表达了他对内外兼修、文质相谐的君子风范的追求。孔子主张以礼自律，要求人们在视听言行各方面皆须合于礼，并倡导"仁者爱人"，强调人际间的温情与尊重。孟子则将"礼"诠释为对长辈与宾客的恭敬之态，认为"礼"源自人心中的尊敬与礼貌之情，并视其为人性本善的具体体现之一。而荀子则将"礼"置于其人生哲学的核心位置，认为"礼"不仅是个人修养的终极目标，也是社会的最高理想，他言道："礼者，人道之极也。"在荀子看来，"礼"既是理想追求，也是行为准则，它贯穿于人生的每一个阶段与社会的每一个角落。他断言："人无礼则不生，事无礼则不成，国无礼则不宁"，凸显了礼仪对于个人成长、事业成功乃至国家安定的至关重要性。至于管仲，他亦将

"礼"视为人际交往与社会治理不可或缺的关键因素,虽原文中未详尽其论,但可推想其强调的应是"礼"在维系社会秩序、促进和谐共处方面的积极作用。

4. 强化时期:秦汉到清末(前221—1911年)

在我国长达两千多年的封建历史长河中,尽管礼仪文化因朝代更迭而展现出各异的政治、经济与文化风貌,但贯穿其间的共通之处在于,它始终作为统治阶级巩固权力的工具,深刻维系着封建社会的等级秩序。这一时期的礼仪显著特征在于强调尊卑有序,具体表现为对君主权威的绝对尊崇,对臣子的抑制;在家庭层面,则体现为夫权至上、父权独尊,以及对女性与子女地位的相对贬低;同时,还伴随着对神灵的崇敬远超对人的尊重。随着历史的缓慢前行,这些礼仪规范逐渐演变成为束缚人性自由、阻碍社会平等交流的精神枷锁。审视封建社会的礼仪体系,其核心内容大致可归为两类:一是关乎国家政治架构与运作的礼制体系,二是规范家庭内部伦理关系的礼仪规范。这两大类礼仪共同构成了中华传统礼仪文化的主体框架,对后世产生了深远而复杂的影响。

5. 现代礼仪的发展

辛亥革命后,随着西方资产阶级自由、平等、民主、博爱等思潮的涌入,中国传统礼仪的规范与制度遭遇了前所未有的挑战与冲击。五四新文化运动犹如一股清新的风,对陈规陋习、束缚人性的旧礼教进行了深刻的批判与清理,推动了礼仪文化的革新。在这场文化革命中,那些符合时代进步潮流的礼仪元素被筛选出来,得到了继承、完善与广泛传播,而烦琐冗杂的礼仪形式则逐渐被社会所摒弃。与此同时,中国开始积极吸纳国际通用的礼仪形式,这些外来元素与国内礼仪相融合,共同塑造了新的礼仪标准与价值体系。这一时期的礼仪变革,不仅体现在外在形式的更新上,更深刻地反映了社会观念、价值取向的变迁。新的礼仪标准与价值观念,如雨后春笋般在社会中生根发芽,逐渐成为引导人们行为、塑造社会风貌的重要力量。

6. 当代礼仪的发展

新中国成立以来,我国逐步构建起以平等、友好、互助、团结为核心原则的新型社会关系与人际交往模式，彰显出鲜明的中国特色。进入改革开放新时期，随着中国与全球交流的日益紧密，西方先进的礼仪文化元素逐渐融入我国，与本土传统礼仪交相辉映，共同编织成社会主义礼仪的坚实基础。这一过程中，礼仪的内容与形式均经历了深刻的变革，标志着现代礼仪步入了蓬勃发展的新纪元。在此背景下，礼仪教育与研究迎来了前所未有的繁荣。大量礼仪专著相继问世，为公众提供了丰富的知识资源；各行各业纷纷制订礼仪规范，促进了社会文明程度的提升；礼仪讲座与培训活动遍地开花，激发了人们学习礼仪知识的浓厚兴趣。讲文明、重礼貌的社会风尚蔚然成风，成为时代进步的鲜明标志。

展望未来，随着社会的持续进步、科技的飞速发展和国际交流的日益增多，礼仪文化必将迎来新的发展机遇，不断得到完善与创新。它将继续在促进社会和谐、提升国民素质、展现国家形象等方面发挥不可替代的作用。

三、西方礼仪的起源发展

西方文明的发展轨迹，在很大限度上映射出人类对礼仪不懈追求与持续变革的历程。为了维系并深化超越血缘关系的广泛人际关系，同时减少冲突与战争的风险，人类逐渐创造出了一系列与冲突化解、和平共处紧密相连的动态礼仪形式。例如，最初的举手礼便是为了向他人表明自己手中并无武器，以此传达和平与无害的意愿，这一行为后来逐渐演化为我们熟知的握手礼，成为现代社会中常见的友好表示。又如脱帽礼，它象征着一种放下防备、展现尊重与亲近的姿态，仿佛在对方面前"卸去武装"，以表达最深的敬意与友好。这些礼仪的演变，不仅是人类智慧与创造力的结晶，更是文明社会中人际交往不可或缺的润滑剂。

自古以来，从古希腊的辉煌时代跨越至当代，西方文学与学术界的杰出代表们对礼仪的探讨与阐述层出不穷，精彩纷呈。在古希腊哲学的浩瀚典籍中，毕达哥拉斯（活动于公元前6世纪末至公元前5世纪初）率先亮出了"美德实为和谐与秩序之化身"的独到见解。随后，苏格拉底（公元前469—

前399年)则将哲学的焦点转向了对人性深处的探索,他认为哲学的真谛不在于对外界事物的泛泛而谈,而在于深入人心的自我认知与道德品格的培育。苏格拉底不仅口头倡导礼貌待人,更在实际生活中以身作则,树立了师者的典范。柏拉图(公元前427—前347年),作为古希腊哲学的集大成者,深刻强调了教育对于塑造完美人格的关键作用,他提出的理想人格四大支柱——智慧、勇敢、节制与公正,至今仍闪耀着智慧的光芒。而亚里士多德(公元前384—前322年),作为西方哲学史上的重要人物,更是将"公正"视为德行的核心。在《政治学》这部不朽著作中,他深刻地指出:人类因追求善良而得以成就非凡,成为万物之灵;但若背弃礼法、违背正义,则将沦为其中最卑劣的存在。此言不仅揭示了德行与礼仪的内在联系,更强调了礼仪在维系人类高尚品格与社会秩序中的不可替代作用。

在罗马帝国对西欧的统治时期(公元1世纪末至5世纪),著名教育学者昆体良编纂了《雄辩术原理》这部著作,其中深入探讨了罗马教育体系的状况,并强调个人品德与礼仪的培育应自幼年起便得到重视。与此同时,诗人奥维德在其爱情诗篇《爱的艺术》中,以温婉之笔告诫青年珍惜自我,避免过度沉溺于酒宴,倡导用餐时应有的文雅与节制。随着公元476年西罗马帝国的陨落,欧洲社会逐步迈入了封建化的历史进程,而12至17世纪则标志着欧洲封建社会的鼎盛繁荣期。这一时期,欧洲中世纪社会构建起了一套以土地为基础、紧密关联的封建等级体系,随之而来的是一系列复杂而严苛的贵族礼仪与宫廷规范。以12世纪编纂的冰岛文学瑰宝《伊达》为例,它不仅是一部文学杰作,还细致入微地记录了当时用餐礼仪的种种细节,如尊贵的宾客被安排于上席之位,举杯共饮之际亦需遵循特定的祝酒礼仪,这些无不彰显着那个时代的风尚与教养。

在14至16世纪的欧洲,文艺复兴的曙光照亮了知识与艺术的殿堂。这一时期,多部关于礼仪的经典之作相继问世,深刻影响了当时的社会风尚。意大利作家加斯梯良所著的《朝臣》便是一例,该书不仅传授了从政的智慧,还详尽阐述了政界精英应遵循的礼仪准则与行为规范。与此同时,尼德兰的人文主义先驱伊拉斯漠(1466—1536)创作了《礼貌》一书,聚焦于个人修养与餐桌礼仪，强调了道德修养、个人卫生与外貌整洁的重要性，倡导一种更为文雅、健康的生活方式。英国著名哲学家弗兰西斯·培根（1561—1626）亦对礼仪之美给予了高度评价，他言道："一个人的良好仪态，如同璀璨的名片，对其声誉大有裨益。正如伟大的女王伊丽莎白所言，这样的仪态'犹如一封永不褪色的推荐信'，为人在世铺就了一条通往尊重与赞誉的道路。'"培根的这番话，不仅揭示了礼仪对个人形象的塑造作用，更深刻体现了文艺复兴时期人们对个人修养与社会和谐的追求。

17至18世纪，欧洲迎来了资产阶级革命的风起云涌，尼德兰、英国与法国相继卷入了变革的浪潮之中。随着资本主义制度在欧洲大陆的稳固与发展，其独特的礼仪体系逐渐取代了封建社会遗留的礼仪传统。尽管资本主义社会标榜"人生而自由、平等"的崇高理念，然而，社会经济、政治结构及法律体系中的种种不平等，使得这一理想在现实中难以全然实现。尽管如此，资本主义时代的到来也催生了礼仪教育的新篇章。诸如《青年行为手册》等著作应运而生，旨在引导年轻一代遵循新时代的行为规范。特别值得一提的是，英国资产阶级教育领域的先驱约翰·洛克，在其1693年的著作《教育漫话》中，对礼仪的价值、功能以及礼仪教育的实践策略进行了全面而深刻的剖析，为后世留下了宝贵的思想财富。与此同时，德国学者缅南杰期也在这一时期贡献了他的智慧，其礼仪专著《论接待权贵和女士的礼仪，兼论女士如何对男性保持雍容态度》于1719年在汉堡出版，该书不仅探讨了如何得体地接待社会高层与女性，还倡导了一种和谐、尊重的社交风气，为当时的社交场合增添了更多的文明色彩。

英国尊贵的政治家切斯特菲尔德勋爵（生活于1694年至1773年间），在其备受推崇的著作《教子书》中深刻阐述道：世间最卑微、最贫困的个体，皆怀有一份对绅士风度的热切期盼，他们享有这份权利，因为从本质上讲，他们与你我并无二致，不应因教育程度的差异或财富的多寡而被视为低人一等。与之交流时，务必展现出极度的谦逊与温和，否则，他们或许会将你的态度误解为傲慢，进而心生反感与疏远。

进入现代社会，随着西方各国在社会经济等多个领域的蓬勃发展与深化,礼仪文化亦迎来了崭新的蜕变:从昔日繁复的礼节遵循,逐步转向对优雅行为举止的崇尚,再进而演化为适应现代平等社会关系的更为简明扼要的规范。这一变迁不仅彰显了礼仪的日益文明化、简约化与实用性,也凸显了其在当代社会中的重要地位,受到广泛的关注与重视。相应地,关于礼仪的著作如同雨后春笋般涌现,其中不乏经典之作,如法国学者让·赛尔的《西方礼节与习俗》,英国学者埃尔精心撰写的《请注意您的风度》,美国礼仪权威伊丽莎白·波斯特编纂的《西方礼仪集萃》,以及美国著名教育家卡耐基所贡献的《成功之路丛书》中有关礼仪的篇章,这些作品均为现代礼仪文化的传承与发展贡献了重要力量。

总而言之,礼仪历经时间的洗礼与文化的交融,已在全球范围内绽放出多姿多彩的面貌,每个国家和民族都孕育出了独树一帜的礼仪传统与规范。英国绅士的温文尔雅、法国人的浪漫情怀、美国人崇尚的自由不羁、日本文化中男女角色的明确界限,以及中国人深植于心的谨慎谦逊,均已成为国际间广为传颂的文化符号。与此同时,随着全球化进程的加速,一些跨越国界的礼仪惯例逐渐形成并得到了广泛的认可与遵循,这些共通之处如同纽带,连接着世界各地的文化多样性。因此,当今世界的礼仪风貌,既是个性与共性的和谐共生,也是特色与惯例的交相辉映,共同绘制出一幅绚丽多彩的礼仪图景。

第二节　不学礼　无以立

遵循礼仪规范,就会得到社会的认可和嘉许。违反礼仪规范,就会到处碰壁、招致反感、受到批评。正所谓,有"礼"走遍天下,无"礼"寸步难行。为了人际交往的顺利进行,人们在交往中需要遵守礼仪的基本原则,表达出友好的态度和良好的风范,构建出和谐的人际关系氛围。

为什么普及礼仪如此难呢? 一个重要的原因是很多人不重视。有些人认为礼仪是假招子,讲不讲礼仪无所谓。知名成功学导师拿破仑·希尔曾精辟地指出:在众多品质中,礼节无疑是成本最低却回报最为丰厚的一项。人们普遍追求成功之路,而实则,一个人与礼仪的亲近程度,往往直接关联着其距离成功的远近。一项由美国雪域大学管理学院发起的深入研究,针对《幸福》杂志精心挑选的百强企业中的高层管理者与人事决策者进行了广泛调研。研究结论显著,无论是英国的93%还是美国的96%的公司高层,均不约而同地强调了礼仪与个人形象在通往成功道路上的关键性角色,视为不可或缺的成功要素。

一、礼仪的基本原则

礼仪的基本原则是实施礼仪的指导思想和必须达到的基本要求。一般来说,礼仪应遵循以下原则。

(一)尊重原则

尊重是礼仪的核心,尊重包含自尊和尊敬他人。自尊就是要保持自己的人格和尊严。尊敬他人就是要以礼待人,尊重他人的信仰、习惯、人格等。心理学家亚伯拉罕·马斯洛指出,人类对于尊重的需求涵盖多个层面,如渴望获得自信、能力的展现、技能的掌握、成就的达成、独立性的增强以及自由的享有等。而来自外界的尊重则体现为威望的树立、被认可与接受、受到关心、享有较高的社会地位、赢得良好的名誉以及获得他人的赏识。一个拥有高度自尊并能尊重他人的人,通常展现出更强的自信心、更高的能力水平及工作效率,同时他们也对自己在社会中所扮演的角色有着清晰而准确的认识。礼仪讲究互尊原则,即相互尊敬、坦诚、谦恭、和善及得体,"你敬我一尺,我敬你一丈",才能满足每个人的自尊心理。在人际交往中,人与人之间彼此尊重才能保持和谐、愉快的关系。"十里不同风,百里不同俗。"不同国家和地区,由于民族特点、文化传统、宗教信仰、生活习惯的不同,往往有着不同的礼仪规范。礼仪具有民族、国家和地区自身的文化特色,因此要尊重对方的文化特色并入乡随俗,发挥礼仪交往的作用来构建良好的人际关系。

(二)真诚原则

真诚是人与人相处的基础,是打开社会交往的金钥匙。礼仪的真诚原则,就是要求人们在人际交往中,必须诚心诚意,言行一致,表里如一。"诚于中而形于外人生。"不是一场独角戏,在与他人的交往中,要秉持一颗真诚的心去对待每一个人,在做事时要秉持实事求是的态度,不说谎、不虚伪、不藐视他人,用真诚赢得对方的信任与尊重。

(三)信义原则

取信于人在人际交往中非常重要。信义的原则就是要求人们在人际交往中遵时守信。古语"言必信,行必果""君子一言,驷马难追",说的都是取信的道理。在人际交往中,只有博得人们的信赖,才更有利于成功。

(四)自律原则

礼仪并非法律条文,不具备司法强制执行力。它更多地扮演着人际交往与处事态度的行为准则的角色。这些准则并非源自某个人或单一团体的独断设定,而是根植于社会广泛共识与长期习俗之中,是公众普遍认同并自觉遵循的规范。正因如此,礼仪的维持依赖于个体的自我约束与自我管理,同时,它也受到社会舆论这一无形力量的监督与引导。在人际交往中,每一个社会成员,无论其身份,都应当自觉遵守并履行礼仪的相关原则,按照要求来规范自己在交际活动中的言行举止,学会自我约束、自我反省、自我修正,自觉遵守礼仪规范,做一个受大家欢迎的人。

(五)适度原则

在人际交往中要把握分寸,合乎规范。在运用礼仪时,要根据具体情况、具体情境行使相应的礼仪。如在与人交往时,既要彬彬有礼,又不能低三下四；既要热情大方，又不能轻浮诏谀；要自尊不要自负，要坦诚但不能粗鲁，要信人但不要轻信，要活泼但不能轻浮。施礼过度或欠缺热情，都会给人以失礼的印象。

（六）宽容原则

在现代社会，宽容是现代人的一种礼仪素质。宽容就是心胸宽广，宽宏大量，能够原谅他人的过失，能设身处地为他人着想，它是一种崇高的人生境界。在交往中，人们常常会存有一些戒备和不相容的心理，有时难免会与他人发生冲突。宽容原则就是要求人们在交际活动中，对他人不要求全责备，过分苛求。只有能够原谅可容之言、饶恕可容之事、包涵可容之人，容许别人有行动与见解的自由，才能达到宠辱不惊的境界，同时为自己营造一个安宁的心境。

二、礼仪的基本功能与价值

社会活动是每一个人都要参与的生活内容，在多姿多彩的生活交往中，有人进退自如、游刃有余，也有人被动尴尬、进退维谷；有人幽默风趣、谈吐不凡，也有人笨嘴拙舌。孔子早在两千多年前就曾说过："不学礼、无以立。"在现代社会，要具备良好的礼仪修养，呈现良好的礼仪风范，要成为一个有风度、有品味、有修养的人，就应该学习礼仪、实践礼仪，不断完善自己。而礼仪的基本功能可使你进一步认识学习礼仪的意义。

（一）礼仪的基本功能

1. 礼仪是一种社会规范

在现代社会，社会规范可分为主要社会规范和次要社会规范两大类。主要社会规范是指在社会生活和人际交往中发挥着重要作用的社会规范，次要社会规范是指在社会生活和人际交往中处于次要地位的社会规范。两者分属不同的层次，次要社会规范大多处于主要社会规范之间或者是由主要社会规范派生演化而来的。主要社会规范有社会礼仪、道德和法律,次要社会规范有规章制度、条令条例、组织纪律等,两种社会规范互相渗透、互相配合,构成一个社会规范的框架,共同约束、调控人们的社会行为,保证社会系统的正常运行。

在社会交往中,任何一个人的行为总是和他人的利害关系直接相关。当一个人的行为涉及到他人、集体时,这种行为就变成了社会行为。为保证社会行为能够正常进行并且发挥其正面效应,人们的社会行为就要自觉地接受社会规范和制约。人类社会是一个有内在联系的整体,如果没有各种调整人们相互关系的社会规范,社会生活就会陷入混乱,人们也就无法进行交往与合作。

2. 礼仪有助于维护社会风尚

礼仪也被一些人形象地称为"礼教",当礼仪成为一个民族共同的修养与追求时,自然就会有一个有秩序的社会环境,良好的社会风尚就能得到大家的共同维护。

3. 礼仪是事业成功的手段

一个人要想在事业上获得成功,除了个人努力之外,还需要得到同事、同行及社会的支持,只有待人谦恭有礼,才能得到别人的帮助,才能在工作与交往中得到广泛支持。

4. 礼仪是开启社交之门的金钥匙

中国古代《礼记》中有一句话"入境而问禁,入国而问俗,入门而问讳"。20 世纪 70 年代,中国与美国的关系开始解冻,美国总统尼克松约定来华访问,在此之前,尼克松一改西方人用餐持刀叉的习惯,费尽心思地练习使用筷子,后来在他访华时由周恩来总理主持的招待宴会上,尼克松自如地用筷子夹取食物,使在场的人大感意外,同时因尼克松尊重并实践中国人用筷子的习惯,宴会的气氛增加了一份亲切感。尼克松的这一举动正是"入国问俗"这一礼仪的具体体现,也收到了预期的外交效果,至今为世人津津乐道。

5.礼仪是人际关系的纽带

人际关系的维系需要人们具有良好的礼仪道德修养，这样人们就会自觉地约束自己的行为，克制自身的欲望，就可以创造出良好的交际氛围并维持和睦的人际关系。

6.礼仪是实现完美人格的途径

完美人格是人人都想达到的理想境界，而基本的修养和礼仪是达到这一境界的基础。

(二)礼仪与大学生

1.在高等教育阶段，强化礼仪教育对于大学生构建积极健康的人际关系网络具有显著裨益，不仅能够营造融洽的社交环境，还有助于提升大学生的心理素质与整体健康状态，促进其身心和谐发展

在任何社会环境中，交际活动均深植于礼仪的土壤之中，随着人类文明的持续进步与社会生活的日益深化，礼仪在调节社会互动中扮演着愈发不可或缺的角色。礼仪不仅是人际交往的基石，更是开启广泛交流大门的钥匙。对于步入大学生活的学生而言，他们脱离了家庭的庇护，置身于集体环境之中，与同龄人并肩而立，面临着从无条件依赖到独立自主的转变。在这样的背景下，积极参与人际互动，通过交往收获真挚友谊，不仅是适应新生活环境的重要途径，也是实现从依赖到独立个人成长的必经之路，更是为未来顺利融入社会奠定坚实基础的关键步骤。在校期间，建立和谐的人际关系对每位学生的成长与学习过程具有深远的影响。因此，引导大学生学习礼仪的基本准则与知识，掌握有效的沟通技巧，并在实践中不断积累交往经验，尤为重要。通过遵循相互尊重、诚信为本、言行得体的原则，大学生能够在交往中迅速拉近距离，增进彼此间的了解、理解和尊重，为个人的全面发展铺就坚实的道路。实践证明，优质的人际交往能力能显著提升大学生的自信心与自尊心，有效减轻挫折感，缓解内心的矛盾与苦闷，提供情绪释放的出口以减轻愤怒、压抑与痛苦,同时减少孤独感、寂寞与空虚等负面情绪。这一系列积极影响对大学生的心理健康与整体福祉大有裨益,有助于最小化不良情绪的滋生,并在其出现时提供有效的情绪疏导途径。

2. 礼仪教育有利于促进大学生的社会化,提高大学生的社会心理承受力

礼仪教育对于推动大学生的社会化进程、增强其社会心理适应能力具有显著作用。在个体逐步融入社会的过程中,需要掌握的知识与技能纷繁复杂,而社交礼仪教育则是这一旅途中不可或缺的关键环节,它如同人生旅途中的一门必修课程,贯穿每个人的成长历程。身处特定礼仪习俗与规范体系中的个体,无论自觉与否,都会受到这些礼仪的制约与影响。那些能够主动接受并遵循社会礼仪规范的人,往往被视为心智成熟、符合社会期待的典范。相反,若个体未能遵循社会礼仪要求,则可能面临社会的排斥与道德舆论的谴责。对于即将步入社会的大学生而言,他们正处于"准社会人"的阶段,内心充满了对社会的向往与探索的渴望,同时也面临着诸多心理层面的挑战与困惑,比如如何构建积极的人际关系网络、如何塑造良好的个人形象、以及如何迅速适应复杂多变的社会环境等。因此,加强礼仪教育对于引导大学生顺利过渡至社会角色、提升其心理韧性与适应能力具有重要意义。

然而,大学生的社会心理承受能力在很大限度上塑造了其交际活动的质量。具备卓越心理承受力的大学生,在交际互动中即便遭遇各种突发状况与挑战,也能保持冷静与稳定的心态,基于其掌握的信息,迅速而明智地作出反应,转危为安,把握主动。因此,对大学生实施礼仪教育,旨在使他们掌握一套符合社会期望的行为准则,这不仅是他们未来融入社会的必要准备,也是促进其社会化进程的有效途径。更重要的是,这样的教育能够培育大学生适应复杂社会生活的能力,进而增强他们的社会心理承受能力,为他们在多变的社会环境中稳健前行提供坚实支撑。

3. 礼仪教育对于深化大学生的思想道德教育,提升其思想道德品质具有重要意义

当前,部分高校面临一个显著现象:学生在理论上学习着高标准的道德

规范,但在实际行动中却难以达到基本的道德水准。这一现象背后,礼仪教育的缺失难辞其咎。礼仪,作为非法律性的规范,是社会成员共同生活与交往过程中道德关系的直接体现,是维系社交活动顺畅进行与社会秩序和谐稳定的关键要素。礼仪学科兼具高度的实践性与实用性,通过系统的礼仪教育,大学生不仅能丰富自身的礼仪知识体系,还能深刻理解并内化符合社会主义道德标准的礼仪规范。更重要的是,这种教育能够指导大学生如何在现实生活中以礼仪规范为镜,自我约束,实现内在道德品质与外在礼仪表现的和谐统一,最终成长为兼具高尚道德情操与现代文明风范的新时代青年。

4.礼仪教育对于深化大学生的人文知识教育,提升其人文素质同样发挥着不可小觑的作用

文化素质教育旨在通过人文学科的深入教学,精心雕琢与培育大学生的内在品格与修养,旨在塑造他们高尚的精神风貌与高雅的文化气质。人文教育蕴含深厚的教化力量,它能够触动学生的情感世界,潜移默化地塑造其价值观、人生观乃至个性特征,最终引导大学生学会和谐共处,成为具备文明素养的社会成员。礼仪教育作为中华民族文化教育与道德教育的综合体现,其核心价值在于直接而具体地指导大学生如何有效社交,如何以文明的方式待人接物。因此,将礼仪课程纳入高校人文素质教育的课程体系,并作为必修内容广泛推广与普及,是落实大学生人文素质教育目标的有效途径。此举不仅能够丰富大学生的人文知识储备,更能通过实践导向的教学方式,将人文教育的理念深植于心,助力大学生成长为既有深厚文化底蕴又具备高度文明素养的新时代人才。

5.礼仪教育在增强大学生文明行为、提升文明素质方面扮演着重要角色,进而有力推动着社会主义精神文明建设的发展

礼仪教育构成了社会主义精神文明教育体系的基石,因为个人的文明礼貌举止直接映射出其精神文明的修养水平。广泛传播与实践礼仪知识,正是响应加强社会主义精神文明建设这一时代需求的体现。通过系统化的

礼仪教育,大学生能够深刻认识到,他们的言谈话语、行为举止、仪容仪表及服饰选择,不仅仅是个人形象的展现,更是其思想境界、文明素养与精神风貌的直接反映。每个人的文明程度不仅关乎其个人形象与声誉,更是对学校整体精神面貌乃至整个社会环境精神文明程度的贡献与影响。因此,礼仪教育不仅是对大学生个体的塑造,更是对社会文明风尚的积极促进与引领。经由社交礼仪教育的滋养,大学生的礼仪素养将得到显著提升,他们将在实践中锻炼出应对各类社交场合的自如能力,逐步养成优雅的礼仪习惯,并内化为基本的文明教养,使得校园成为文明之花竞相绽放的沃土。当礼仪成为每个人的自觉行动,我们的社会将被和谐与温暖的氛围所包围。这凸显了礼仪教育的核心宗旨:旨在教育与引导每一位公民,使其自愿遵循社会主义礼仪道德规范及其衍生的社交礼仪形式,旨在唤醒公众的文明意识,促成文明行为的常态化,从而催生积极向上的社会风气,实现人际间、人与社会之间的深度和谐与有序状态,进而推动整个社会精神文明建设迈向新的高度。

三、中国优秀传统礼仪

中国是礼仪之邦,古代中国是礼文化的国度。社会生活的各个领域中都充满着礼,如成年礼、婚礼、葬礼、祭礼等,它们以民俗的形式根植于中国的土壤,并成为中国古老的文化传统,故此古代中国亦有"礼仪之邦"的自称。礼仪文化的根深蒂固和普遍存在,形成了中国古代社会最典型的特征,著名社会学家费孝通将其称为"礼治社会",也就是指以礼治为手段而维持的礼治秩序。

(一)见面之礼

在人际交往中,我们倡导的是一种既热情洋溢又不失文雅的相处之道,与不同身份背景的人相遇时,遵循适宜的礼仪规矩显得尤为重要。这些礼仪不仅体现了对他人的尊重,也彰显了个人素养与文化底蕴。对于日常的一般性问候，传统礼仪中的拱手礼是一种经典而又不失庄重的方式。它要求双手交叠（常见的是右手在内握拳，左手轻覆其上），举至胸前，身体保持直立，不弯腰，以此表达友好与敬意，适用于多种非正式场合的礼貌性致意。当踏入他人家中或就座之前，主客之间往往会以作揖礼来表达相互的谦让与尊重。这一动作同样是双手抱拳，但随后会伴随身体的轻微前倾和头部的微低，将礼节性的表达进一步深化，不仅限于进门落座，还广泛应用于感谢、祝贺、道歉及请求帮助等多种情境之中，甚至成为身份较高者对较低者回礼的一种常见形式。值得一提的是，传统礼仪中还有更为隆重的跪拜礼，它要求双膝跪地，头部与手部有节奏地触地叩拜，是对至尊者或极端尊敬情境下的一种高规格礼仪。然而，随着时代变迁，这种礼仪在现代社会中已较为罕见，主要在一些偏远地区的特定节日或习俗中得以保留。在现代社会，人们更习惯于采用握手礼作为相见时的标准礼仪，这是从西方传入并逐渐被全球广泛接受的一种简单而直接的交流方式。它不仅传递了友好与合作的意愿，也体现了人与人之间的平等与尊重。握手时，双方应面带微笑，目光交流，适度用力，以展现真诚与热情。综上所述，无论采用何种礼仪形式，其核心都在于表达对他人的尊重与关怀，促进和谐的人际关系。在不同的场合与情境中，选择合适的礼仪方式，既能彰显个人修养，也能增进彼此之间的理解与亲近。

（二）入座之礼

入座之礼，在传统社会中不仅是个人修养的体现，更是社会秩序与尊卑观念的细致展现。在这一礼仪体系中，座位的安排蕴含着深刻的含义，体现了对长辈、尊贵宾客的尊敬与礼让。具体而言，座次的安排遵循严格的等级制度，尊者自然居于上座，而身份较低者则依序就座于较为次要的位置。这样的安排不仅彰显了主人的待客之道，也避免了因座位安排不当而引起的尴尬与不快。因此，当面对不熟悉的座次安排时，最佳的应对策略便是遵循主人的指引，以免因个人判断失误而失礼于人。在室内的座次安排上，东向通常被视为最为尊贵的位置，因此贵客往往被安排在西席就座，而主人则会在东席相陪,以表示对贵客的重视与尊重。对于年长者,传统上则会安排在南向的座位(即北席),以示敬老之意。至于陪酒的晚辈,则通常会坐在北向的位置(即南席),以体现出对长辈的谦恭与礼让。除了座次的安排外,入座时的规矩也同样重要。在饮食过程中,为了保持仪态的端庄与用餐的方便,人们会尽量将身体靠近食案;而在非饮食时段,为了避免对他人造成不必要的干扰或显得过于随意,身体则会尽量靠后,即所谓的"虚坐尽后"。此外,当有贵客到访时,无论是主人还是其他在座之人,都应当立即起身致意,以表示对贵客的热烈欢迎与高度重视。这一举动不仅体现了传统礼仪的精髓所在,更能够营造出一种温馨、和谐而又不失庄重的交流氛围。

(三)饮食之礼

饮食礼仪,作为中国文化中不可或缺的一部分,自古以来便承载着深厚的文化底蕴与人际交往的智慧。从先秦时期的"以飨燕之礼亲四方宾客",到后世的各类聚餐会饮,每一幕都是礼仪与情感的交织,展现了中华民族对和谐、尊重与文明的追求。在宴饮场合,无论是迎接远方来客还是送别即将远行的朋友,酒都是不可或缺的元素,"无酒不成礼仪"一语道破了酒在宴饮中的重要地位。宴席上,饮酒的礼节尤为讲究,客人需待主人举杯相邀后方可饮用,这不仅是对主人的尊重,也是宴饮礼仪的基本规范。而客人若想表达对主人盛情款待的感激之情,亦可在席间举杯回敬,以此加深彼此间的情谊。在进食过程中,同样有着严格的礼仪规范。主人先执筷劝食,客人方可动筷,这一细节体现了主人对客人的关怀与尊重,也强调了宴饮中的秩序与和谐。此外,古代还流传着诸多进食规则,如"当食不叹",意在告诫人们在用餐时应保持愉悦的心情,避免发出叹息声影响他人;"共食不饱",则是提倡在共享美食时应有所节制,避免过量进食;"共饭不泽手",即用餐前需保持双手的清洁,以免给他人带来不便;"毋投骨于狗",则是对用餐环境的一种维护,避免将食物残渣随意丢弃,影响餐桌的整洁与美观。

这些饮食礼仪的遵循,不仅有助于营造出一个和谐、文明、有序的进食环境,更能够增进人与人之间的情感交流,促进社会的和谐与稳定。在现代社会,虽然人们的生活方式发生了巨大的变化,但这些传统的饮食礼仪仍然具有重要的现实意义,它们是我们传承文化、弘扬美德、构建和谐社会的宝贵财富。

(四)拜贺庆吊之礼

中国自古以来就是一个重视人情与礼仪的社会,人们在拜贺庆吊等场合中,遵循着丰富的仪礼俗规,以表达相互间的关怀与尊重。

拜贺礼,作为节庆期间的重要仪式,不仅是晚辈或地位较低者向尊长表达敬意的方式,也是同辈之间传递祝福与喜悦的桥梁。在行拜贺礼时,人们不仅态度恭敬,口诵吉祥的贺词,还会俯首叩拜,并献上精心准备的贺礼,以表达内心的诚挚与敬意。例如,古代元旦时官员的朝贺、民间新年的拜年之礼,都是这一传统习俗的生动体现。而庆吊之礼,则更多地聚焦于人生的重大节点,如诞生、成年、婚嫁、寿庆、死亡等。这些时刻不仅标志着个人生命历程中的重要阶段,也是家族与社会共同关注的大事。在诞生礼中,婴儿满月时亲朋好友的上门恭贺与馈赠,不仅为新生儿带来了祝福与关爱,也增添了家庭的喜庆与热闹。成年礼,作为中国传统社会中的重要仪式,标志着青年男女正式步入社会,承担起家庭与社会的责任。男子 20 岁行加冠礼,通过重新取一个名号,象征着其已经具备了结婚、承担社会事务的资格;而女子 15 岁行绾发加笄礼,则意味着她们已经长大成人,到了可以出嫁的年龄。虽然现代社会的成年礼在形式上有所变化,但学校举行的集体成年宣誓仪式,依然强调着青年人的成年意识与责任感。

婚嫁作为人生中的另一件大事,在传统社会中更是备受重视。传统婚礼中的"周公六礼",详细阐述了婚姻缔结的六道庄重程序:纳采、问名、纳吉、纳征、请期、亲迎。这不仅是对婚姻的尊重,也体现了古代社会对于礼仪制度的严谨态度。然而,随着时代的发展,到了宋代,这一流程被简化为纳采、纳币、亲迎三礼,使得婚礼更加简洁而不失庄重。婚礼的高潮无疑在于亲迎环节,新郎亲自前往女家迎接新娘,这一举动不仅彰显了新郎对新娘的珍视与尊重,也体现了婚姻双方家庭的紧密联结。新婚夫妇在拜堂之后,便进入洞房,行结发礼与合卺礼,这些仪式都寄托了人们对新人白头偕老、永结同心的美好祝愿。大婚之日,亲朋好友纷纷前来祝贺,主人家则设宴款待,宴席之上觥筹交错,欢声笑语不断,共同为新人送上最真挚的祝福。寿诞礼则是为庆祝长辈生日而举行的仪式,一般从四十岁开始,此后每逢整十岁便会举行一次较为隆重的庆祝活动。亲友们会送来寿礼,共同为寿星祈福祝寿,场面温馨而感人。

而人生仪礼的最后一道,便是丧礼。在中国文化中,丧礼被视为对逝者的一种尊重与怀念,同时也是对生者的一种教育与慰藉。人们重视送亡,丧礼仪式发达而庄重。在丧礼上,亲朋好友会前来吊唁,献上挽联、挽幛或礼品、礼金,以表达哀悼之情。亡者一般在三五天内便会入殓安葬,整个丧礼过程充满了对逝者的不舍与缅怀。拜贺庆吊之礼,作为中国传统文化中的重要组成部分,不仅体现了人们对礼仪的尊崇与践行,更展示了人与人之间相互扶助、相互关爱的社会合作精神与团结气象。这些礼仪习俗的传承与发展,不仅丰富了中华民族的文化内涵,也为我们现代社会的人际交往提供了有益的借鉴与启示。

（五）中国的拱手礼

在中国,除握手礼外,亲友相见,特别是在春节团拜、登门拜访、致以祝贺、开会发言时,还可以行拱手礼。它是我国古代一种重要的礼节,已沿用两千多年。施拱手礼的方法是,行礼者首先立正,右手半握拳,然后用左手在胸前扶住右手,双目注视对方的同时,拱手齐眉,弯腰自上而下,双手向前朝对方轻轻摇动。行礼时,可向受礼者致以祝福或祈求,如"恭喜发财""请多关照"等。需要注意的是,行拱手礼时,一定用左手扶抱右手,意味着施礼者愿在受礼者面前收敛自己的锋芒,向受礼者表示友好。林语堂在《生活的艺术》一书中曾推崇中国的拱手礼,认为拱手礼优于握手礼的地方有二:一是从医学卫生的角度讲,拱手礼不致发生接触传染,有益于人体健康;二是从心理感受的角度讲,拱手的力度、时间的久暂,完全取决于自己,不会感受到对方的压力。

中国礼制文化的核心在于"亲爱之道，尊人之心"，即在人际交往中秉持亲近关爱他人与自谦以尊人并重的原则。这要求我们在社交场合保持谦逊姿态，以真诚的敬意对待每一位相遇之人，以此赢得他人的尊重与好感。当社会地位较高者主动降低身段，与地位较低者建立友好关系时，往往能收获极佳的社会反响，正如古语所云："欲得人好，须敬人小。"更重要的是，这种敬人不仅限于表面的礼貌举止或礼仪形式，它应源自内心深处的真诚尊重。若缺乏这份真挚的恭敬，礼节便沦为空洞的形式，违背了传统礼义所倡导的真诚与实质。因此，传统礼俗中蕴含的真诚、恭敬与自我修养的礼义原则，在当今社会依然具有不可忽视的价值，值得我们倡导与践行。然而，面对传统礼俗的继承问题，我们应持审慎态度，通过深入分析，选择其中积极有益的部分加以传承，做到"取其精华，去其糟粕"，以适应现代社会的发展需求。

第三节　感悟中国文化　知节日礼俗

从悠悠远古到现代文明，在几千年的历史长河中，中华民族形成了许多特有的传统节日、独特的民风民俗。每一个节日都有其来龙去脉，每一个节日都有其民俗学上的意义，每一个节日都有一连串美丽动人的故事。在这些节日中，有祭祀性节日，如清明节、中元节等；有生产性节日，如二月二龙抬头节、中秋节等；有纪念性节日，如端午节、寒食节等；有娱乐性节日，如元宵节、重阳节等；还有综合性节日，如春节等。我们了解中华民族的传统节日，感受灿烂的民族文化，也要注意每个传统节日的礼仪规范。

一、节日礼俗及其特点

节日礼俗主要指民间的、传统的节日和宗教节日，它集中表现了我国不同的文化传统和习俗。它是社会生活和民族文化相结合的产物,在不断传承发展的过程中,其内涵越来越丰富,从节日礼俗中折射出各民族生产、生活、民族心理、宗教信仰、文化智慧等多方面的内容。

(一)节日礼俗的特点

任何社会都以某种具有文化意义的时间框架规定着人们的生活节律,节日就是使连续不断、平淡无奇的时间之流分割开来的有力手段。人们通过节日,或冲淡一些神秘的不安和恐惧,或企图强化自然或人类社会的正常秩序。节日具有传统性、集体性和装饰升华性。节日是按照一定的历法或季节顺序,在每年特定的时间或季节举行的仪式或庆典。它被用于庆祝、纪念、重演、预演某些农业的、宗教的、社会文化的重大事件。节日的起源与人类的起源一样古老,其发展受到产食经济形式强有力的限制。中国悠久的历史使得节日内涵具有多层次叠积的丰富性。中国节日的特殊性一直为农业因素所制约。节日习俗中盛行土地崇拜、生殖崇拜、祖先崇拜以及与农耕有关的神鬼崇拜。中国的气候特征决定了古代中国"春祈秋报"的节日模式。今日中国农民所遵循的节日框架,基本上是在宋代确立的。同时,宋代亦加速了节日的世俗化进程。佛、道教对中国节日文化有显著影响(道教节日有上元、六月六、中元、下元等;佛教节日有浴佛、盂兰盆、腊八等)。

二、中国主要传统节日礼俗

(一)春节礼俗

元 日

(宋)王安石

爆竹声中一岁除,春风送暖入屠苏。

千门万户曈曈日,总把新桃换旧符。

这是王安石的一首描写春节的诗，春节是中华民族最重大的节日。

春节即农历的正月初一，是中华民族最悠久、最隆重的传统佳节，俗称"年"。南宋吴自牧《梦粱录·正月》曰："正月朔日，谓之元旦，俗呼为新年。"由于它标志着旧的一年的结束和新的一年的开始，具有特殊的意义，所以它包含了繁杂而绵密的礼数仪俗。从古至今，百姓都很重视过年，家里再穷，也要把年过好，一到腊月，很多人家就开始忙碌了。中华民族春节的礼仪种类繁多、内容丰富，庄重、含蓄而又得体，是非常珍贵的传统。经过几千年的演变，中国的春节形成了许多风俗礼仪。现就介绍几个主要的、延续至今的风俗。

1. 扫尘

"二十四，扫尘日。"迎新首先要除旧。扫尘就是在一年要结束的时候进行一次全家大扫除，北方称为"扫房"，南方叫"掸尘"。每年腊月二十三灶祭后，便正式地进入迎接过年的阶段。在春节前扫尘做卫生，是中国居民的传统习惯，房前屋后、里里外外都要打扫得干干净净。"扫尘"的风俗由来已久，据《吕氏春秋》记载，中国早在尧舜时期就有春节扫尘的习俗。按民间的说法，因"尘"与"陈"谐音，新春扫尘有"除陈布新、辞旧迎新"的涵义，其用意是要把一切"霉运""晦气"统统扫掉。这一习俗寄托着人们对新的一年的美好愿望和对新年取得进步的祈求。

2. 贴春联

春联也叫门对、春贴、对联、对子等。春联以工整、简洁、精妙的文字组合而成，描绘了时代背景，抒发了人们对生活的美好憧憬。春联是中国特有的文学形式。贴春联的习俗起于宋代，盛行于明清时期。春联的种类比较多，依其使用场所，可分为门心——贴在门板上端中心、框对——贴在左右两个门框上、横批——贴于门的横木上、春条——根据内容贴在相对应的地方、斗方——多贴在家具上。除了贴春联，还在楹柱门户上张贴对联，它起源于桃符或春帖，多为吉语，表达人们良好的祈愿，也营造了浓郁的节日气氛；贴年画，年画是民间的一种绘画艺术，起源甚早，色彩艳丽，画面热闹吉庆,包括门神等多种内容,年画至今仍受欢迎,尤其在农村;贴"福"字,在门上或器物上张贴多种字体书写的"福"字,祈求新年福运,有些地区还特意倒贴"福"字,取意"福到(倒)了"。

3. 吃年夜饭

农历腊月三十(小月为二十九)为除夕,俗称"年三十晚",是日下午开始,家家杀牲具酒馔,然后阖家欢聚备年饭。如家中有人外出未归,也要摆一份碗筷,设一空座位,一年一度的团年饭充分表现出中华民族家庭成员的互敬互爱,家庭关系的紧密和谐。一家大小共叙天伦,对老人而言,过去的关怀与抚养子女所付出的心血总算没有白费;年轻一辈可以借此机会向父母的养育之恩表达感激,这是何等的幸福。

年饭,一些菜肴以谐音求吉,如鱼(年年有余)、整鸡(大吉大利)、年糕(年年高升)、饺子(交子时分)等;守岁,除夕之夜,"一夜连双岁,三更分两年",很多地方有通宵守岁的习俗,"高堂摆长宴,夜烛照通宵",预示来年家业兴旺,万事如意。20世纪80年代以来,中央电视台的春节联欢晚会也成了人们欢度春节的一道新年俗。

4. 压岁钱

压岁钱作为一项充满温情与期许的传统习俗,通常由家族中的长辈赠予晚辈。有的家庭习惯于年夜饭后的温馨时刻,全家人围坐桌旁,待美食共享完毕,长辈们便亲手将红包递到孩子们手中,同时寄予新的一年里学业进步、品德兼优的美好祝愿。另有一些家庭,父母会选择在夜深人静之时,悄悄将红包置于孩子的枕边,寓意着新的一年财源滚滚、好梦连连。而在更多欢乐的场景中,孩子们会齐聚一堂于正厅,清脆的童声此起彼伏,向爷爷奶奶、爸爸妈妈送上新年的祝福,随后列队行礼,以纯真的笑脸和期待的眼神,伸手迎接那象征着吉祥与爱的压岁红包。有时,这份喜悦还会延续至长辈的卧室,孩子们兴奋地围绕在床榻边,欢声笑语中夹杂着"压岁红包,快给我!"的稚嫩呼唤,长辈们则故作姿态,与孩子们进行一番逗趣的讨价还价,最终在一片欢声笑语中,将满载爱意的红包一一分发,孩子们心满意足,欢声笑语中满载而归。面对此景，老人家非但不恼，反而乐在其中，视此为新年伊始家庭和睦、诸事顺遂的吉兆。压岁红包的传递，不仅体现了长辈对晚辈的深切关爱与殷切期望，也促进了晚辈对长辈的敬爱与感激之情，成为强化家庭纽带、传承伦理美德的民俗佳话。

5. 守岁

除夕当晚，全家伴灯坐至子夜，俗称"守岁"。守岁既有对如水逝去的岁月的惜别、留恋之情，又有对来临的新年寄予美好希望之意。从古至今，守岁都包含了珍惜时间、珍惜生命的意思。古人在一首《守岁》诗中写道："相邀守岁阿戎家，蜡炬传红向碧纱。三十六旬都浪过，偏从此夜惜年华。"由此可见除夕守岁的积极意义。

6. 迎财神

正月初一零时，家家户户放鞭炮，"迎财神"，鞭炮声此起彼伏至黎明。天蒙蒙亮，妇女就带着小孩扛着香、油、茶、果、饼、粽等物品顺次去升庙、坊社、宗祠、厅堂、厨灶等处点灯、焚香、斟茶，俗称"拜神"。

7. 新春拜访习俗

春节期间，一项不可或缺的习俗便是走亲访友、邻里间互致新春问候，这一传统行为古称"拜年"。拜年，作为中华民族悠久传承的社交礼仪，是民众告别旧岁、迎接新春，以及相互传递吉祥与美好愿景的重要形式。在古代，拜年特指晚辈向长辈行拜贺之礼，包括跪地磕头、献上新年祝福及询问长辈安康等细致入微的环节。面对同辈亲友，同样需以礼相待，互致问候。时至今日，拜年时的着装虽不必拘泥于传统中式服饰，但人们普遍倾向于选择全新或至少整洁如新的衣物，从内而外，焕然一新，材质与档次则根据个人情况而定。若条件有限难以全身换新，也需确保衣物"全洁"，即保持干净整洁，以体现对节日的尊重与对拜访对象的重视。色彩上，多选取鲜艳明快的色调，女性尤爱暖色，尤其是红色，因其不仅增添了节日的喜庆氛围，还蕴含了传统上驱邪避凶的美好寓意。穿着中应避免全身黑色或白色，以免触及不吉之兆。男士在拜年时，还特别注重鞋履的清洁，务必擦拭干净并打上鞋油,以彰显个人的精神面貌与对节日的尊重。此外,理发也是新年装扮中不可或缺的一环,正如俗语所言:"无论经济状况如何,过年都要理发",意在以清爽利落的形象迎接新春的到来,拜年时更是要确保头发整洁有序,为新春拜访增添一份仪式感。

在传统春节的礼仪框架下,当两人偶遇,一方会主动发起问候,而另一方通常以一般揖礼作为回应,并辅以颔首礼表达敬意。随后,这一礼尚往来的过程反转,即原先回应方也行一般揖礼,而发起问候方则以颔首礼回敬,双方在此过程中互致新年最诚挚的祝福。

步入现代社会,春节的喜庆氛围依旧浓厚,除夕夜的钟声敲响后,便是新年的序章。人们相见时,不仅口头互道新年好,还会亲自上门拜年,走街串巷,访亲探友,以表达节日的祝贺与情感的交流。尽管各地拜年的具体习俗有所差异,但普遍遵循着初一上午不急于走访亲友的传统。外出拜年时,人们讲究穿戴得体,整洁大方。路上偶遇熟人或朋友,都会热情洋溢地恭贺新春,言语间充满吉祥与祝福,即便是平日里爱开玩笑的人,此刻也会收敛幽默,以表尊重。遇到长辈,更是要行以拱手礼,体现晚辈的恭敬与谦逊。而走亲访友时,携带一份精心挑选的礼物,则成为了传递情谊、加深关系的重要环节。

春节期间,款待宾客的佳肴往往蕴含深意,通过食物的谐音寄托美好愿望,比如享用柿子与苹果,象征着事事皆能平安顺遂;而年糕则预示着新的一年里步步高升,生活事业皆有所成。此外,节日里人们热衷于外出参与各式庆典活动,如观赏舞狮、龙灯翻飞、高跷竞逐,以及漫步于花会之中,享受节日的欢乐与文化的盛宴。

在当今社会,随着生活水平的提高,春节期间的娱乐形式更加多元化。然而,在享受欢乐的同时,我们也应顾及他人的安宁,确保庆祝活动不扰民,保持喜庆氛围的适度与和谐。春节前后,各类社会团体纷纷组织迎春庆典、团拜活动及招待会,以表达对新年的美好祝愿,并不忘关怀高龄前辈,传递温暖与敬意。同时,远离家乡的人们也大多会利用这一时机,暂时放下工作的重担,回到亲人身边,共度温馨时光,享受家庭的温馨与团聚的喜悦。

值得一提的是，春节期间的语言交流也尤为讲究，人们倾向于使用吉祥、正面的词汇，如"多""余""好"等，以图新年里一切顺利、好运连连。相反，诸如"病""死""完了"等不吉利的言辞则需避免，以维护节日的喜庆氛围与良好的心理环境。

（二）元宵

十五夜观灯

（唐）卢照邻

锦里开芳宴，兰红艳早年。

缛彩遥分地，繁光远缀天。

接汉疑星落，依楼似月悬。

别有千金笑，来映九枝前。

《十五夜观灯》是唐代诗人卢照邻的诗词，描述元宵节燃灯的盛况，绚丽多彩的元宵灯火将大地点缀得五彩缤纷，人们在节日之夜观灯赏月，尽情歌舞游戏。青年男女在这个欢乐祥和的日子里相互表达爱慕之意。

农历年的正月十五，作为新年第一个满月之夜，被赋予了"上元"的美好称谓，自古以来便以"上元节""元宵节"乃至"灯节"等名称流传，标志着持续欢庆的春节庆典迎来了最为绚烂的尾声。这一晚，民间有"闹元宵"之说，一个"闹"字，生动地描绘出了节日里热闹非凡、欢腾四溢的景象。元宵节的诸多习俗，其历史渊源可追溯至遥远的汉代。据传，西汉文帝在平息了吕氏家族的叛乱后登基为帝，而平定之日恰好落在了正月十五这一天。为纪念这一历史性的胜利与和平的到来，文帝特地将此日定为与民同乐的节日，由此便奠定了元宵节的传统基础。节日的核心习俗，首推品尝元宵与观赏花灯。元宵，这一道寓意团圆美满的传统美食，成了家家户户餐桌上的必备佳品；而赏灯活动，则是元宵节夜晚最为耀眼的风景线，各式各样的花灯将城市装点得如梦似幻，人们在灯火阑珊中共享着节日的喜悦与祥和。

元宵，这一传统美食，亦被称为"汤圆""水圆""元子"或"团子"，它在新春伊始的首轮满月之时被享用,不仅承载着甜蜜的滋味,更寓意着家人团聚的温馨与幸福。民间有云"除夕火照夜,元宵灯映天",形象地描绘了旧时元宵节夜晚,家家户户灯火辉煌、彩饰缤纷的盛景,整个夜晚犹如白昼,璀璨夺目,美不胜收,真可谓是"火树银花,照耀不夜之城"。

时至今日,元宵节的庆祝方式更加丰富多彩。各地纷纷举办盛大的灯会展览,不仅展示了各式各样、精妙绝伦的花灯艺术,还有趣味横生的灯谜活动,吸引着人们结伴而行,在赏灯之余猜灯谜,共享欢乐时光。此外,一系列充满民俗风情的活动如击打太平鼓、扭动欢快的秧歌、舞动气势磅礴的龙灯、表演灵动的狮子舞、踩踏高高跷杆、划动寓意吉祥的年船等,也纷纷登台亮相,为节日增添了浓厚的传统文化色彩与喜庆的节日氛围。

（三）清明节

送陈秀才还沙上省墓

（明）高启

满衣血泪与尘埃,乱后还乡亦可哀。

风雨梨花寒食过,几家坟上子孙来？

清明节,大约起始于周代时期,距今已有约 2500 年的悠久历史。关于"清明"之名,最早可见于西汉时期的《淮南子・天文训》一书中,书中记载:"春分后十五日,斗柄指向乙位,即为清明。"清明,作为二十四节气之一,其内涵逐渐超越了单纯的气候标志,演化为一个具有深厚文化意义的节日,且与寒食节相融合,共同承载着丰富的历史与文化内涵。古时在清明节前一两天,民间有禁火寒食的习俗,这一传统习俗据说源于对春秋时期晋国贤臣介子推的深切怀念。介子推在晋文公流亡期间忠心耿耿,助其度过难关。待晋文公登基后,欲重赏介子推,而介子推却坚辞不受,携母隐居绵山(今位于山西省休宁县东南部)。晋文公多次邀请介子推出山受封未果,最终采取了放火烧山的极端手段,希望能迫使其现身,不料介子推竟抱树而亡,与其母共赴火海,以示清高。晋文公痛悔不已,遂将介子推母子安葬于绵山,并改山名为介山,同时下令全国在这一日禁火寒食,家家户户只吃冷食,以此表达对介子推高尚品德的追思与缅怀。这一日,也逐渐被后人称为寒食节或禁烟节,与清明节紧密相连,共同构成了中华民族独特的祭祀与缅怀文化。

清明节是一个纪念祖先的节日。除扫墓祭拜先人之外,还有踏青、插柳等一系列风俗活动。因此,这个节日既有祭扫的生离死别悲酸泪,又有踏青游玩的欢笑声,是一个富有特色的节日。

1. 扫墓

扫墓是慎终追远、敦亲睦族及行孝的重要纪念仪式。一般扫墓当天,子孙们在坟上除草添土后,奉上祭品,礼拜后燃放爆竹,以示追念祖先。过去扫墓之举甚为隆重,以男丁为主,有同姓扫墓、同房扫墓、阖家扫墓。现在男女老少均可扫墓。

2. 踏青

踏青,又叫春游。清明时分,春回大地,自然界到处呈现一派生机勃勃的景象,正是郊游的大好时光,民间长期保持着清明踏青的习惯。

3. 插柳

清明前后,春阳照临,春雨飞洒,种植树苗成活率高、成长快。各地有在清明植树的习惯,有人还把清明节叫作"植树节"。

(四)端午节

农历五月初五,是中国民间传统的端午节。端午节又称重午节、端阳节等。

在我国民众的心目中,端午节承载着对战国时期杰出爱国诗人屈原的深切纪念,相传屈原因忧国忧民,于农历五月初五投身汨罗江,以身殉国。然而,追溯端午节的起源,却呈现出多元的文化脉络:在山西地区,流传着纪念介子推的传说;吴楚之地,则将其与伍子胥的故事紧密相连;而在浙江绍兴,人们则认为是纪念孝女曹娥的日子。值得注意的是,根据古代文献的记载,端午节的起源并不单一地绑定于屈原,如西汉戴德所著《大戴礼》中即有"五月五日,蓄兰以浴"的描述,而屈原的《楚辞》中也提及了"浴兰汤兮沐芳华"的习俗,这表明在屈原离世之前,端午节的部分习俗已在民间广泛流传,展现了这一节日深厚的历史底蕴与丰富的文化内涵。

1. 吃粽子

包粽子所用的竹叶或苇叶,具有清热除烦、通利小便、生津止渴、助脾开胃等疗效。

2. 采艾叶、挂菖蒲

民间有"七年之疾,求三年之艾"的说法,可医百疾、驱逐毒虫。用苍术、艾叶、白芷、雄黄等药物燃烧烟熏室内也是很好的卫生习俗,不仅能预防疾病,还可杀灭空气中的各种真菌,对家庭器物、衣物、食物等都有一定的防霉和消毒作用。

3. 佩戴香符

端午节当天,小孩在衣领上佩戴苍术、朱砂符,据说可防疾病。

4. 赛龙舟

西江流域一带有赛龙舟的习俗。

5. 洗龙舟水

端午节当天,民间习俗是由大人带领少年到河溪洗澡,俗称"洗龙舟水",据说可以"免生疮癞,祛除疾病",此俗流传至今。

端午节自古以来就如同民间一年一度的全民"卫生防疫节",端午节的这些与日常保健有关的习俗值得现代人永远继承下去。

(五)七夕乞巧

每年的农历七月初七,我国民间都会庆祝一个充满浪漫与祈愿的节日——乞巧节,亦称七夕节或少女节。此节日的历史可追溯至战国末期,至汉代更是蔚然成风。乞巧,顾名思义,便是向传说中的织女祈求心灵手巧与智慧。这一习俗深深植根于广为人知的牛郎织女爱情故事之中。织女,被誉为天宫中的巧手织女，擅长纺织，能织就绚烂如云锦的织物。因此，每到七夕之夜，当织女跨越银河与牛郎相会，沉浸在重逢的喜悦中时，人间的年轻女子们便会借此良辰，设下香案，献上鲜花与瓜果，满怀虔诚地向织女祈求灵巧与智慧，久而久之，便形成了七夕之夜独有的乞巧习俗。

1. 乞巧

人们心中的织女是一名勤劳善良、心灵手巧的天仙，所以七月初七这天晚上，年轻的姑娘和少妇都要出来行拜祭的礼仪，并向织女乞巧，希望自己也能像织女一样有一双灵巧的手、一颗聪慧的心，会过上幸福美满的生活。

2. 吃巧食

因为七夕与女性关系密切，所以又叫"女儿节"。七夕有"吃巧食"的风俗。巧食包括瓜果和各式各样的面点，各地风俗不一。各种巧食做成后，都要陈列在庭院中的几案上，就像要请天上的织女来品评一样，然后大家一面观赏着遥远的夜空，一面吃着各种巧食，认为这样会使人变得灵巧。

3. 挑七月初七水

在七月初七晚上，民间习俗是挑河水回家存用，据说放一年也不生沙虫，水质保持洁净。

（六）中元节

农历七月十五日，民间尊称为"中元节"，亦称"盂兰盆节"，俗称"鬼节"。这一节日的日期选择，据传与南宋末年外敌入侵的历史背景紧密相连，当时民众为躲避战乱纷扰，便提前一日举行祭祖仪式，久而久之，民间便形成了在七月十四日庆祝中元节的习俗。中元节的祭祖传统，深受佛教文化影响，特别是与"目连救母"的动人故事紧密相连。故事中，目连之母因生前行为刻薄，死后堕入地狱，饱受苦难。目连，作为一位极尽孝道的儿子，目睹母亲与饿鬼争食的惨状，心生怜悯，欲以钵盛饭送予母亲，岂料饭至未及母口，已化作火炭。困惑之余，目连向佛祖求解，佛祖开示：母亲罪孽深重，单凭一己之力难以解救，需借助众僧的功德法力。于是，佛教便有了在七月十五日这一日,举行盂兰盆会的传统。佛门弟子被教导,若欲为已故或健在的父母消灾解难,可准备装满各式美食与水果的盆器,供奉给十方大德高僧,并以钵盛满水饭,泼洒给饥饿的亡灵,以此行善积德,助其超度解脱。这便是中元节又称"盂兰盆节""鬼节"的深厚文化渊源与宗教意义所在。

中元节的主要习俗是祀先敬祖,盛行于长江以南、闽南一带。在中元节当天,民间许多家庭备办丰盛菜肴、香楮、金纸银服,于自己家的厅堂孝敬列祖列宗以及地基主、土地公等有关神祇。另外,在本宅门口于傍晚再摆上一席,菜肴荤酒俱全且数量也多,以孝敬无主的孤魂野鬼。

(七) 中秋节

农历八月十五是我国民间传统的以家人团聚赏月为主的中秋佳节。农历八月为"仲秋",而八月十五又在仲秋之中,称"中秋"。中秋节又称仲秋节。中秋之夜,月亮最圆、最亮,月色最美。人们把月圆看作是团圆的象征,因而中秋节又称团圆节。中秋节还流传着种种与月亮相关的美丽的神话和传说,其中最著名的是"嫦娥奔月"。

1. 吃月饼

月饼最初是用来祭奉月神的祭品。月饼的制作精细,馅料考究,外形美观,在月饼的外面还印有各种精美的图案,以月之圆兆人之团圆,以饼之圆兆人之长生,用月饼寄托思念故乡、思念亲人之情,祈盼丰收、幸福。

古代有赏月和祭月之风。在北宋时的京都,东京汴梁(今河南开封),每逢中秋之夜,人们争上酒楼,以先睹月色为快,还要吃月饼。据传说,中秋品尝月饼的习俗,始于唐代,盛行于宋。到了近代,月饼不仅成为传统糕点,而且制作、口味也因地而异,品种花色各有千秋。

2. 赏月

家家户户买月饼拜神,祈祷团圆美满,又惯以月饼馈赠亲友,阖家团圆欢宴一番。入夜,在庭院或天井吃月饼、水果,一起赏月。

3. 放孔明灯

青少年在当夜削竹、糊纸,制成长圆形灯笼(像倒置的水缸),中贮松脂,燃火气腾,徘徊空中,光灿如星,称放"孔明灯"。新中国成立后为保护森林、预防火灾,此俗已被废除。

中秋节的习俗很多,形式也各不相同,但都寄托着人们对生活无限的热爱和向往。

(八)重阳节

农历九月初九是中国传统的重阳节,又称茱萸节、登高节、菊花节。古人以九为阳,九月初九,两阳相重,故名"重阳",又称"重九"。战国时代就有重阳节,汉代逐渐盛行。1989年,我国把每年的九月初九定为"老人节",将传统与现代巧妙地结合,重阳节成为尊老、敬老、爱老、助老的节日。重阳节风俗很多,主要有登高、插茱萸、赏菊、饮菊花酒、吃重阳糕等。

1.登高

在古代,民间有"重阳登高"的风俗,故重阳节又叫"登高节",俗谓可避灾解难,人们借此节日郊游登山,既是联谊活动,又可饱览自然风光。

2.吃重阳糕

重阳糕,又称花糕、菊糕、五色糕,制无定法,较为随意。

3.赏菊、饮菊花酒

重阳节是一年的金秋时节,菊花盛开。据传赏菊及饮菊花酒起源于晋朝大诗人陶渊明。陶渊明以隐居、诗、酒闻名,也以爱菊闻名,后人效仿,遂有"重阳赏菊"之俗。

(九)冬至节

冬至节,俗称"过冬",本地农村素有"冬至大过年"的说法,亦为民间重大节日。古今农家习惯用粽叶、糯米、肉馅包成粽子过节。当天,城乡居民杀鸡宰鸭,阖家欢宴,庆祝本年之将逝,预祝新年之将至。时至今日,"过冬"仍是城乡居民普遍欢迎的节日。部分地区农民习惯把米洗净后晾晒,经数天后收藏起来,谓之"冬米"(可煮,作药膳,清凉解热);把生姜放在鸡汤里熬过后,晒干后称"冬姜"(作药用,能祛风、除痰、治咳嗽)。

三、中国现代节日礼俗

礼俗,作为历史长河中沉淀的文化瑰宝,始终随着时代的车轮滚滚向前,经历着不断的演变与革新。近百年间,中国社会经历了一场场翻天覆地的变革,历史的车辙深刻而鲜明。从 20 世纪初清王朝的轰然倒塌,到 20 世纪中叶国民党反动统治的土崩瓦解与新中国的庄严诞生,再到 20 世纪后半叶,中华民族儿女以不屈不挠的精神和持续奋斗的姿态,推动着一个日益繁荣、充满活力的社会主义中国在世界的东方巍然崛起。这百年间,中国不仅书写了波澜壮阔的历史篇章,也孕育了一系列反映时代变迁、承载民族精神的新礼俗。本节内容将聚焦于五四青年节等九个具有标志性意义的现代节日,深入剖析其背后的历史渊源与文化内涵,以此窥见中国社会在现代化进程中的文化演进与民族精神的传承发展。

(一)妇女节

3 月 8 日,这一天被全球各国普遍认定为劳动妇女的共同庆典日。回溯至 1909 年,该节日的起源可追溯至美国芝加哥,当地女性工人为争取自身的自由与平等权益,勇敢地发起了大罢工与示威游行,此举迅速赢得了美国众多劳动妇女的广泛支持与共鸣。次年 8 月,在丹麦哥本哈根召开的第二届国际社会主义妇女代表大会上,德国杰出的革命家克拉拉·蔡特金提出的议案获得通过,正式将 3 月 8 日定为国际劳动妇女节,以此纪念并肯定全球女性为争取权利与平等所作出的不懈努力。

自 1911 年起,这一节日的纪念活动开始在美国、德国、瑞士等多个国家陆续展开。而中国,也紧跟世界步伐,于 1924 年首次在广州由妇女代表组织活动以庆祝"三八"妇女节。至 1949 年,新中国成立后,中央人民政府政务院更是以官方名义,将每年的 3 月 8 日正式定为全国性的妇女节,以彰显国家对女性权益的尊重与保护。

每年"三八"国际妇女节到来之际，全国妇女均可享受半天的休假福利，许多企事业单位也纷纷举办形式多样的庆祝活动，如举办小型交流会促进女性间的相互理解与鼓励，召开表彰大会以表彰在各领域表现杰出的女性，或是组织女职工共同观看电影等，这些活动不仅丰富了女性的精神文化生活，也进一步增强了社会的性别平等意识。

（二）植树节

每年的 3 月 12 日，中国都会迎来一个意义非凡的日子——植树节。这一节日的设立，与 1925 年 3 月 12 日我国伟大的民主革命先驱孙中山先生的离世紧密相连。为了纪念孙先生的丰功伟绩，并倡导全民植树造林、保护环境的理念，1929 年，当时的国民政府决定将此日定为植树节。

时间流转至 1979 年，为了进一步强化植树造林的重要性，第五届全国人民代表大会常务委员会第六次会议在听取并采纳了国务院的建议后，正式以法律形式确定了 3 月 12 日为中国的植树节。自此以后，每年的这一天，成为大家积极参与植树活动的固定日子，大家一同挥锹铲土、共植新绿、绿化祖国。通过这样的行动，不仅展现了国家对生态环境保护的重视，也激励着每一个人为保护地球家园贡献自己的力量。

（三）劳动节

每年的 5 月 1 日，是全球劳动人民共同庆祝的节日——国际劳动节。这一节日的设立，其根源可追溯至 1886 年的美国芝加哥，当时那里的工人们为了争取更加合理的劳动条件，毅然发起了一场声势浩大的罢工运动，他们的核心诉求是实现每天 8 小时工作制，以减轻过度劳作给身心带来的负担。这场斗争并非一帆风顺，它伴随着牺牲与坚持，但工人们凭借着坚定的信念和不屈不挠的精神，最终赢得了这场历史性的胜利，为全世界的劳动者争取到了更为公正的劳动权益。自那以后，5 月 1 日便成为了全球范围内劳动人民团结一致、庆祝胜利、继续为自身权益奋斗的标志性日子。

1889 年 7 月 14 日，第二国际成立大会在法国巴黎举行。大会通过了法国代表拉文的提议,把5月1日定为"国际示威游行日",也称"劳动节"。

1890年5月1日,法国、美国、荷兰等国许多城市的工人举行声势浩大的示威游行,显示了欧美无产阶级的战斗力量。1922年5月1日,中国劳动人民代表在广州召开全国第一次劳动大会,庆祝国际劳动节。

1949年12月,中国中央人民政府政务院规定5月1日为劳动节。每年的5月1日,作为全世界劳动人民的共同节日,众多企事业单位纷纷举办表彰盛典与庆功大会,旨在颂扬劳动模范的卓越贡献与光辉事迹,以此激励广大劳动者继续发扬劳模精神,为社会发展贡献力量。与此同时,各地也洋溢着节日的欢乐氛围,纷纷举办丰富多彩的游园活动,让民众在欢声笑语中共同庆祝"五一"国际劳动节的到来,享受属于劳动者的荣耀与喜悦。

（四）青年节

5月4日,是中国青年节。

1919年5月4日,一场波澜壮阔的爱国运动在北京城轰然爆发,以北京大学为先锋,携手北京其他12所高等学府的3000余名热血青年,他们挺身而出,通过集会与示威游行的形式,坚决抗议帝国主义列强对中国领土主权的蛮横侵犯,并强烈要求政府严惩那些勾结日本、出卖国家利益的奸佞之徒——曹汝霖、陆宗舆与章宗祥。在这场正义的怒潮中,爱国学生们情绪激动,对身处曹汝霖居所的章宗祥进行了正义的责罚,同时,愤怒的火焰也吞噬了曹汝霖的住宅,象征着对卖国行径的深切痛恨与坚决抵制。然而,北洋军阀政府却对此采取了高压手段,派遣大量军警残酷镇压学生的爱国行动,试图扼杀这股觉醒的力量。但历史证明,学生们的英勇抗争不仅唤醒了更广泛的民族意识,更为中国的未来播下了变革与进步的种子。

北京学生发起的反帝爱国斗争迅速在全国范围内激起了强烈共鸣,各地学生群体纷纷响应,他们毅然采取罢课行动,并走上街头举行示威游行,展现出青年一代的爱国情怀与责任担当。随着斗争的深入,这股力量逐渐扩展至社会各界。自6月3日起,上海、唐山、九江等地的工人们挺身而出,通过罢工与游行的方式加入到这场爱国洪流之中,随后,上海及其他城市的工商业者也相继响应，采取了罢市的行动，以示对斗争的支持与声援。这场原本主要由青年学生引领的爱国运动，逐渐汇聚成了包含无产阶级、小资产阶级以及民族资产阶级在内的广泛社会力量，共同参与的全国范围内的革命运动。不同阶层的人们在共同的目标下团结一致，共同奋斗，最终这场斗争取得了胜利，不仅捍卫了国家的尊严与利益，也为中国社会的进步与发展注入了新的动力与希望。1939 年，陕甘宁边区西北青年联合会规定 5 月 4 日为中国青年节。1949 年 12 月，中央人民政府政务院正式宣布 5 月 4 日为中国青年节。

每年 5 月 4 日，全国各地青年举办报告会、演讲会、文艺晚会等各种活动，纪念五四运动，欢度青年节。

（五）儿童节

六月一日，这一日子被全球赋予了特殊的含义——国际儿童节，它不仅是世界各地儿童共同的庆典，更是对孩子们纯真与希望的颂歌。回溯至 1949 年 11 月，国际民主妇女联合会在莫斯科召开的理事会上，做出了一项意义深远的决定，旨在保护全球儿童的基本权益，包括生存权、健康权及受教育权，同时强烈反对帝国主义战争对无辜儿童的残害，并呼吁改善儿童的生活条件。因此，每年的 6 月 1 日被定为国际儿童节。

紧接着，这一国际共识也迅速在中国得到响应。1949 年 12 月，中国中央人民政府政务院紧随国际步伐，正式确立了 6 月 1 日为中国儿童节的地位，体现了国家对儿童成长的深切关怀与高度重视。每当这个充满欢乐与温馨的节日到来时，中国的大江南北便洋溢着儿童们的欢声笑语。他们身着节日的盛装，参与各式各样的庆祝活动，如联欢会、游园会等，不仅与国内的同龄人共享这份喜悦，更仿佛与全世界的小朋友们心手相连，共同庆祝这个属于他们自己的节日，展现出一幅幅生动活泼、和谐美好的画面。

（六）建党节

7 月 1 日，是中国共产党诞生纪念日。

1921 年 7 月,中国共产党第一次全国代表大会在上海举行。出席大会的有毛泽东、董必武、何叔衡、陈潭秋、李达等 12 名代表,并有包惠僧、共产国际代表马林和尼科尔斯基列席会议。大会通过了党纲,选举了党的领导机关,宣告中国共产党正式成立。

1941 年 6 月,中共中央决定 7 月 1 日定为党的诞生纪念日。

每逢七月一日,华夏大地处处洋溢着庄重而热烈的氛围,各类纪念活动如研讨会、表彰大会、庆功盛典及文艺晚会等相继展开,共同铭记着中国共产党的诞生日。这一天,不仅是党的历史的重要节点,更是激励全党全国各族人民不忘初心、牢记使命的宝贵时刻。在这一具有特殊意义的日子里,众多新党员满怀激情与憧憬,郑重地举起右拳,面向党旗宣誓入党,誓将个人的理想追求融入党的伟大事业之中,为实现中华民族伟大复兴的中国梦贡献自己的力量。同时,全国各条战线的共产党员们以更加饱满的热情和更加坚定的步伐,投入到各自的工作岗位中,他们以实际行动践行党的宗旨,勇于担当、敢于作为,努力在各自的领域内创造出不凡的业绩,为党旗增辉添彩。此外,广大群众也积极参与到庆祝党的生日的各项活动中来,他们或聆听党的历史,感受党的光辉历程;或参与志愿服务,为社会贡献爱心与力量。通过这些活动,不仅增强了人民群众的爱国情感和民族自豪感,也进一步坚定了大家跟党走、听党话的信念和决心。

（七）建军节

8 月 1 日,是中国人民解放军诞生纪念日。

1927 年 8 月 1 日,周恩来、朱德、贺龙、叶挺、刘伯承等领导武装部队 3 万余人,在江西南昌举行起义,向国民党反动派打响了第一枪。经过 5 个多小时的激战,全歼南昌守敌。当天,在南昌成立了以共产党人为核心,有国民党"左派"人士参加的中国国民革命委员会。此后,朱德、陈毅率领一部分起义,部队到达井冈山,和毛泽东领导的工农革命军会师,成立了中国工农红军第四军。

1933 年 7 月,中华苏维埃中央政府在瑞金做出了《中央政府关于"八一"纪念运动的决议》，规定 8 月 1 日为中国工农红军诞生纪念日。1949 年 6 月 15 日，中国人民革命军事委员会正式发布命令，规定以"八一"字样作为中国人民解放军军旗和军徽的标志。从此，8 月 1 日成为纪念中国人民解放军诞生的节日。每年 8 月 1 日，全国各地广泛开展拥军优属活动，举办军民联欢会等，纪念"八一"建军节。

（八）教师节

九月十日，中华大地迎来了专属于教师们的温馨节日——中国教师节。这一节日的设立，承载了对教育工作者辛勤耕耘与无私奉献的崇高敬意。早在 20 世纪 30 年代，我国便已初步设立教师节，而后几经变迁，于 1951 年一度将教师节与"五一"国际劳动节合并庆祝，以此彰显教师作为劳动者的重要地位。

然而，直到 1985 年，教师节的地位与意义得到了更为明确的界定与提升。年初，国务院正式向全国人民代表大会常务委员会提交议案，提议将每年的 9 月 10 日确立为全国性的教师节。这一提议迅速得到了社会各界的广泛支持与积极响应。同年 1 月 21 日，经过全国人民代表大会常务委员会的审慎审议与表决，正式批准了国务院关于设立教师节的议案，九月十日由此成为了全国师生共庆的光辉日子。

在此节日之际，全国各地纷纷举办形式多样的庆祝活动，如温馨的茶话会、表彰先进教师的典礼、以及师生欢聚一堂的联欢会等。这些活动不仅是对教师们辛勤付出的肯定与感激，更是弘扬尊师重教优良传统、营造良好教育氛围的重要契机。通过这一节日的庆祝，我们共同向全天下的教育工作者致以最崇高的敬意与最深切的祝福。

（九）国庆节

10 月 1 日，是中华人民共和国成立纪念日，亦称国庆节。

1949 年 9 月 21 日至 9 月 30 日，中国人民政治协商会议第一次全体会议召开。会议通过了《中国人民政治协商会议共同纲领》，确定"中华人民共和国"为新中国的国家名称,选举毛泽东为中央人民政府主席,朱德、刘少奇、宋庆龄等为副主席,确定了国旗,规定《义勇军进行曲》为代国歌,决定把北平改名为北京,作为首都。

1949年10月1日,在北京天安门举行了隆重的开国大典。毛泽东、朱德、周恩来等国家领导人登上天安门城楼。毛主席亲手按动电钮,升起新中国第一面五星红旗,并庄严宣告中华人民共和国成立。1949年12月3日,中央人民政府委员会第四次会议通过决议,确定10月1日为中华人民共和国国庆节。

每年10月1日,全国放假三天。祖国各地张灯结彩,全国各族人民以各种方式热烈欢庆国庆节。

案例思考

案例一　黄香温席

在中国的古书上，有"香九龄，能温席"的记载，讲述的是中国古代"黄香温席"的故事。

黄香小时候，家中生活很艰苦。在他九岁时，母亲就去世了。他本就非常孝敬父母，母亲去世后，他对父亲更加关心、照顾，尽量让父亲少操心。冬夜里，天气特别寒冷。为了让父亲少挨冷受冻，他读完书便悄悄走进父亲的房里，给他铺好被，然后脱了衣服，钻进父亲的被窝里，用自己的体温温暖了冰冷的被窝之后，才招呼父亲睡下。

夏天到了，天气格外闷热，而且蚊蝇很多。黄香为了使劳累了一天的父亲能早些入睡，晚饭后，他总是拿着扇子把蚊蝇扇跑，然后还要扇凉父亲睡觉的床和枕头。黄香用自己的孝敬之心温暖了父亲的心。黄香温席的故事也由此传扬开来。他长大以后，人们说："能孝敬父母的人，也一定懂得爱百姓，爱自己的国家。"事情正是如此，黄香后来做了地方官，果然不负众望，为当地百姓做了不少好事，他孝敬父母的故事也千古流传。

案例评析：

中国既是孝道之国，也是礼仪之邦。中华儿女，讲礼必言孝。黄香侍奉父亲的故事反映出子女细致、纯真的孝心，是一个孩子从内心深处自然萌发、激发出来的孝，又是出于天性的、并尽自己的能力所能做到的孝，是我们学习的榜样。让我们从身边一点一滴的小事做起，孝敬父母、关心他们。在实际的家庭生活中，我们还用其他礼仪来表达对长辈的孝敬、对亲人的关爱。

实战演练

演练一　成人礼

实践目的：

大学的课堂，没有了对父母的依靠，需要新生成长为自立、自强，肩负起伟大使命的青年。

实践方案：

1. 开场白：由主持人宣读开场白，并介绍各位嘉宾；
2. 学生代表发言；
3. 寄语：老师给学生留下一句真情寄语；
4. 举行"冠礼"仪式；
5. 宣誓：在学生代表的带领下进行庄严的宣誓。

（领誓人：请宣誓人举起右手）

我是中华人民共和国公民，在十八岁成年之际，面对国旗，庄严宣誓：

我立志成为有理想、有道德、有文化、有纪律的社会主义公民；遵纪守法，弘扬正义；热爱祖国，服务人民；正确行使公民权利，积极履行公民义务；诚实守信，严于律己；完善人格，奉献社会；崇尚科学，追求真知；明礼修身，团结友爱;勤俭节约,艰苦奋斗;强健体魄,热爱生活;为中华民族的富强、民主和文明,艰苦创业,奋斗终身!

演练二　传统民俗文化知识竞赛

实践目的:

促进学生对中国传统民俗文化的认知,培养学生的文化底蕴,丰富学生的课余生活,增强学生学习中国传统民俗文化的热情,全面发展中国传统文化和校园文化。

实践方案:

见表 1-1

表 1-1

实践项目	操作要点	操作要求
活动筹备	1. 动员,收集好参考材料,准备题库。 2. 整理、复印材料;做好海报宣传活动。 3. 汇总报名参加活动的人员名单。	全校所有对中国传统文化感兴趣的同学都可报名参加,三人为一队。

实践项目	操作要点	操作要求
活动流程	1.第一环节:集思广益 共20道题,每题10分。待主持人读完问题后,各组选手一起用答题板作答,听主持人口令,一起亮题板。分数最高的两组直接晋级下一环节。分数排名三至六的四组选手分别派出一名代表进行"快问快答"晋级大比拼,得分较高的两名选手所在组晋级下一环节。 "快问快答"比赛规则:全部为判断题,一分钟时间,主持人提问问题,选手只需回答对或错,无须解释。时间到,停止发问和答题。每题一分。(第一环节得分归零,进入第二环节。) 2.第二环节:谁与争锋 共20道题,待主持人读完问题并发出信号后,四组选手进行抢答,答对一题得10分,答错一题扣5分。分数较高的两组选手晋级下一环节。分数较低的两组选手进行中华传统才艺展示,由大众评委投票,票数较高者所在组进入下一环节。(注:若出现分数相同的情况,则附加题目,两两PK。) 3.第三环节:智慧锦囊 共6组题,分别为诗歌著作、节日风俗、饮食娱乐、风景名胜、文化生活、历史人物六大类别,每个类别10道题。选手根据上一环节得分的高低,先后选择其中一个题目类别,题目分值及个数分别为10分题5个、20分题3个、30分题2个。每组选手均需在所选类别的10道题中选择6道题目进行回答。此环节有三个锦囊,每组选手只有一次机会选择其中一个锦囊进行求助。根据得分排出状元、榜眼、探花!	比赛环节设置介绍:中国传统文化中讲究集合众人智慧,广采百家之长,故设第一环节:集思广益;传统文化中又注重直抒胸臆,勇于谏言,故设第二环节:谁与争锋;中国人是有智慧的,历史的沉淀、文化的积攒,给了人们生活的秘密锦囊,故设第三环节:智慧锦囊。

拓展阅读

新娘手捧花为什么要扔？

新娘手捧花在婚礼中的"扔"传统，其实蕴含着深厚的寓意与浪漫仪式感。在西方婚礼文化中，这一环节被视为传递幸福与爱的象征。当新娘在婚礼尾声，满怀喜悦与祝福，将手中的捧花轻轻向后抛出，不仅是对自己婚姻幸福的美满宣告，更是希望这份幸福能够像捧花一样，传递给在场的未婚女性朋友们，寓意着接到捧花者将是下一位步入婚姻殿堂的幸运儿。随着全球文化交流与融合，这一传统习俗也逐渐被我国的新人接受和喜爱。越来越多的婚礼上，我们能看到新娘在欢笑与祝福声中，将精心挑选的捧花抛向空中，周围未婚的女宾们则满怀期待地竞相争抢，整个场景既温馨又充满乐趣，为婚礼增添了一抹难忘的亮色。

而捧花之所以能在婚礼中占据如此重要的地位，不仅因为其是新娘装扮的点睛之笔，更因为其背后承载的文化意义。它起源于西方的古老习俗，被视为婚礼的守护神，能够保佑婚礼的顺利进行，并为新人及宾客带来吉祥与好运。这种信仰与习俗的延续，让捧花不仅仅是一束美丽的花朵，更成为传递爱与希望的重要媒介。因此，对于即将步入婚姻殿堂的新娘们来说，准备好将手中的捧花以这种方式传递出去，不仅是对自己幸福生活的美好期许，更是对身边亲朋好友的深情祝福。这一简单而又意义深远的仪式，让婚礼的每一个瞬间都充满了爱与温暖。

历经数百载的文化沉淀与习俗变迁，捧花在当代婚礼中已化身为幸福的使者,它承载着对未来婚姻生活的美好祈愿。在婚礼的喜悦氛围中,当新娘将满载祝福的捧花优雅地抛出,这不仅仅是一个仪式性的动作,更是对幸福的一种传递与共享。未婚女性若能幸运地接住这束捧花,依据传统信仰,她将更有可能在不久的将来邂逅生命中的伴侣,步入婚姻的殿堂,成为下一位身披白纱、笑靥如花的幸福新娘。

因此,从婚礼习俗的深层含义出发,"扔"捧花这一环节虽看似简单,实则蕴含了丰富的文化内涵与情感价值。而新娘手中的捧花,更是意义非凡,它不仅仅是一束精心挑选的花朵,更是幸福与好运的象征。按照传统观念中"讨彩头"的习俗,这束捧花应当被珍视并妥善安置,而非随意丢弃,以此确保幸福与吉祥能够长久伴随接花之人及整场婚礼的参与者。

向古人学家庭礼仪

在家庭中,礼仪的价值不言而喻,它如同一条隐形的纽带,紧密连接着每个成员的心。从宏观层面观之,对长辈的敬爱孝顺、对兄弟姐妹间的情深意切、对伴侣的尊重与爱慕,以及对晚辈的呵护与关怀,均深刻体现了中华礼仪文化的精髓。而于细微之处,礼仪更是融入生活的每一刻,它要求我们在每一个不经意的瞬间,都能以礼为镜,自我约束,自我提升,正所谓"见微知著",小处亦可彰显一个人的修养与家风。

屠羲时在《童子礼·饮食》中的这段论述,便是对日常饮食礼仪的生动诠释。它教导我们,在用餐时,应保持身体与餐桌的适当距离,展现出从容不迫的风度;筷子轻抬慢放,逐一夹取盘中佳肴,避免急促与粗鲁,以免破坏餐桌上的和谐氛围;咀嚼时轻声细语,不仅是对同桌人的尊重,也是个人教养的体现;面对美食,更需懂得节制,不因偏爱而贪多,培养一种健康、理性的饮食习惯;餐后收拾碗筷时,也要细致入微,避免因疏忽而损坏餐具,这份细心与体贴,同样是对家庭环境的珍惜与维护。总之,这段文字以饮食为切入点,深刻揭示了礼仪在日常生活中的重要性,鼓励我们从小事做起,以礼待人,以礼修身。

这些细致入微乃至看似繁复的要求,穿越时空的界限,至今仍为我们的个人行为规范提供着宝贵的参考。它们不仅是传统礼仪规范的缩影,更是塑造良好生活习惯的基石。"一屋不扫,何以扫天下",这句古训恰如其分地揭示了小事见真章的道理,强调了从日常细微处着手培养良好习惯的重要性。这与当今社会倡导的"细节决定成败""小处见教养"的理念不谋而合,共同印证了传统家庭礼仪的深远影响。

李毓秀所著《弟子规》中的教诲,更是将这一理念具体化于日常生活的点滴之中:"长辈站立时,晚辈不应擅自就座,待长辈落座并示意后,方可入座;与长辈交谈,声音需温和而适度,既要体现尊重,又需确保清晰可闻,避免过犹不及的尴尬;面对长辈的询问,应起身恭敬作答,目光专注,以示诚意与尊重。"这些规定与前面提及的饮食礼仪相辅相成,共同构建了一个关于家庭生活中长幼有序、尊卑有别的礼仪体系。这提醒我们,在家庭这一温馨而又严谨的社交环境中,每一份细微的关注与尊重,都是维护和谐关系、传承优秀文化的关键所在。

案例评析:

中国古代社会,对日常生活的每一细微之处均赋予了深厚的礼仪意涵,强调在衣食住行的每一个环节中,都应遵循既定的礼制规范。诸如"食不言,寝不语"的箴言,不仅是对个人修养的要求,更是对和谐生活氛围的营造;"站有站相,坐有坐相"的训诫,则直接关联到个人形象与家庭风貌的展现。在家庭这一温馨而复杂的社交单元中,礼仪的实践更多地聚焦于成员间的相互尊重与理解。传统家庭内部,对于日常生活习惯如坐姿的端庄、用餐时的仪态、与长辈交谈时的谦逊态度,乃至餐桌礼仪、待客之道等,均设有详尽而严格的规定。这些规定不仅仅是形式上的要求,更是对家族文化传承、辈分秩序维护及家庭和谐促进的深刻体现。

深学细悟

1.春节作为农历新年的开篇,伴随着丰富的庆典与一系列寓意深远的禁忌习俗。在正月期间,尤其是春节期间,人们格外注意言行举止,以避免触犯忌讳,祈愿新的一年平安顺遂。举例来说,打碎器物被视为不祥之兆,但智慧的先辈们创造了"岁岁(碎碎)平安"或"越打越发"等吉祥语,以此化解不利,寄托对美好未来的期许。同样,遇到殡葬之事、前往丧家拜年、家中争吵谩骂、求医问药、搬迁新居及剃发理发等行为,均被视为可能带来厄运的禁忌。而正月初一,作为新年伊始的第一天,其禁忌更为繁多且意义深远。餐桌上,鱼是不可或缺的一道菜,寓意"年年有余(鱼)",故吃鱼时不可尽数吃光,需留下一点以示富足有余。此外,许多地区还讲究不吃豆腐,因其在传统葬礼中常作为供品,故认为食用豆腐可能招来不祥,老人过世时更有"倒了豆腐山"的忌讳。至于扫地这一日常行为,在正月初一也需格外谨慎,扫地后垃圾不可随意丢弃,以免将家中的财气与好运一并扫走。综上所述,正月尤其是初一期间,各种禁忌习俗共同构成了一个充满仪式感与祈愿色彩的文化景观。至于您所在地区的正月禁忌,或许还蕴含着更多独特的地域文化与民间信仰,值得深入探寻与了解。

2.2013年3月6日至21日,人民网强国社区调查栏目《态度》联合北京美兰德信息公司在全国范围内针对"中国人节日观"的现状、变化、成因及对与节日有关的政策建议等主题开展民意调查,线上同步进行民意调查,最终形成系统的调查报告。其中,国人对传统节日文化的意义和功能表示肯定,但也有相当比例的人认为"传统节日与现代社会脱节"。绝大部分居民认为中国传统节日是中华文化的重要载体,是中华民族历史文化的一部分,应予保护。尽管八成以上居民不认同"传统节日落后于世界潮流",但认为"传统节日与现代社会脱节"的占比较高(72.3%),认为中国传统节日应与西方节日文化互相借鉴共融的比例为61.3%。请思考:第一、为什么现在过传统节日越来越冷清?第二、我国传统节日文化的魅力正在消退吗?第三、传统节日还有必要过吗?

第二章

形象礼仪　魅力百分

质胜文则野，文胜质则史。文质彬彬，然后君子。——《论语·雍也》

从仪态了解人的内心世界，把握人的本来面目，往往具有相当的准确性和可靠性。——【意】达·芬奇

为人粗鲁意味着忘记了自己的尊严。——【俄】车尔尼雪夫斯基

知识详解

第一节　仪容礼仪展形象　让内在美充分呈现

一、仪容及其基本要求

仪容通常指人的自然外观或外貌。在人际交往中,个人的仪容会引起交往对象的特别关注,并将影响对方对自己的整体评价。心理学家洛钦斯率先提出"首因效应",即人的知觉的第一印象往往形成顽固的心理定势,对后期一切信息将产生指导效应。

(一)仪容自然美

仪容自然美是指仪容的自然条件较好,天生丽质,五官端正,让人赏心悦目。尽管不应以貌取人,然而美的事物总会给人留下较好的印象。英国有关研究显示,给刚出生几小时的婴儿展示两张女性的照片,一张是五官出众的超模,一张是长相平庸的普通人,结果发现,小婴儿总是喜欢盯着更漂亮的超模。这说明,喜欢更美的人,是人类与生俱来的能力。

1. 三庭五眼

"三庭五眼",指脸的长宽比例。"三庭"指脸的长度,由前发际线到下颌分为三等份,发际线至眉毛为一庭,眉毛至鼻底为一庭,鼻底至下巴颏为一庭。"五眼"指脸的宽度,以单只眼睛为一眼标准,将面部宽度分为五个等份,两眼的内眼角之间的距离为一眼,两眼外眼角各自延伸到耳的距离为一眼,再加上两只眼。

2. 四高三低

"四高三低"是脸部垂直轴上的美学标准。"四高"的第一高为额部,第二高为鼻尖,第三高为唇床,第四高为下巴尖。"三低"指的是两眼之间、鼻额交界处必须凹陷,唇珠上方的人中沟是凹陷的,下唇下方有一个凹陷。

(二)仪容修饰美

仪容修饰美是仪容礼仪关注的重点,修饰仪容的基本原则为整洁、美观、卫生、得体。仪容的修饰美是指依照规则、场合与个人条件,对仪容施以必要的修饰,扬长避短,塑造出美好的个人形象,这在人际交往中是非常必要的,这样做增加了自己在人际交往中的自信,同时给人以美的享受。

1. 处理体毛

不宜外露的体毛主要有胡须、腿毛、腋毛、鼻毛及耳毛。在社交和公务活动中,男士不穿短裤,西方有句谚语"绅士以裸露肌肤越少越好"。穿短裤容易暴露腿毛。女士不选择无袖装,无袖装容易暴露腋毛。鼻毛、耳毛及时清理。男士除具有宗教信仰或风俗习惯之外不蓄须,每日洁面剃须。

2. 清除异味

在狭小密闭空间,异味让人作呕,是最大的失礼。异味主要由口腔、头发、脚部散发,或饮酒、吸烟等行为导致。勤洗澡、勤换鞋袜;预防口腔疾病、饮食不吃生蒜、生葱和韭菜等具有刺激性气味的食物;常备漱口水、口香糖;少抽烟、限饮酒,避免不良体味。

3. 排除异物

异物主要有眼屎、鼻屎、牙齿缝隙食物残渣,除此之外口红擦在唇部,不要沾在牙齿上。餐后漱口不仅可以保持牙齿清洁,也可防止留下异物。非就餐时间不吃零食,避免处理不及时留下残渣。

（三）仪容内在美

仪容的内在美是仪容美的最高境界,它是指个人通过努力,不断提高文化、艺术素养和思想、道德水准,培养出自己高雅的气质与美好的心灵。广西大学 2017 年毕业典礼出现暖心一幕:每名毕业生上台时,舞台 LED 屏幕出现该毕业生入学时和毕业时的照片对比,作为专属青春记录。入学时的青涩、懵懂与毕业季的自信、成熟形成鲜明对比。学生感慨大学是"美容院",腹有诗书气自华。读书不仅是门槛最低的高贵,也是最有效的"化妆品"。

真正意义上的仪容美,应当是上述三个方面的高度统一,忽略其中任何一个方面,都会使仪容美黯然失色。奥黛丽·赫本曾说过:"想拥有美丽动人的嘴唇,请用仁慈、温和的言语;想拥有可爱明媚的眼睛,请用它寻索别人的优点;想拥有窈窕的身材,请和饥饿的人们分享食物;想拥有漂亮的秀发,请每天让孩子们给你梳一次头;想拥有优雅的仪态,请深信友情、亲情永远伴随你,坦然而自信……"自然美是心愿,修饰美是技能,内在美才是最高的境界。

二、化妆

常言道"三分长相,七分打扮",可见仪容修饰美是一种技能,要认真学习,在某些女性审美意识高的国家里,化妆是女性必备的生活礼仪。化妆主要包括以下几个方面:

（一）化妆的原则

1. 美化

美化即扬长避短。首先要了解自己的脸型及脸各部位特点,做到心中有数;其次要清楚怎样化妆、美发才能扬长避短,化腐朽为神奇;最后要选择适合自己肤色、脸型、五官特点的化妆品。通常我们在选择粉底液时导购员会为我们在手面上试妆,但手距离脸尚有一段距离,手部肤色与脸部肤色不同,正确的做法是直接在脸部或颈部试妆,颈部距离脸部较近,肤色较一致。

2. 自然

"妆成有却无"是化妆的最高境界,它使人看起来立体生动,不呆板生硬犹如面具。面具即假,假的东西没有生命力,更体现不出美。近年来,有些时尚爱美的女孩喜欢"另类妆容",如以虚弱的白和尖锐的黑形成鲜明对比的"哥特妆"。这种妆容非常夸张,黑白对比很"惊悚",广州地铁安检员曾勒令"哥特妆"女乘客原地卸妆进站,随后安检员道歉,但此事也说明出席公共场所化妆要自然。

3. 协调

化妆协调包括:第一,妆面协调,指化妆部位色彩搭配、浓淡协调,所化的妆针对脸部个性特点,整体协调。第二,全身协调,指脸部妆容、发型与服饰协调,力求完美效果。第三,角色协调,指针对自己在社交中扮演的不同角色,采用不同的化妆手法和化妆品。教师妆后要体现端庄稳重的气质,学生不宜浓妆艳抹,医护人员不能使用香水,以免患者过敏。第四,场合协调,指化妆、发型要与所融入的场合一致。面试宜淡妆,舞会晚宴可浓妆。第五,气味协调,如果沐浴液选用玫瑰香型,洗面奶选择黄瓜香型,洗发液选用薄荷香型,全身就是"菜园子"香气。

(二) 化妆的基本步骤

1. 妆前准备

(1)束好头发。将头发束起或者包起,既可避免散发妨碍化妆,又可防止化妆时弄脏头发和衣服,这样会使脸部轮廓更清晰,以便有化妆和修改部分妆容。

(2)洁净皮肤。用适合自己的清洁霜、洗面奶等清洁面部的污垢及油脂,有条件还可用洁肤水清除枯死的细胞皮屑。

(3)做好护肤。如日霜、晚霜、乳液涂在脸上,可防止化妆品与皮肤直接接触,起到对皮肤的保护作用。

(4)适当修眉。用小剪修整眉型并拔出多余的眉毛,正所谓眉清目秀。

2. 施妆过程

(1)抹粉底　(2)画眉毛　(3)画眼影　(4)画眼线　(5)刷睫毛

(6)抹腮红　(7)定妆　　(8)画口红　(9)喷香水　(10)补妆

3. 妆后检查

(1)检查左右是否对称

(2)检查过渡是否自然

(3)检查整体与局部是否协调

(4)检查整体是否完美

4. 化妆的禁忌

(1)禁在公共场合化妆

(2)女士不能在男士面前化妆

(3)不能非议他人的妆容

(4)不要借用他人的化妆品

(5)男士使用化妆品不宜过多

(6)女士不要忽视颈部皮肤的护理

(7)不宜面部搽香水

(三)化妆的注意事项

1. 眼部

(1)保持眼部洁净。一定要保证眼部的洁净,主要是指清除眼睛的分泌物,这是最基本的要求,同时也是最重要的方面,需时刻谨记于心,不可忽视。

(2)保持美观。日常生活中要注意预防眼部疾病,如沙眼、红眼等。如眼睛患有传染病,则应该避免出现在社交场合,免得让他人近之不宜,避之不恭。日常生活中要保证眼睛得到足够的休息,以免影响到眼睛的美观。

睡眠不足、生活不规律等都是影响眼睛美观的因素。

（3）眼镜的佩戴。在社交场合，不能戴墨镜或者有色眼镜，对于近视的人来说，在保证舒服的前提下，应佩戴适合自己脸型的眼镜，并保证眼镜的清洁。

（4）眉毛的修饰。如果我们拥有漂亮的眼睛，但是却没有与之相称的眉毛，这样会使眼睛黯然失色。如果感到自己的眉型较刻板或者不甚雅观，可以适当地对自己的眉毛进行修饰。对于眉毛较少、较短或较细的人，可以进行描眉；对于眉毛过长且杂乱的人，可以采用修眉、剪眉、拔眉或者剃眉的方法，修出眉型。

2. 嘴部

（1）保持清洁且无异味。嘴是人的进食之处，同时也是人的发声之所，是与人沟通的主要部位，所以保持嘴部的清洁至关重要。保持嘴部的清洁，一方面要保持嘴唇无异物、无油渍等，时刻保持嘴唇的红润与光洁，另一方面要保持牙齿的洁白与清洁，保持口腔无异味。在重要应酬之前，切忌食用韭菜、大葱、大蒜等会让口腔发出刺鼻性气味的食物，以免产生尴尬。

（2）嘴唇的修饰。在社交场合中，保持嘴唇的红润与光洁，是嘴唇修饰的基本要求，尤其对于女性而言，涂口红是社交场合中基本的礼仪。涂口红不仅可以帮助女性掩盖嘴唇的缺陷，而且可以增加其在社交过程中的自信，使其更具有魅力。有一点需要注意：口红颜色要根据肤色、嘴唇、服装而定，这样才能使女性看起来有气质。

（3）胡须的修饰。胡子应该刮干净或修整齐，一般不允许留八字胡或其他形状奇怪的胡子。在社交场合中，即使是胡子茬被他人看到，也是非常失礼的，所以男士应养成每天修面剃须的好习惯，如无特殊的信仰或民族习惯，最好不要蓄须。对于有些女性而言，如果嘴上的汗毛过浓，也应注意修饰。

三、发型与护肤

(一)发型

1. 保持头发的清洁,避免其产生异味

保持头发清洁,是头发修饰的基本要求。头发作为人体的一部分,常常会被其分泌物、风沙、汗液等污染,如果长时间不清洗,就会产生异味。如果发生此类情况,不仅破坏自身的形象,同时也容易引起他人的反感,所以,保持头发的清洁至关重要。

2. 发型的修饰

发型要反映出青年人的精神面貌。头发的长短要适中,并且定期理发。尽管不同的发式可以体现人的特性,但是对于商务人员而言,应做到发型得体,不留怪异发式。男士修饰头发要做到:前发不覆额,侧发不掩耳。也就是说,男士不宜留鬓角、发帘,头发最好不要长于 7 厘米,前发不触及额头,侧发不触及耳朵,后发不触及衬衫领口。长发过肩的女士在职场适合盘发、束发。发型的选择应综合考虑自身的脸型、肤色、身材、体型等各种因素。

(二)皮肤的保养

护肤是仪容美的关键。皮肤,尤其是面部皮肤的经常护理和保养,是实现仪容美的首要前提。

分类型保养

皮肤分为干性皮肤、中性皮肤、油性皮肤、混合性皮肤、敏感性皮肤,需用不同的方法加以护理和保养。

(1)合理的饮食

(2)乐观积极向上的情绪

(3)保证良好的睡眠

(4)保持皮肤适度的水分

(5)正确洗脸

(6)避免不良刺激

(7)按摩皮肤

第二节　仪态礼仪展风范　让优雅始终陪伴

仪态属于人的行为美学范畴,英国哲学家培根曾说过:"在美的方面,相貌的美高于色泽的美,而优雅得体动作的美,又高于相貌的美,这是美的精华。"优美的仪态不仅体现出一个人的精神风貌,还表现出一个人的内在修养。

一、体态

心理学讲"肉体是灵魂最忠实的表现",一个人的行为常常会自觉或不自觉地展现出其对他人的基本态度和看法。"站如松、坐如钟、行如风、卧如弓"在静态与动态中体现一个人的形态美。

(一)站姿

"站如松",正确的站姿给人挺拔向上、舒展俊美、精力充沛、信心十足、积极向上的印象。男子站姿具有刚毅英武、稳重有力的阳刚之美;女子站姿具有轻盈典雅、亭亭玉立的阴柔之美。

1.正确的站姿要求

站立时头正、肩平、臂垂、躯挺、腿并、身体重心主要支撑于脚掌、脚弓上。竖看要有直立感,即以鼻子为中线,整个身体大体呈直线;横看要有开阔感,即肢体及身段给人舒展的感觉,双肩避免内扣。

2. 男士的基本站姿

(1)隆重场合站姿

身体立直,抬头挺胸,下颌微收,双目平视,嘴角微闭,双手自然下垂于身体两侧,双膝并拢,两腿绷直,脚跟靠紧,脚尖分开呈"V"字型。

(2)腹式礼仪式站姿

身体立直,抬头挺胸,下颌微收,双目平视,嘴角微闭,双脚平行分开,两脚间距离不超过肩宽,一般以 20 厘米为宜,双手手指自然并拢,右手搭在左手上,轻贴于腹部,不要挺腹或后仰。

(3)背手式站姿

身体立直,抬头挺胸,下颌微收,双目平视,嘴角微闭,双脚平行分开,两脚间距离不超过肩宽,一般以 20 厘米为宜,双手在身后交叉,右手搭在左手上,贴于臀部。

3. 女士的基本站姿

(1)隆重场合站姿

身体立直,抬头挺胸,下颌微收,双目平视,嘴角微闭,面带微笑,双手自然下垂于身体两侧,双膝并拢,两腿绷直,脚跟靠紧,脚尖分开呈"V"字型,脚尖相距 10 厘米左右,张角为 45°。

(2)腹式礼仪式站姿

身体立直,抬头挺胸,下颌微收,双目平视,嘴角微闭,面带微笑,两脚尖略分开,右脚在前,将右脚跟靠在左脚脚弓处,双手自然并拢,右手搭在左手上,轻贴于腹前,大拇指放在肚脐上下 1 厘米范围之内,身体重心可放在两脚上,也可放在一脚上,并通过重心的移动减轻疲劳。

(3)交流式站姿

在基本站姿的基础上,双手轻握放在腰际,手指可自然弯曲。

4. 站立时手位

在央视《开讲啦》节目中知名学者易中天先生双手插进口袋,遭现场学生质疑手放口袋缺少安全感。手到底放在哪里?站立时双手抱在胸前、脑后，手插在衣服口袋内，摆弄物件等都是不当的。

（1）双手置于身体两侧

在升国旗、奏国歌、接受奖品、接受接见、致悼词等庄严场合，采用严格的基本站姿，神情严肃。

（2）右手搭在左手上叠放于体前

站立时男士右手握左手掌心上，女士右手握左手指尖部位，收腹。男士可双脚平行分开不超过肩宽，女士可站"丁字步"，上体前倾，腰背挺直，双腿叠合，富于女性魅力。

（3）手中持物降低紧张程度

大型节目主持人通常手中持物，如卡片、手机，尽管整场主持未使用，但可以增加安全感，避免手不知放何处的尴尬。所以在发言、演讲或比赛中，可手持翻页笔、话筒、卡片等，增强自信，克服怯场。

5. 站立注意事项

（1）不正

身躯歪斜、东倒西歪、无精打采，懒散地倚靠在墙上、桌子上，甚至半坐半立，说站不站，说坐不坐，过分随便，缺乏教养。

（2）不直

弯腰驼背，颈部弯曲、胸部凹陷、腹部挺出；低着头、歪着脖子、含胸、端肩、驼背。

（3）不雅

全身乱动、手臂挥舞、腿脚抖动，频繁变换体位。正常情况下双脚站立时呈现出"V"字式、"丁"字形、平行式脚位，不能采用"人"字式、蹬踏式、独脚式。"人"字式是站立时两脚脚尖靠在一起，而脚后跟却大幅度地分开；蹬踏式是一脚站在地上，一脚踏在椅面上或蹬在窗台上等；独脚式即把一脚抬起，另一只脚落地。

（二）坐姿

中国人腰杆特别直，大概和椅子的设计有关系。中国椅子发展"由低到高", 即席、胡床、交椅、太师椅、官帽椅, 椅座材质硬, 靠背或有或无, 有则笔直。坐在这样的椅子上是"瘫躺不了的", 瘫躺虽舒服, 但失去尊严。当尊严与舒适发生冲突时, 尊严是第一位的, 舒适是第二位的。所以坐姿要文雅、端庄, 不仅给人以沉着、稳重、冷静的感觉, 而且也是展现自己气质与修养的重要方式。

1. 正确的坐姿要求

良好、正确的坐姿需要兼顾角度、深浅、舒展三个方面。角度是指坐定后上身与大腿、大腿与小腿所形成的角度; 坐姿有"深坐"与"浅坐"之别; 舒展是指入座前后手、腿、脚的舒张与活动程度。

（1）入座

坚持尊者优先原则, 不要争抢; 从左侧入座, 入座时要轻稳; 女士着裙装要事先从后双手拢裙入座。

（2）落座

入座后上体自然挺直, 挺胸, 双膝自然并拢, 双腿自然弯曲, 双肩平整放松, 双臂自然弯曲, 双手自然放在双腿上或椅子、沙发扶手上, 掌心向下; 头正, 嘴角微闭, 下颌微收, 双目平视, 面容平和自然; 女士坐在椅子的2/3处, 脊背轻靠椅背。

（3）离座

离座时要以语言或动作向周围人示意, 方可起身; 起身时不要发出响声, 站好后从椅子的右侧离开; 离开前将椅子归位。

2. 不同类型的坐姿

（1）垂直式坐姿

谈判、会谈场合严肃时的"正襟危坐", 身体呈三个直角: 上身与大腿、大腿与小腿、小腿与脚部均为直角。身体保持挺直: 立腹收腰, 腰背挺直; 女士双腿、双膝完全并拢, 双手交叠相握后, 掌心向下, 置于大腿上; 男士双膝、双腿分开与肩同宽, 双手置于双膝上。

（2）斜放式坐姿

女士坐姿，头正，上身挺直，双腿并拢，两腿同时侧向左或右，两脚并放或交叠，双手交叠相握后，掌心向下，置于大腿上。

（3）交叉式坐姿

男士女士通用坐姿，自然舒适。身体保持挺直，立腹收腹，腰背挺直。女士将两腿和膝盖并拢，双手交叠相握后，掌心向下，置于大腿上。男士可以适当分开两膝，左脚和右脚交叉，双手置于双膝上。

（4）叠步坐姿

男士女士通用坐姿，身体保持挺直，立腹收腹，腰背挺直。女士将右腿搭于左腿上，膝盖并紧，双腿、双脚紧靠并保持平行，脚尖下压，双手交叠相握后，掌心向下，置于腿上，同时叠好的双腿稍向右侧或左侧，自然斜放。男士则将一腿搭于另一腿上，膝盖并紧，自然放于体前中央。

3. 坐姿的注意事项

（1）失礼坐姿

脚尖指向他人；女士两腿叉开冲向他人，"箕踞对人"；前倾后仰，或歪歪扭扭，尤其坐沙发时太靠后呈后仰状态；高架"二郎腿"或"4"字型腿，甚至将腿放在桌子上。

（2）不安分的坐姿

坐下后随意挪动椅子；腿、脚不停抖动；猛坐猛起，惊扰他人。

（3）不自信坐姿

大腿并拢，小腿分开，双手放于臀部下面；双手放于两腿中间；双手玩弄头发、面庞。

（三）行姿

行姿体现一个人的风度与活力，是站姿的延续，展示人的动态美。行走的时候，头要抬起，双眼平视前方，双臂自然下垂，手掌心向内，手臂以身体为中心前后摆动，前摆约35°，后摆约15°，手掌朝向体内。上身挺拔，腿部伸直，腰部放松，脚步要轻，并且富有弹性和节奏感，步幅与腿的长度相适宜,跨步要均匀。

1.正确的行姿要求

正确的行姿,是在基本站姿的基础上,头正、肩平、躯挺、步位直、步速平稳、步幅适度。起步时,身体微向前倾,重心落于前脚掌,行走中身体的重心要随着移动的脚步不断向前过渡,不要停留在后脚,并注意在前脚着地和后脚离地时伸直膝部。步幅适中,两脚之间相距约一只脚到一只半脚的距离,要有节奏感。男子步伐较大,体现矫健、有力、潇洒,展示阳刚之美;女子步伐略小,轻捷、娴雅,体现阴柔之美。喜庆场合,步态轻盈,有跳跃感;工作场所,脚步快而稳,体现工作效率。两人行走,以右为尊,以前为敬。室外行走,尊者走在马路内侧。到达电梯口、车门口,男士应快走两步为女士服务,体现"绅士风度"。

2.行姿的注意事项

(1)制造噪音

安静是一种素质。走路时要轻手轻脚,不要在落脚时过分用力,走得"咯咯"响;金属鞋跟、金属鞋掌不要穿在工作场所;鞋子要合脚,不要因过大而发出踢踏声。

(2)抢路"称霸"

行进中专拣人多的地方走,冲撞他人;路窄处不礼让他人;多人行走并排说笑、勾肩搭背,阻碍他人通行;方向不定,忽左忽右;莫名加速奔跑,制造恐慌。

(3)步态不美

行进中扭来扭去的"外八字"步和"内八字"步;头部与躯干未呈一条直线,左顾右盼、东张西望;双手反背于背后,步态老气;双手插入裤袋,步态不流畅。

(四)蹲姿

蹲姿为偶然拾物之姿。东西掉到地上,随意弯腰捡起不合适,要采用特殊的暂时性蹲姿体态。蹲姿要动作美观，姿势优雅。

1. 标准的蹲姿

（1）交叉式蹲姿

交叉式蹲姿适用于女士，集体合影照中前排女士的蹲姿，优美但不舒适。下蹲时右脚在前，左脚在后，右小腿垂直于地面，全脚着地。左脚在后与右腿交叉重叠，左膝由后面伸向右侧，左脚跟抬起，脚掌着地。两脚前后靠紧，合力支撑身体，臀部向下，上身稍前倾。

（2）高低式蹲姿

下蹲时左脚在前，右脚稍后（不重叠），两腿靠紧向下蹲。左脚全脚着地，小腿基本垂直于地面，右脚跟提起，脚掌着地。右膝低于左膝，左膝内侧靠于左小腿内侧，形成左膝高右膝低的姿势，臀部向下，基本上以右腿支撑身体。男士选用这种姿势时，两腿之间可有适当距离。

2. 蹲姿禁忌

（1）"任性"蹲

在交通要道突然下蹲，不仅干扰他人行进，也给自己带来危险；在异性、长辈面前下蹲；在候车室、公交站采用蹲姿解乏；在公共场合蹲在桌椅或其他高出地面的平台上。

（2）"暴露"蹲

两腿叉开，臀部向后撅起，暴露内衣；蹲下后，体位降低，着低领上衣或裙子的女士未及时单手捂住领口处，也会暴露内衣。

（五）手姿

手姿也是手势，手势是人类最早使用的、至今仍被广泛运用的一种交际工具。在长期的社会实践中，手势被赋予种种含义，具有丰富的表现力。俗话说"心有所思，手有所指"，人在紧张、兴奋、焦急时，手都有意或无意地表现着自己的情绪。

1. 手势礼

(1)引领

在人际交往中,引领手势运用手与臂的协调动作,注入真情实感,展现尊重与优雅,干练而规范的动作能够呈现给人一种训练有素、值得信赖的良好印象。

横摆式——"有请"手势,在基本站姿的基础上,挺直躯干、立腰、收腹。右手五指伸直并拢,右手手臂从身体的侧面抬起,掌心微斜向上,小臂与地面平行,大臂与身体夹角约为30°,即约一个拳头的距离。左手自然垂于体侧或置于小腹前,身体略转向右边,眼睛目视来宾,微笑礼貌地说"这边请"。反之,左边亦然。如若指引距离较远,可伸直手臂。

斜上式——"请上楼"手势,在基本站姿的基础上,挺直躯干、立腰收腹。右手五指伸直并拢,右手手臂从身体的侧面抬起,掌心微斜向上,小臂向上抬起,与水平方向呈45°角,大臂与身体夹角约为30°,即约一个拳头的距离。左手自然垂于体侧或置于小腹前,身体略转向右边,眼睛目视来宾,微笑礼貌地说"请上楼"。反之,左边亦然。

斜下式——其他基本规范不变,小臂在横向直径的基础上,斜向下伸直手臂,与水平方向呈45°角。

(2)招呼礼

手放于体侧,手臂伸直在一条直线上,向前、向上抬起,手掌向下,屈伸手指作搔痒状或晃动手腕。美国、日本招呼礼掌心向上,但在中国掌心向上为召唤动物。

(3)挥手礼

身体要站直,不晃动,目视对方。手臂伸直,呈一条直线,手放在体侧,向前、向上抬至与肩同高或略高于肩,手臂不可弯曲,掌心朝向对方,指尖朝向上方,五指并拢。

(4)鼓掌手势

在观看演出、参加会议、迎候嘉宾时表示赞赏、鼓励、祝贺、欢迎等情感。要领是:以右手掌心向下有节奏地拍击左掌,不可左掌向上拍击右掌;不可右掌向左，左掌向右，两掌互相拍击。鼓掌时间要长短相宜，以 5—8 秒为宜。

2.手势语

大拇指向上，在英语国家表示 OK 或打车之意；若用力挺直，则有骂人的意思；若大拇指向下，多表示坏、下等人之意。在中国，伸出大拇指表示赞同、一流、好；向下伸表示蔑视、不好之意。

伸出食指和中指，掌心向外，语义主要表示胜利（英文 Victory 第一个字母）。这一手势源于英国前首相丘吉尔。在第二次世界大战中，英国对抗德国处于不利地位，丘吉尔在演说中使用了这一手势代表胜利（Victory）之义，号召人们团结起来保家卫国，坚决同法西斯斗争到底。这一手势风靡世界，成了今天我们照相的摆拍动作。但是要注意，如果掌心向内，在英国、澳大利亚、新西兰等国成了侮辱他人的信号。

OK 的手势大拇指和食指合成一个圆圈，其余三指自然伸张。这一手势在中国和西方一些国家代表"好了""赞扬""同意"，比较常见。但在其他一些国家，其语义有所不同：在法国表示"零"或"无"；在日本表示"金钱"。

二、表情语

表情可谓"表演感情"，真实可信地反映着人们的思想、情感、反应以及一切心理活动与变化。现代传播学认为，表情属于人际交流中的"非语言信息传播系统"，是一种无声的语言。相对于举止而言，表情更为直观、形象，同时也更易于被人们所察觉和理解。

（一）目光语

常言道"眼睛是心灵的窗户"，它是人体传递信息最有效的器官，而且能表达最细微、最精妙的差异，显示出人类最明显、最准确的交际信号。一个有礼貌的人的目光是坦然、亲切、和蔼、有神的。特别是在和人交流时，有些人会给人舒服愉快的感觉，有些人则会让人局促不安。

1. 注视的区域

亲密注视:注视恋人、亲人时,注视的位置在对方的下巴到锁骨之间,即下三角区域。

社交注视:注视者的目光主要集中在对方脸部两眼至唇部之间的中三角区域。

公务注视:注视者的目光主要集中在对方脸部双眼底线和前额之间的上三角区域。

2. 注视的方式

在注视他人时,目光的角度,即发出的方向,是至关重要的。直视,正视,视线呈水平状态,表示自信、坦荡;对视表示大方、坦诚;凝视表示专注、恭敬;斜视表示怀疑、轻视;虚视表示胆怯、疑虑;扫视表示好奇、吃惊。

3. 注视的时间

如果将双方沟通交流的时间设定为整体"1",少于 1/3 时间的注视说明对谈话内容不感兴趣,超过 2/3 时间的注视说明不仅对谈话的内容感兴趣,更对谈话的人感兴趣。礼仪是一种"度"的把握,因此在 1/3 至 2/3 之间是最为礼貌的注视时间。

(二)微笑语

微笑是世界范围的"one word",是一门"言简意赅"的"世界语"。在跨文化交流中,我们可能听不懂对方的语言,看不懂对方的文字,但一定看得懂对方真诚的笑脸。

1. 微笑的"潜台词"

(1)微笑是自信的象征

一个具有乐观、积极向上人生态度的人对自己和未来充满了信心,更加尊重自己,具有远大的理想、坚定的信念。同时,更能懂得看到自身存在的价值,重视强化自我形象。

(2)微笑是礼仪修养的充分展现

一个有知识、重礼仪、懂礼貌、有修养的人，必然十分尊重他人。即使是陌路相逢，也能做到毫不吝啬地将微笑当作真诚的礼物慷慨赠予他人。

(3)微笑是人际和谐的"法宝"

国学大师季羡林说过："每个人都争取一个完满的人生。然而，自古及今，海内海外，一个百分之百完满的人生是没有的。所以我说，不完满才是人生。"人生旅途，坎坷无处不在，只要脸上充满微笑，就会使身边的人倍感愉快、安详、融洽、平和，少了许多争执、矛盾和冲突。微笑可比"磁力""电波"，能够使我们心灵相近，更加友好和亲近。

(4)微笑是心理健康的标志

偶尔见到沉着脸、撅着嘴的人都想暗暗地问"但见君蹙眉，不知心恨谁?"一个心理健康的人，一定能够将美好的情操、愉悦的心境、温和的待人、善良的心地变成世间最美好的笑容，像婴儿一样发出内心最真诚的笑容。

2. 微笑的标准

(1)眼神标准

面对对方时目光友善，眼神柔和，亲切坦然，眼睛和蔼有神，自然流露真诚。眼睛礼貌地正视他人，不东张西望、左顾右盼。

(2)声音标准

声音要清晰柔和、细腻圆滑;语速适中，富有甜美悦耳的感染力;语调平和，语音厚重温和;控制音量适中，让他人听得清楚;说话态度诚恳，语句流畅。

(3)面部表情标准

微笑注重"微"字，笑的幅度不宜过大，轻轻扬起自己的嘴角，让笑意荡漾在眼底，给人无限的温暖。微笑时真诚、甜美、亲切、满怀善意、充满爱心、口眼结合。

3. 微笑的禁忌

(1)微笑时不自觉地眨眼睛、皱眉毛、转眼珠。

(2)微笑时嘴巴张得过大,或用手捂嘴。

(3)微笑时露出牙齿上的污垢或食物残渣。

(4)微笑时目光没有流露出真诚,笑容僵硬、虚假、不自然。

(5)微笑时没有得体的身体语言相配合,使人感到突兀。

三、界域语

"界域"也叫空间,从生物学的角度看,每一个生命都有自己的领空,人们叫它"生物圈",一旦异物侵入这个范围,就会使人们感到不安并处于防备状态。美国心理学家罗伯特·索默经过观察与实验认为,人人都具有一个把自己圈住的心理上的个体空间,它像生物的"安全圈"一样,属于个人的空间。一般情况下,我们不愿他人侵犯自己的空间,也不能侵犯他人的空间。

(一)界域语的构成

美国人类学家和心理学家霍尔将人类的交往空间划分为四种区域,这就是社交中的空间语。

1. 亲密距离

亲密距离(0~45厘米)又称亲密空间,语义为亲切、热烈,多出现在夫妻、父母、子女、恋人、亲友间等。亲密距离分两个距离:0~15厘米为亲密状态距离,常用于爱情关系,亲友、父母、子女之间的关系;16~45厘米为亲密疏远状态距离,身体虽不相接触,但可以用手相互触摸。

2. 个人距离

个人距离(46~120厘米),语义为亲切、友好,其语言特点是语气和语调亲切、温和,谈话内容常为无拘束的、坦诚的,比如个人私事。在社交场合往往适合于简要会晤、促膝谈心或握手。

3. 社交空间

社交空间(120~360厘米),其语义为严肃、庄重。这个距离已超出亲友和熟人的范畴,是一种理解性的社交关系距离。社交距离接近120~210厘米,语言特点为声音高低一般、措辞温和,它适合于社交活动和办公环境中处理业务等;社交距离的疏远状态为210~360厘米,其语言特点为声音较高、措辞客气,适用于比较正式、庄重、严肃的社交活动,如谈判、会见客人等。

4. 公共距离

公共距离(360厘米以上),是人们在较大的公共场所保持的距离,其语义为自由、开放,语言特点为声音洪亮、措辞规范、讲究风格,它适用于大型报告会、演讲会、迎接旅客等场合。

(二)空间礼仪规范

1. 保持距离

远近适当,太远傲慢,太近不重视。行进中适当变速,保持2米左右的距离,不尾随陌生人,以免产生误会。不从队伍正前方过,不从中穿越封闭式交谈圈。

2. 移动位置

美国学者莫里斯称移动位置为"不便的展示",具体来说"客人前来和主人去接的距离也是一种不便。不便越大,表示诚意越高"。移位举动,是主人所能表现的最大的不便。移位可以表示尊重,也可以表示妥协或服从。比如当我们开车或骑自行车违章被交通警察拦住时,应马上下车,赶快主动撤到指定地点,然后在警察接近车子之前走近警察。

3. 改变高度

改变高度是变换体位的一种方式。比如降低身高,表示对对方的尊重,能获得好感:身高1.8米的销售代表,在做买卖时,为感化合伙人,随时随地只要可能就偏向弯腰,或者半坐下来,以便让合伙人感到优越;幼儿园,小学老师弯腰与孩子讲话。

降低身高要看场合,有时候低了反而不敬,还要升高身高。比如晚辈一起聊天,长辈到场,晚辈需站起来,如果仍旧保持低位,或坐,或躺,那么就说明他对来者的蔑视。总之,无论是横向的移动,还是纵向的升降,我们都应根据不同的交际目的,以及当时的情景,随时变换我们的空间行为。一个坐下后就不知起来的人,会给人留下傲慢甚至是懒惰的印象,进而影响交际的顺利进行。

举止要敬人、文明、优雅,还要注意自然,避免程式化、脸谱化和戏剧化。优雅的举止有一定的规范要求,但在讲究相关规范时,要强调表里如一,防止出现重视外表,不重视内涵的倾向。同时,同一种行为举止,还要把握在不同的场合与不同的对象交往时不同的具体要求,不要教条主义。礼仪是一种"度"的智慧,要把握时机,在动态中运用,避免僵化。

第三节 仪表礼仪展全貌
请留下你完美的第一印象

服装是人与人见面未曾开口的第一张名片。55387魅力永续法则告诉我们,55%的第一印象来自视觉感知,即便我们满腹经纶、精通科技、专业经历丰富、理论功底扎实,但穿衣打扮等外在因素不可忽视。

一、着装的要求

中国衣冠制度,即穿衣戴帽。着装体现社会文化,是一个人修养,一个人气质审美的名片。

(一)文明性

追溯人类文明的发展可知,人们追求

自身美的脚步从没有停止过，中国古代就有"衣冠上国，礼仪之邦"的美誉。今天我们讲穿着要显示出文明大方，符合社会的道德传统和常规做法。在正式场合，不能穿袒胸露背，暴露大腿、脚部和腋窝的服装，不能在大庭广众之下打赤膊，不能穿过于透明的服装，有失检点。男生不穿跨栏背心，女生不穿吊带背心。

（二）个体性

世上没有完全相同的人，每个人都有自己的个性。在衣着方面也是如此，我们在认同共性的同时一定要显示出自己的个性。着装要根据自身的特点，做到"量体裁衣"，最好是做到适合自己。风格是心灵的外观，特色赋予魅力，否则很容易穿成"买家秀"与"卖家秀"。

1.体型与服装的匹配

苹果型身材主要特征是上身偏胖有肚腩，而下半身较瘦，尤其是腿型比较细，腰部的宽度大于肩部与臀部的宽度。腰部曲线不明显，腰部、臀部丰满，给人以圆润的感觉。宽松的上衣可以遮住丰满的上身，露出锁骨的大圆领上衣会显瘦，H型连衣裙会秀出纤细的双腿。鞋子选择粗跟和圆头。

梨型身材主要特征是肩膀比胯部窄，有溜肩的可能，上身较瘦，胸部线条不明显，腿部、腹部、腰部、臀部比较丰满。穿衣宜上身高调，下身保守。横条纹、亮色会让上身看上去更丰满，深色的阔腿裤、直筒裤、A型裙和包臀裙可以遮住粗腿和宽大的臀部。

沙漏型身材主要特征是胸部、腿部、腰部、臀部凹凸有致。肩部比较宽厚，臀部较大，腰身纤细，腿部也比较匀称。穿衣宜上下平衡，强化纤细腰身曲线美，适合细高跟鞋，不宜选择粗跟笨重鞋。

报纸型身材"上下一样粗"，也被称为矩形身材或无曲线身材，或许整体看来不算胖，但腰部线条不够明显，使上半身缺乏柔和的美感。延长肩部线条的一字领和收腰款式都适合，避免选择宽松的上衣，因为它会使身材看起来更扁平。高腰包臀裙干净利落，突出线条美。

2.代言性

既然费尽心力打扮自己,我们必然要给他人展现出最好的一面,无论是社交场合还是工作场合,只要肯花时间打扮自己,我们的自我感觉会更好,表现会更出色。

3.技巧性

随意的随意,随心所欲,不关注别人,刻意的刻意,装扮不自然,一味追求欧美风,模仿,无知识。刻意的随意,裸妆裸色,精心装扮,经过设计有技巧,非常和谐。寻找属于自己的色彩。

4.要能扬长避短

(1)增高法

上衣要穿短款的,下身不要穿宽松的。上装长度为稍盖过臀部,而且应以稍宽松的上衣配稍紧身的裤子。全身服装中上、下装的对比色不要太悬殊,最好使用同色或近似色。增加头身比例,让自己的头从视觉上看起来更小。矮个子穿衣法则第一条:从头做起,缩小头部面积,发型要简单,不要过长、蓬松;矮个子长脖子男生,要修饰一下,可以用围巾或领子。增宽肩膀的方式:选择小 V 领,略微敞开的衣襟,脖子处的堆积装饰。颜色建议以灰、黑、蓝为主。个子矮宜穿套装。

(2)藏拙法

脖子短不穿带花边的衣服。下摆花哨,视线下移,重心下移,显矮。腿过粗慎穿。脸大脖子短,不要穿高领毛衣,穿 V 领,U 领露出脖子和部分锁骨,拉长脖子效果。外套选小领或无领。

(3)衬托法

要么露腿要么收腰,补法显丰满,泄法显纤瘦。明亮颜色,复杂款式显丰满。巧妙利用借法(上借腰,下借脚),人人都有美腿;相对法:宽臂配蝙蝠袖,粗腿配微喇叭;相辅相成法:体型圆润适合曲线型圆领圆摆。

另外,着装要在保持自己独特风格的情况下再创造风格,创造与众不同的自己。

二、TPOR 原则

得体强调服装与人的和谐，角色与环境的和谐，人与场合的和谐。根据 TOP 原则选择时间场合地点合适的服装。

T 时间原则，时间蕴含着一天的从早到晚，一年的春夏秋冬，以及人生的不同阶段。时间原则就是要求着装随"时"变化。

P 地点原则，因地方、场所、位置不同，着装也应有所变化，确保与特定环境一致。

O 场合原则：特定的场合着装一定要与气氛相一致，才能产生和谐审美的效果，实现人景相融的最佳效应。

R 角色原则：别和自己的上司穿成姊妹花，男女着装异同，男人求同，女人求异。

三、衣橱必备的元素

1. 白衬衫

2. 西装

3. 外套

4. 毛背心

5. 皮装

6. 圆领上衣

7. 休闲衬衣

8. 针织衫

9. 休闲西装与夹克

10. 休闲裤

11. 运动装/有领 T 恤

12. 围巾

13.鞋(正装和休闲装区别)

四、西装的穿着技巧

(一)尺寸的选择

key point 1:确认肩宽

西装的肩膀部分是整套西装的精神所在,合适的肩宽在两个胳膊自然下垂的时候,两个胳膊和布料似碰不碰的程度是最佳的。

key point 2:胸部周围

扣上纽扣后,衣服与身体之间(靠肚子的位置)仍有一个拳头大小的空间。

key point 3:袖子长度

正确的袖子长度一般是衬衫在正装外面露出 1~1.5 厘米为佳。这既体现出着装的层次,又能保持西装袖口的清洁。

key point 4:上衣长度

最佳的正装长度是可以盖住臀部的80%。

key point 5:臀部线条

在站立的状态下,拉一下裤子的大腿后侧,多出来2~3厘米的空间,就是合身的西裤。

key point 6:裤子长度

裤子前面长度稍微凹进去一点,可以显示出有均衡感的魅力。

(二)禁忌铭记于心

1.忌皱皱巴巴,面料不挺括

2.忌衣袋满满,特别是放钥匙

3.忌留标签和围厚围巾

4.忌短袖衬衣与西服配套

2. 忌配凉鞋、布鞋或旅游鞋

3. 忌衬衫外放

7. 忌挽袖管

（三）应遵守"Two solids，One pattern（两个单色，一个图案）" 规则

1. 领带不长于皮带（不应有瑕疵，面料真丝为宜，可带有小图案、圆点，选择简单图形、含蓄图形或单色图案，建议为酱红色、蓝色）

2. 慎用领带夹（位置在七粒扣衬衫自上而下数的第四、五粒粒口之间，"含而不露"）

3. 清洁鞋子给人以专业、整齐的感觉

4. 选择黑袜不会有问题（袜同裤色），注意长度，绅士不露腿毛

5. 金丝边眼镜比塑料边儒雅，不选粗厚、塑料架眼镜

6. 手套选黑、棕皮手套，忌毛线手套

男士公文包，挎包时尚，背包舒服，公文包意味着奋斗，携带公文包才能在生活中找到自己真正存在的价值，才能和社会同进步，担负起职责。公文包在具体使用时要注意：用包不宜多，用包不张扬，使用公文包要先卸下真皮标志，切勿显示自己所用公文包的名贵高档，给人以张扬感；用包不乱装，随身携带之物均应装入公文包既定之处，避免急用乱翻；用包不乱放，进入室内不放在桌、椅之上，应放指定之处或自己座前地上。

五、职场女士衣橱必备的元素

1. 黑色连衣裙

2. 白衬衣

3. 西装

4. 打底衫

5. 针织开衫

6. T 恤衫

7. 风雨衣

六、饰物礼仪

考古发现,在旧石器时代中期,我们的祖先就利用兽牙、贝壳、骨管、鸵鸟蛋壳、石珠等制造串饰。至今为止,首饰主要包括簪、钗、步摇、梳子、头花、耳饰、项饰、臂饰、指饰等。

(一)同质同色

不同质地、不同风格的首饰戴在一起,给人一种不伦不类的俗气感觉,即使是再好的珠宝和钻石也失去它本身的意义。首饰不是越多越好,关键要到位:一条细长的珠链可以为小女生增加成熟的风韵;一件古朴的玉镯可以为时尚女性平添一份传统的恬静和温婉;一件风格夸张、金属质地的首饰又为柔顺女性增加一份坚毅不羁。

(二)皮带

皮带简洁、干练才是男人的特征,不要挂过多的饰品。皮带的长度应介于第一和第二裤扣之间,宽度应保持在 3 厘米。太窄会失去阳刚之气,太宽则只适合休闲、牛仔风格的装束。正式场合腰间的花色应和皮鞋保持一致。

三点一线:衬衫领开口、皮带袢和裤子前开口的外侧应该在一条线上。

(三)衬衫

不同脸型的人可以选择不同的衬衫领:长脸型的人适合大一些、带扣子的领子;方脸型的人适合带扣子、圆角边的领子;圆脸型的人适合带扣子的长尖领。除了圆领,椭圆脸形的人适合各种领型。衬衫的领子一定要合适,如果可以将一个手指插进系好扣子的衬衣领口,这件衬衣就是合适的。衬衣的颜色可以是白色、蓝色、粉色、灰色、黑色,还可以带条纹和图案。正式场合为纯色。领带与衬衫同色非常时髦。领带的款式主要在于领带的宽度,常用的领带宽度为 8 至 9 厘米,最宽的可达 12 厘米,最窄的仅有 5 至 7 厘米。领带具有季节性,在炎炎夏日最好佩戴丝或绸等材质轻软型领带,领带结打得要小,给人以清爽感。而在秋冬,颜色以暖色为主,给人视觉温暖感。

案例思考

案例一　抬头挺胸　自信从容

TED 演讲 Amy Cuddy—Your body language shapes who you are 中提到体态语在沟通中起到"此时无声胜有声"的传情达意作用。代表权力与荣耀的体态语是什么呢？在动物王国里，权力与荣耀和扩张躯体有关。尽可能地让自己变大，向外伸展占满空间，基本上就是展开。关于展开，透视动物世界，灵长类动物在什么时候展开身体，是权力与荣耀时还是失望无助时？是权力与荣耀时！人类也做同样的事，不论是我们长期掌权或是在某个时间点达到权力顶峰，这种展现被认为是一种荣耀。再如，不管是视力良好的人还是先天视障的人，在赢得比赛到达终点冲刺的瞬间都做了同样的动作——双臂呈"V"字型朝上，下巴微微抬起。这个伸展的动作代表的是荣耀！反之，当我们感到无助的时候呢？我们的行为正相反，我们封闭起来，我们把自己蜷起来，让自己变得小一点，最好别碰到别人。实验证明，人类和动物都做同样的事，即当你有力量和没力量时的行为不同。我们怎么让行为影响心理呢？自信的力量来自于怎样的体态语呢？双手叉在腰间，坚持两分钟，生理上荷尔蒙和睾丸酮释放，会提升自信。（参考资料：给力英语口语 "TED 演讲：Amy Cuddy—Your body language shapes who you are" 节选，有改动）

案例评析:

播种行为,收获习惯;播种习惯,收获性格;播种性格,收获命运。《世说新语》中记载:魏武将见匈奴使,自以形陋,不足雄远国,使崔季珪代,帝自捉刀立床头。既毕,令间谍问曰:"魏王何如?"匈奴使答曰:"魏王雅望非常,然床头捉刀人,此乃英雄也。"细节之处显精神,举止言谈见本色。从现在开始,挺胸抬头,舒展身体,以自信的外部表征呈现他人,鼓励自己。习惯成自然,勉强成习惯! 优秀是一种习惯!

实战演练

演练一　笑口常开　乐观心态

实践目的：

笑是动人的表情，是一种美好而无声的语言。让笑容像花儿一样绽放于脸,盛开于心吧!

实践方案：

见表2-1

表2-1

方案选择	具体要求	总体实施步骤
方案一	美好回忆法。通过回忆自己曾经的美好往事，引发微笑。	1. 用上下两颗门牙轻咬住筷子，看看自己的嘴角是否已经高于筷子了。 2. 继续咬着筷子，嘴角最大限度地上扬。也可以用双手手指按住嘴角向上推，上扬到最大限度。 3. 保持上一步的状态，拿下筷子。这时就是自己微笑时的基本脸型。能够看到上排8颗牙齿就可以了。 4. 再次轻轻咬住筷子，发出"Yi"的声音，同时嘴角向上向下反复运动，持续30秒。 5. 拿掉筷子，观察自己微笑时的基本表情。双手托住两颊从下向上推，并发出声音，反复数次。 6. 放下双手，同上一个步骤，数"1、2、3、4"，并发出声音，重复30秒结束。
方案二	情景熏陶法。在自己的宿舍或房间挂一些笑脸，或者在周围的物品上画上笑脸，以此来提醒与熏陶自己，做到时刻拥有微笑的心情。	
方案三	瑜伽冥想法。准备一段瑜伽音乐，配上一段自然、放松的瑜伽冥想词，轻闭双眼，舒展眉心，通过音乐与瑜伽引导词忘记心中的烦恼、忧愁等负面情绪，保持内心的从容与发自内心深处的喜悦。	
方案四	咬筷子训练法。咬筷子训练法是礼仪小姐最常用的一种方法，主要是为了强化面部肌肉，使之形成习惯性记忆。	

演练二　仪态自评　完善超越

实践目的：

克服不良举止。

实践方案：

见表2-2

请完成表内测试题目，选择"有"计2分；选择"偶尔"计1分；选择"无"

计0分。分数相加,得出总分。

表 2-2

序号	情景描述	有	偶尔	无
1	入座后高跷二郎腿、"4"字腿、抖腿			
2	在公共场合大声讲话、通话			
3	在异性面前整理头发、化妆			
4	小拇指指甲长于其他指甲,抠耳朵、挖鼻孔			
5	猛起猛坐、冒冒失失的行为			
6	随地吐痰,乱扔垃圾			
7	在公共场合嚼口香糖、吃零食			
8	走路懒洋洋,一步三晃			
9	在人潮拥挤的地方下蹲,或在异性、长辈面前下蹲			
10	在公共场合,蹲在桌椅或其他高出地面的平台上			
11	入座后用脚来回搓地面或纸片等杂物			
12	入座后用力将脚勾在座椅下面			
13	行走时看手机、和人打闹			
14	行走时和人抢路,脚步太重,拖在地面发出沉重声音			
15	在飞机或火车上,将脚放在前排座位上			
16	站立时双手抱在胸前			
17	行走时披着衣服,或将衣服搭在单肩上			
18	一边蘸唾沫一边数纸张、钱票			
19	发出体内异响(打嗝、腹鸣)			
20	在候车室、候机室倒头大睡			

认真完成表内测试,根据总分以下面的分数标准自测自己仪态程度。

0~5分:你非常关注自己的举止,这将使你得到更多他人的尊重;

6~16分:平时会有一些不文明、不优雅的举止,及时改正,你的形象会提升;

17~40分:欠缺文明举止的关注与践行,需要有意识地系统学习、训练和提升自己。

拓展阅读

吃饭玩手机　失礼又增肥

巴西拉夫拉斯联邦大学和荷兰乌特勒支大学医学中心，近日联合发表一份名为"进食时使用智能手机增加热量摄入"的研究报告，其结果显示，在吃饭的时候玩手机，会让人比专心进食时多摄入 15% 卡路里，导致体重增加。

这份研究邀请 62 名年龄介于 18 至 28 岁的被试，并安排进行 3 次试验，第一次专心进食、第二次边进食边滑手机、第三次进食时看报章杂志。在测试过程中，被试可以自行选择要吃的食物，包括健康食品、饮料和巧克力等，直到他们吃饱为止。

研究结果显示，在专心进食时，被试平均摄入热量 535 卡路里；边进食边滑手机时，平均摄入 591 卡路里，其中体重超重的被试更平均摄入高达 616 卡路里；而当被试边吃边玩时，甚至会比专心进食时多吃 10% 的高脂肪食品；另外，边吃饭边看报章杂志，也会比专心进食时摄入更多热量。

对此，该研究报告的主要作者萨捷罗尼莫解释："智能手机和平板电脑已经成为人们进食时主要的干扰因素，包括儿童也会受到影响，这些令人分心的事物会阻碍脑部正确得知人们摄入的食物数量。因此，关注手机如何影响人们进食的选择，具有重要意义。"

有关报道指出，这份研究报告将会刊登在美国学术期刊《生理学与行为》（*Physiology and Behavior*）上。

（资料来源：吃饭时玩手机会胖！跨国研究证实：多摄入 15%热量

http://www. 360kuai. com/pc/9da76bb5b26a3d324？ cota＝3&sign＝360_

a9931de8&refer_scene＝so_1）

深学细悟

1. 化妆对一个人来说是很重要的。现如今，不要说女生，男生都化起妆了，你还有什么理由不看重你的外表，你的形象呢，请大家认真思考化妆的主要禁忌是什么。

2. 世界上不同民族的服装，由于地理环境、风俗习惯、政治制度、审美观念、宗教信仰、历史原因等的不同，各有自己的风格特点，表现出一种文化现象。服装文化是人类文化宝库中的一个重要组成部分，请思考什么是服装的三要素。

第三章

会面礼仪 会见天下

表面上礼仪有无数清规戒律，但其根本目的却在于使世界成为一个充满生活乐趣的地方，使人变得平易近人。——【美】米莉·波斯特

从仪态了解人的内心世界，把握人的本来面目，往往具有相当的准确性和可靠性。——【意】达·芬奇

知识详解

第一节　用介绍礼仪把自己推销出去

在人际交往中，介绍是加强彼此联系，促进相互了解的重要社交手段。通过介绍，可以极大缩短人们之间的距离感，加速消除人们之间的陌生感，帮助扩大自身的社交圈子。根据介绍对象的区别，可以大致分为自我介绍、他人介绍、集体介绍三种类型。

一、自我介绍

自我介绍，指的是在必要的场合里，将自己介绍给他人。一般适用于自己想要和某人认识，却没有合适的中间人帮助引荐，或是在初次相见的场景中，方便对方能够认识自己。自我介绍是一个简短的过程，说话的时候要语言简洁、口齿清楚、表达委婉流畅、恰到好处、突出重点、态度真诚。也可在做自我介绍时，附上名片、介绍信等，最终目的是要给人留下完整、深刻的印象。自我介绍的方式多种多样，以下是五种常见的自我介绍方式。

（一）应酬式

应酬式的自我介绍，是目前较为常见的介绍方式，一般适用于某些公共社交场景中，比如朋友聚会、商业宴会、联谊活动等。其特点是简洁精练、把握关键，把姓名等重要信息介绍清楚即可。例如，大家好，我是刘秀，很高兴在这里见到各位。

（二）工作式

工作式的自我介绍，主要围绕工作而开展，一般适用于工作社交场景，比如工作会议、商业洽谈、商务交往、工作面试等。介绍的内容一般包含姓名、单位、职业、工作职责、工作经验、工作规划等。介绍的时候可以提前打好腹稿，切忌面无表情，背书式地进行陈述，要做到面带微笑，适当的眼神交流，做到自信表达。需要特别注意的是，介绍姓名的时候必须要态度真诚，有名有姓地介绍清楚，切忌使用外号、小名等非正式姓名来介绍。正确示例：您好，我是刘秀，目前在成都百都科技有限公司担任产品经理，主要负责互联网产品的策划、管理和推广等工作，很高兴今天能与您见面。

（三）交流式

交流式的自我介绍，一般适用于社交场景中，自己想要与对方建立深层次的了解和更近一步的联系。其特点是内容不用特别正式，较为随意轻松，方便拉近和对方的关系。介绍的内容一般包括姓名、工作、职业、学历、学校、家乡、爱好、共同认识的人等。例如，哈喽，大家好，我是刘秀，来自天津，毕业于天津大学，我平时喜欢阅读和跳舞，也是一名旅游爱好者，去过很多地方，很高兴在这里认识大家，期待今后能和大家成为好朋友，共同去探索世界的很多地方。

（四）礼仪式

礼仪式的自我介绍，一般出现在比较正式而庄重的场合中，比如学术讲座、岗位竞聘、活动开幕式、活动闭幕式、周年庆典等。这种场合出现的人数较多、地位比较重要。因此态度要保持谦虚谨慎，避免过度花哨，表达友好欢迎。内容包括个人基本信息、欢迎感谢、展望期望等，还需要增加必要的谦辞、敬辞。示例：各位领导、老师，大家好！我是开放大学党委副书记刘秀，请允许我代表本次主办和各承办单位，再次对各位学员的到来表示由衷地感谢！本次训练营为大家带来了满满的"干货",愿大家在这个美丽的海滨城市留下难忘的"思政记忆",谢谢大家！

（五）问答式

问答式的自我介绍,主要是通过一问一答的方式来完成的,要实事求是,不可自吹自擂,夸夸其谈。常常出现在工作应聘、会议交流等场合中,比如在工作面试时,面试者做完简单的自我介绍后,有些面试官会根据面试者的自我介绍、简历等基本信息,提出更具体的问题。这特别考验临场应变能力,面试者需要沉着冷静、尽快梳理、抓住关键,及时回应面试官提出的问题。

二、为他人做介绍

为他人做介绍,也可以称之为介绍他人、第三人介绍。当彼此双方不认识,但是有共同认识的第三人。这时便可经过第三人牵桥搭线,为互相陌生的双方进行介绍。第三者获悉陌生双方都有结交期望,便可向双方介绍彼此;抑或是其中一方知晓对方身份并具有结交意图,第三人便可以把已经知晓对方信息的一方介绍给另一方。一般在与家人外出郊游,路遇与家人不熟悉的朋友;陪同亲友拜访不相识亲友;参加朋友聚会,一见钟情看到心仪对象;陪同领导参加活动时,向领导和来宾介绍对方;向单位老同事介绍刚入职的职员等场景中适用。

（一）介绍者的确定

为他们介绍的介绍者并不是随意选定的,而是在不同的场合中,具体问题具体分析。通常在以下场景中,需要这些相应身份的人来担任介绍者。

1.聚会活动中的主办者。

2.会议、活动中的身份、地位较高者。

3.家庭聚会的女主人。

4. 公务交往中的专职人员。

5. 根据介绍方的要求。

6. 同时熟悉介绍方的人。

（二）介绍顺序

从礼仪上讲，介绍他人时，不可忽视的方面就是被介绍双方的先后顺序。介绍顺序问题绝不是一个可有可无的形式问题，而是关系个人礼仪修养以及目的达成的重要问题。特别是在较为正式、盛大的场合中，介绍者要坚持"尊者居后"的原则，具体分析和判断，被介绍双方受尊重程度高低、身份高低等情况，应该让较为尊重的一方首先得知另一方的信息，在介绍的时候要特别注意应该先介绍较低者，后介绍较高者。具体而言：

1. 介绍女性与男性相识时，应当先介绍男性，后介绍女性。

2. 介绍长辈与晚辈相识时，应当先介绍晚辈，后介绍长辈，

3. 介绍外人与家人相识时，应当先介绍家人，后介绍外人。

4. 介绍客人与主人相识时，应当先介绍主人，后介绍客人。

5. 介绍上司与下级相识时，则应当先介绍下级，后介绍上司。

6. 介绍早到者与晚到者相识时，应先介绍晚到者，后介绍早到者。

7. 未婚者与已婚者相识时，应先介绍未婚者，后介绍有婚者。

8. 宾客与我方人员相识时，应先介绍我方人员，后介绍宾客。

（三）注意事项

为了更好地实现为他人做介绍，需要特别注意四个方面。一是介绍者为被介绍者双方介绍时，要提前征求双方同意。二是介绍者的语言应简洁明了，表达清晰、语速放缓、客观真实，态度真诚，尽量让对方记住彼此。三是介绍内容要把被介绍者双方的姓名、职务等基本信息说清楚，还可以寻找双方的共性，比如毕业学校、兴趣爱好等，尽量拉近彼此距离。四是介绍时要均衡照顾到被介绍者双方，不可顾此失彼、有所偏重。

三、为集体做介绍

在为他人介绍中，有一种特殊的情况，就是为集体做介绍。为集体做介绍的被介绍者不是一个人，而是一个群体。为集体介绍的先后问题仍然是值得注意的重要问题。一般适用场景是大型聚会、重要会议、集体报名参加的比赛活动等。通常情况下，根据介绍情况的差异性，为集体介绍可以分为两种基本情况。

（一）单项式介绍

单项式介绍，指的是单人个体与多人组成的群体相识的时候，就应该把个人介绍给集体，无需把集体介绍给个人。

（二）双向式介绍

双向式介绍，指的是多人组成的集体与另一个多人组成的集体相识的时候，常规的介绍方法是，应该把地位略低的一方介绍给地位略高的一方。在具体介绍的时候，不需要介绍者对集体成员一一全部介绍，而是先让地位略低一方的主要负责人出面，根据本集体地位情况，由高到低地依次介绍。介绍结束后，再有地位略高一方的主要负责人出面，同样按照地位由高到低的次序来进行本集体成员的介绍。若是被介绍者双方地位大致相似的时候，则可以按照人数来确定介绍顺序，先介绍人数少的集体，后介绍人数多的集体。

在介绍集体时有两点需要特别注意：一是要准确使用被介绍方的全称，尽量不要使用容易让人误解、歧义的简称。比如，将"天津大学"简称为"天大"、将"天津职业技术师范大学"简称为"天职师大"等。二是在介绍时要态度真诚、正规，不可随意开被介绍者的玩笑，让对方在众人面前出洋相。

四、被介绍者应注意自己的礼仪

被介绍者在得到介绍者介绍的时候，要关注自己的礼仪。一是当被介绍者询问自己是否愿意认识他人的时候，尽量不要拒绝。若必须拒绝的时候，要态度诚恳，并说明理由。二是当介绍者过来介绍的时候，若处于坐姿，应立刻起身，向介绍者和被介绍的另一方点头示意。三是介绍的过程中态度应热情友好，仪态文雅大方，介绍者无论是介绍自己还是介绍对方，都应该认真专注，面带微笑，真挚友好，举止大方。四是介绍结束后，被介绍者双方应微笑点头示意或握手问候，若被介绍者双方距离较远，加之中间有障碍物时，可以点头微笑，并举起右手向对方致意。

第二节　用名片礼仪搭建沟通桥梁

名片是现代社会生活中一种精致而实用的交际工具，是一种最为经济实用的介绍性媒介。相传名片产生于秦汉时期，在中国已有两千多年的历史，其最初写在竹片上，以后才写在纸上。秦汉称名片为"谒"，汉末称为"刺"，唐朝称为"状"，元朝称为"名"，到明清，使用名片之风更盛，曾被称为"门状""名刺"或"名帖"，同时也出现了"名片"的叫法，一直沿用到近代。现代社会人际交往中，一张做工考究的名片，不仅是一个人身份、地位的象征，也是一个人尊严和价值的一种体现，还是使用者被社会认同、获得社会理解与尊重的一种方式，有人把它称为另一种形式的身份证。

一、名片的用途

(一)自我介绍

见面时名片是最重要的自我介绍辅助工具。初次与交往对象见面时,除了必要的口头自我介绍外,还可以将名片作为辅助的介绍工具。这样不仅能向对方明确身份,而且还可以节省时间、强化效果,能使对方印象深刻。

(二)结交朋友

在社交活动中如欲结识某人,往往可以出示本人名片表示结交之意。本人递交名片给初识之人,既意味着信任友好,又暗含"可以交个朋友吗?"之意。在这种情况下,对方一般会礼尚往来,从而完成双方结识交往的第一步。

(三)保持联系

名片宛若微型通讯录,名片大都展现了名片主人的姓名、联系方式等基本信息。名片持有者在有联系需要的时候,便可以根据名片上提供的信息进行联系。这也是名片很重要的功能。

(四)通报变更

通常情况下,当自己的职务、地址、电话号码等发生变化的时候,就会重新印制自己的名片。这是因为在向老朋友递送新名片的时候,就可以把自己最新的情况变化,自然地告诉他人,以便对方能及时知晓自己的情况,关系不会轻易发生断连。

(五)拜访他人

在第一次拜访他人工作单位、私人居所的时候,名片就是一个很好的敲门砖。在名片递交给对方的秘书、家人等接待者后，就把见面的主动权交到对方手里。当对方收到名片的时候，就会看到名片背后的隐意：我是 xxx，我能够拜访您吗？这样既充分显示了尊重对方，也给了对方思考见面与否的时间，有效避免因自身贸然来访而带给对方的麻烦。

（六）简短留言或短信

当去拜访对方的时候，遇到了对方不在的情况，这时就可以在自己名片上简单写明自己拜访原因，然后交给接待者代为转交。这样有利于对方看到名片，随即便可知晓自己拜访事由，不会耽误事情处理。

（七）作为礼单

当出现了给他们送礼物、鲜花等情况的时候，名片就可以作为礼单，放在礼物里面。充当礼单的名片，比一般卡片相比，更加正式，传递的信息也更多。

（八）介绍他人

当作为介绍者，为被介绍者双方进行介绍时，名片是一个有效的介绍媒介。将被介绍者的名片，转交给对方，可以帮助双方很快了解认识彼此，建立沟通渠道，方便日后联系。

二、名片的设计与制作

小小的名片也涉及大大的想法。名片的设计与制作不是随意完成的，而是蕴含规范要求、设计巧思，会直接影响名片作用的发挥。

（一）名片设计的基本要求

名片设计总体上有三个原则。一是简明扼要，表达清晰，基本信息齐全。二是质量符合身份特征，有效发挥作用，达到自身目的。三是设计独特,增强识别,方便记忆。

1. 材质要求

名片的材质是有规范的。一是最好是选用不易弯折,耐用美观的纸来制作。二是制作名片的材料使用常见的即可。不必选用黄金、白银等名贵材料来制作,也不必选用光纤、真皮等奇异材料来制作。

2. 尺寸要求

名片尺寸不要太大或太小,一般国内标准尺寸为 5.5×9(厘米)。国际上使用的名片尺寸规格略大些为 6×10(厘米)。一般公务、商务及社会交往,不要制作折叠式或书本式名片。[①]

3. 颜色要求

名片的颜色不易过多,最多不能超过三种颜色。名片的背景要简单大方,以白色系或浅色系为主,切不可选用深色系。为了凸显名片信息内容,名片信息的字体颜色可以选用深色字体,便于加深印象。

4. 字体要求

一般情况下,名片上的字体为印刷体。不论你的字有多漂亮,都不能用手写字代表印刷字来制作名片。这是因为印刷字体比较正式,一旦印制就不可修改。当名片内容需要修改的时候,要及时重新印制,而不是在上面直接涂改,这样会给人一种不可靠、不真诚的感觉。名片上的字体不易过多,最多三种字体。

名片虽然是一张小小的卡片,但在日常工作、学习、生活中的作用却很大,可谓是一个人的第二张脸庞,是身份的象征。因此一定要重视名片的作用,精心设计名片,充分利用名片的价值。

---

① 王雅菲主编. 大学语文[M]. 北京:华夏出版社,2018.

(二)名片的主要内容

1.社交名片

社交名片指的是在非工作的时候,日常社交所使用的名片。社交名片的使用可以缩短陌生距离,帮助寻找到志趣相投的朋友。通常情况下,社交名片,不涉及工作信息。比如职业、单位、职务等有关工作的信息,一般不会出现在名片上面。社交名片的内容比较简约,包含姓名,联络方式等内容,有的名片甚至只有姓名。

2.工作名片

工作名片是人们在工作中常常会用到的,为工作服务。一枚标准的工作名片既包含个人基本信息,也承载着工作单位的文化理念,可以彰显自身的独特魅力和专业能力,在工作中赢得更多机会与尊重。通常情况下,工作名片主要按照三项基本原则来制作。一是工作名片的内容不仅要有姓名、联系方式等个人信息外,还应该标明工作单位、职业、职务等工作信息。二是当某人出现工作单位超过两个、在多个单位同时担任工作等情况时,工作名片不能展示所有内容,而应该精选两个最重要的进行展示,或者根据不同的职务印制对应的名片。三是名片上的姓名、职务等信息,一般印在名片中间最显眼的位置,名片上的联络方式通常由单位地址、办公电话等构成,一般印在名片的右下角位置。

三、使用名片的礼仪

(一)存放名片

在不同的社交场合里,我们要提前准备好名片。首先名片的存放要方便取用,最好是放在固定的位置,可以准备随身携带、简易轻便的名片卡夹。如果穿的是西装,没有可以放置名片卡夹的时候,就可以放在左胸内侧口袋里,切不可放置在裤兜里,这是一种态度不尊重的行为,会让人感到反感。其次是取名片的时候,动作应该迅速、自然、从容。为了避免取名片的慌张,与他人在初次见面的时候,应该提前做好递交名片的准备。最后是在社交场合中,我们不仅会发放自己的名片,还不可避免地会收取很多的他人名片。这时就需要注意,务必把自己和收取的名片严格分开,以免错拿他人名片,当成自己的名片送出去。这可能造成令人十分尴尬的场景,给对方留下粗心大意、不够严谨的印象。

(二)递送名片

1. 把握时机

在参与社交活动时,我们应该多准备一些名片。但是多准备不代表滥发。在恰到好处的时机去递送名片,往往能达到比较好的效果。当你不知道什么时候递送的时机比较好的时候,就可以选择在初次见面或是将要分别的时候来递送,这两个时间是比较适宜接受名片的。递送名片切不可在吃饭用餐、观看活动等对方有事情在忙碌的时候递送名片,这样会让对方反感,来不及仔细查阅名片内容。另外,递送名片也不可在众目睽睽下给陌生人滥发名片,这样会降低自己的姿态。递送名片的时候还要观察对方,有没有意向和自己结交。当对方说出"幸会、很高兴见到你,希望再见……"等带有相识意向的词汇时,就可以及时递交自己的名片,建立彼此的联系。

2. 讲究顺序

递送名片的时候,也应该讲究礼仪。其中不可忽视的就是递送名片的顺序问题,应该遵循"先低后高,先客后主"的基本原则。一般来说,应该由地位低的人,先向地位高的人递送名片。如果不熟悉自己和对方的职务高低,且多人场合,就按照由近到远的距离依次进行分发;主人要先向客人递送名片。男性要有绅士风度,应该主动向女士递交名片;年龄较轻的人向年龄较长的递送名片,以显示对长者的尊重。

3. 动作规范

递送名片的时候,要提前和对方示意,以免搞得对方措手不及,没有心理准备,露出尴尬之态。递交名片不可以坐着递送,而是要站起来,并且身姿向前略微倾斜,用双手的大拇指和食指,轻轻拿起名片的两角,将名片正面呈现在对方面前。与此同时,要面带微笑,看着对方的眼睛,态度真诚地说一些"请多多关照"等礼节性用语,以显示自己的尊重之情、真诚之心。

(三)接受名片

1. 态度谦和

作为接受者,在看到对方向自己递交名片的时候,无论当时在做什么,都应该停下手边的动作。如果是站着就应该起立,双手接过对方的名片。在接受到名片的时候,不能直接装进口袋或是随身的包里,而是应尽可能地给予对方相应的回应。比如拿着名片,轻声读出姓名、职位等关键信息,并且表达感谢。

2. 认真阅读

接过对方名片后,要简单地略看一遍,尽可能记住对方的关键信息,迅速判断对自己是否有重要作用。若是遇到名片中不懂的内容,比如姓名读音、职务信息等不确定的情况,就要在当场向对方求教。这样的行为,一方面表明自己认真对待,非常尊重对方。另一方面,避免下次见面时出现读错对方名字的尴尬场景。

3. 有来有往

当接受到对方的名片后,一般得做出回应。特别是发现对方有结交的价值,便可同时把自己的名片递交给对方。如果身上没有名片或是恰好没有携带,则需要向对方表达没有名片交换的歉意,并且真诚地做出解释,表示下次见面,一定提前准备好。

4. 精心收藏

在不同的社交活动中,我们会遇到不同的人,收到各种各样的名片。如何管理收藏这些名片就是一个需要解决的难题。一是当我们接过对方递来的名片时,要和自己的名片区分,并且精心放置在口袋或是随身带的包里,切不可随意扔在桌子上，也不可在上面压上文件等东西。二是名片的整理也很重要。为了有效避免积累的名片过多、分类杂乱、主次不清等可能遇到的问题，需要及时对收到的名片进行分类整理。首先要区别有效名片和无效名片。其次对有效名片按照省份、职业、职务、性别等分类。也可以在每张名片背面备注一些信息，方便自己了解和认识。还可以利用 Excel 表格整理保存，方便检索与查找。最后，要做好有效名片的定期清理。及时对名片的重要性、长期性、互动频率等进行整理，保留现在有效的名片，并且趁此机会把涉及信息变更的信息进行更正。

（四）索取名片

在社交的过程中，会遇到自己特别想结交的人，想要主动索取对方名片。在这种情况下，也需要一些索取名片的策略，不可冒失地就去索取，容易引起反感和拒绝。通常情况下，要主动把自己的名片递送给对方，并且充分表达自己想要结识的想法。你可以说："非常高兴能在这次会议上遇到你，我还有一些问题想要和您讨教，怎样联系您呢？"这样的话语虽然没有直接和对方索取名片，实则蕴含着索取的意思，也更容易让对方接受回赠名片，但是也不要为了显示自己的结交能力，见人就发自己的名片，这样会降低自己的身价，反而让人看轻，不愿意交换名片了。

一般情况下，当遇到别人向自己索取名片的时候，尽量不要拒绝，容易让对方感到失去面子，比较难堪。但是也不能一概而论，而是要视情况而定。如果遇到那种态度不真诚的递送名片，或是由于自己没有名片等特殊原因，不方便交换名片等情况的时候，就要保持尊重，态度真诚，委婉拒绝，解释清楚其中缘由，让对方心里舒服一些。

第三节　用拜访礼仪敲开对方的心门

拜访是社会交往活动中必不可少的重要环节，是最常见的社交形式，同时也是联络感情、增进友谊的一种有效方法，能体现双方的修养和风度，不仅涉及个人形象，而且还能体现出所在组织的形象。要使拜访更得体、更有效，为了更好地实现目的，就要重视和学习拜访礼仪。

一、拜访礼仪

拜访是社交中常见的现象，指的是自己亲自或是派人前去对方所在地进行探望、拜会。拜访既可以是公务拜访，也可以是私人拜访。有礼仪的拜访可以增进双方感情、拉近彼此关系。

（一）有约在先

无论是工作拜访还是私人拜访，都需要提前进行预约，避免吃到"闭门羹"，确保对方家里方便我们到访。一般来说，需要提前一周预约，最少也需要三天。如果是拜访特别重要的人物，预约的时间应该更长一些，至少提前半个月到一个月的时间进行预约。当打电话、发微信，与对方预约拜访的时候，语气一定要诚恳，态度一定要真诚，直接告诉对方拜访目的。这有利于避免让对方"猜猜看"，促进对方提前做好相应准备。若遇到对方不方便自己拜访时，切不可言辞强硬，硬逼对方改变原有计划，照顾自己的计划安排而接受拜访。有效的拜访应该是有商量性的，认真询问对方什么时候方便自己登门拜访。如果已经和对方约好时间，那就要尽量准时到达，可以提前几分钟，若到得过早，也不要贸然直接去拜访，可以自己找个方便的地方稍作等待，比如自己的车里。等到与约定时间相差十分钟以内的时候，再去约定地点拜访。如果碰到堵车、特殊原因等情况，无法准时到达，务必提前告知。根据预估的超时时间长短，和对方商量是在家等待还是另约时间。还有一种情况，是对方主动约你到家拜访，通常不应该直接拒绝。如若需要拒绝，则应该态度恳切，向对方表达感谢，并且说明缘由，表明未能拜访的遗憾。

（二）客随主便

拜访做客的时候，在具体地点、时间等问题上面，不要随意按照自己的想法来决定，而是应该听从被拜访者的意见。若双方关系比较亲密，并且家里比较宽敞，有时候为了突出关系的亲密性，被拜访者主动邀请自己到家里拜访。在国家机关、企事业单位里工作的人员，工作要求很严格，一般不允许工作时间处理个人私事，不要去刻意为难对方，耽误对方工作，所以不要在工作时间去工作单位进行拜访。

当确定好拜访地点后，随之需要思考的就是拜访的时间问题。作为拜访者，要遵循客随主便的原则，以被拜访者适宜的时间来决定拜访时间。若拜访者比较客气，把主动权交给拜访者，那么在选定拜访时间的时候，还应该照顾到对方情况。一般来说，不要选择晚餐期间，避免麻烦对方为你准备用餐；也不要选择周末，占用对方休息时间。因此选择下午或是晚餐之后的时间前去拜访，最为适宜。拜访的时候，也要自己控制好时间，不要过长。若有具体要事相商，就简明扼要，说明清楚。若没有具体事情，大致待上半个小时左右，就可以离开了，不要耽误对方过多时间。离开的时候，也要表示感谢招待，多有打扰。拜访者和被拜访者，一旦约好见面时间，务必如期而至，若有特殊原因，晚到或不能到，提前和主人说明清楚。

（三）提前准备

拜访者和被拜访者约定好拜访事宜后，就要提前做好准备。首先，在拜访之前，一定要做好自身清洁，不要有异味。男士要刮胡子，女士尽量化个淡妆。拜访者要根据拜访对象、地点等选择干净清爽的服饰。其次，上门一定要带着礼物，不可空手就去。选择礼物方面，不能敷衍。礼物是最能看出拜访者态度的东西，不是越贵重越好，而是要提前做好攻略，选择双份既有心意又实用的礼物。再次，具体拜访人员，必须提前告知拜访者，拜访人数不易过多，尽量不要带对方陌生的人员去拜访。最后，拜访一定要守时，若迟到，让被拜访者等半天是非常不礼貌的行为。若遇到特殊情况，确需晚到或推迟，务必提前告知。

（四）上门有礼

拜访者按照与被拜访者的约定到达拜访地点后，也要注意相关的礼仪问题。一是如果已经走到拜访地点的门口，但是没有见到被拜访者，这时就应该通过敲门或者摁门铃，来通知对方。一般来说，门铃按一次即可，敲门声三次最佳，且声音不要过重，也不能过轻，声音不刺耳且能听得清为适宜。二是进门之后，首先要主动向主人及在场的人员微笑问好，握手问候。其次，要询问是否需要换鞋，如果需要，则换上指定的鞋，主动把携带的礼物交给对方。再次，在指定位置落座后，当被拜访者递过水果、茶水、饮料等物品时，应该主动起身，双手拿过东西，同时真挚表达感谢，尝过之后，表示称赞。最后，在拜访地方，既不要随意走动，也不要轻易碰触拜访地方的东西，尽量在被拜访者视野范围内活动。三是在交谈的时候，开门见山，有事说事，不要一直绕弯子。一般可以采用总——分——总的结构逻辑来说清楚拜访目的、想法意见、强调要点。在交谈的时候，不要一味注重自己的话语输出，倾听也很重要。因此在聊天的时候，要注意倾听，微笑并作回应。四是拜访时间要注意把控，临时造访、礼节拜会，时间控制在半小时以内，工作汇报类的也要控制在俩小时以内。五是离开的时候，对拜访者及在场所有人员的盛情款待表示感谢。当主人有送客到门外的意向时，要主动提出"请留步，非常感谢"的话语，来委婉拒绝，不给对方增添麻烦。若主人有回访的意向时，应表示非常欢迎。

二、待客礼仪

(一) 礼貌迎客

作为待客主人,必要的礼仪也是要注意的。一是在拜访者到访前,要把拜访地点打扫干净,把袜子等私人物品收拾整理好,放在客人看不到的地方。自己也要保持清爽,不要穿着睡衣就去接待了,要换一身干净清爽的衣服。二是若拜访者初次拜访,比如领导、亲戚等人员到达的时候,最好提前去门口迎接,以示尊重之情。特别是拜访地点的停车场比较复杂,停车困难的时候,应该提前到停车场容易停留的区域,进行引导。三是若客人早到,主人在听到门铃或敲门声后才开门,应该主动向客人致歉。见到拜访者后,要主动握手,亲切问候,并要将拜访者介绍给其他人。如若客人把礼物递送给自己,那么就要接过去,并且表示太客气了,非常感谢。如果客人脱下外套、包包时,要主动接过去,代为保管。四是如果遇到拜访者无约而至,自己应该立刻放下手里的事情,走向客人跟前,热情迎客,表示欢迎。落座之后,不要着急询问为什么来拜访,而是由客人来说明来访缘由,不要给对方造成难堪。

(二) 周到待客

客人来拜访的时候,一定要做到周到待客。一是不要用旧茶旧饭来待客,这样非常不友好,也很不礼貌。在客人没有到来前,就提前备好水果、做饭食材,最好是在客人到来前,就把备菜工作做好,把水果洗干净放在茶几上,不然等到客人到来的时候,再准备,会很慌乱。二是客人到达之后,应该引导客人在适当位置就座,如果有客人不认识的人员也在,那就喊过来,一一介绍对方认识。若客人拿着礼物赠送的时候,没有行贿的情况下,在略微推辞之后,可以收下,并表示感谢。三是交流的时候,让客人把拜访的事由说清楚,不要打断,并微笑回应,认真聆听。若是来拜访的客人是长辈,态度一定要谦虚谨慎，多聊些客人感兴趣的话题。

在招待来访客人的时候，要专注认真，表示重视和尊重。切不可以一边聊天，一边玩游戏。这种行为非常没有礼貌。如果客人聊的话题是你不感兴趣的，也不可直接表现出不耐烦的神情，比如频繁打哈欠，持续发呆，可以略微聊些共同感兴趣的话题，照顾客人喝茶、吃水果。若客人待的时间有些久，千万不要频繁看表，提示对方时间不早了。在接待客人时，最好不要去做与待客毫不相干的事。如果客人在饭点时间还没有离开，那就要热情地留下客人吃饭。若客人坚决要走，略微谦让，再次挽留后，客人仍旧坚持离开，那就等客人主动起身后，自己再起身，为客人拿出之前代为保管的物品，礼貌送客。若客人留下用餐，那家里的佳肴要尽可能地好好准备，应该比往常丰盛一些。如果家里缺少食材，必要的时候，可以点些平时吃过的好评外卖，增加菜肴的丰盛性。

三、送客礼仪

送客是拜访的最后一环节，礼仪同样必不可少。主人在送客的时候，如果是平时关系特别好的朋友，那就可以把客人送到门口、楼下，握手或拥抱，真诚道别，欢迎再次来做客。切记要等客人主动伸手告别的时候，再伸手，不要让对方觉得自己有"赶客"的想法。如果是给外地的客人送别时，那就应该开车，或是打车将客人送到车站，并要贴心地为客人准备好路上所需的零食、水果、卫生纸等食品。一定要等到客人检票进站后，才可转身离开。如果有事不能等很久，那也要提前解释原因，请求谅解。简而言之，拜访礼仪对于拜访者和被拜访者而言，都需要高度重视，争取让每一次拜访都非常愉快。

第四节　用座次礼仪让宾主如沐春风

座次是指对参加社交活动的个人、团体或国家按照一定的惯例进行排列的先后次序。它是日常接待工作中应遵守的规则，体现了接待方对宾客尊重的心理。座次礼仪是日常工作中经常遇到的问题。它看起来简单，但稍不注意出现了差错，就会使参与者处于尴尬的境地，甚至影响工作的顺利开展。因此，在交际活动中千万不可忽视座次礼仪。

一、会议接待座次

（一）会晤时的座次排列

会晤，亦称会面、会见，一般是指在较为正式的场合，与他人郑重其事地见面。在接待活动中，凡正式会晤都属礼节性活动，通常不会安排主客双方就实质性的问题进行深入磋商，但却可以直接反映出主客双方关系的现实发展程度。我国民间在接待来宾时，有一条古老的规矩是"坐，请坐，请上座"。由此可见座次问题在接待工作中的重要性。处理这一问题时，一方面要注意把上座让给来宾就座，另一方面，在就座之时，为了表示对客人的敬意，主人应请客人先行入座，按照约定俗成之礼招待来宾。座次的安排主要遵循以下四个原则：面门为上、以右为上、以远为上、居中为上。所谓上座，在接待客人时通常指的是：主客并排就座时的右座；距离房门较远的座位；宾主对面就座时面对正门的座位；以进门者面向为准，位于其左侧的座位；较高的座位与较为舒适的座位，往往也被视为"上座"。在正常情况下，适用于会晤场合的座次排列主要有以下几种情况。

1. 相对式

相对式排座，指的是宾主双方面对面就座。此种方式显得主次分明，往往易于使宾主双方公事公办，保持适当距离。它多用于公务性会晤，具体又分为以下两种情况：一是双方就座后，一方面对正门，另一方则背对正门。此时讲究"面门为上"，即面对正门之座为上座，应请来宾就座；背对正门之座为下座，宜由主人就座。二是双方就座于室内两侧，且面对面就座。此时讲究进门后"以右为上"，即进门时以右侧之座为上座，应请来宾就座；左侧之座为下座，宜由主人就座。

2. 并列式

双方一同面门而坐。此时讲究就座后静态的"以右为上"，即宜请来宾就座于自己的右侧。若双方人员不止一名，其他人员可分别在主人或主宾一侧按地位、身份的高低，依次就座。双方一同在室内的右侧或左侧就座时讲究"以远为上"或"内侧高于外侧"，即应以距门较远之座为上座，将其留给来宾；以距门较近之座为下座，将其留给主人。

3. 居中式

所谓居中式排座，实际上是并列式排座的一种特例。它指的是当多人一起并排就座时，讲究"居中为上"，即以中央的位置为上座，请来宾就座；以其两侧的位置为下座，由主方人员就座。

（二）大型会议主席台座次

1. 国内惯例主席台的座位安排礼仪

除大型商务会议外，我国党政机关召开的大型会议，主席台的位置安排，都采用中国传统做法——"以左为尊"，即将客人安排在主人的左侧。在会议结束合影留念时，也通常用这种排法。其他企事业单位的大型会议基本参照这一做法执行。目前国内排定主席台位次的三项基本原则为：前排高于后排，中央高于两侧，左侧高于右侧。身份最高的领导人（有时可以是声望较高的来宾）安排在主席台前排中央就座；其他人员按先左后右（以主席台的朝向为准)、一左一右的顺序排列;当领导人数为奇数时,1 号首长居中,2 号首长排在 1 号首长左边,3 号首长排在 1 号首长右边,其他依次排列。

2. 国际惯例主席台的座位安排礼仪

按照国际惯例,排定主席台位次的三项基本原则为:前排高于后排;中央高于两侧;右侧高于左侧。

3. 主持人座席

会议主持人,又称大会主席。其具体位置有三种可供选择:一是居于前排正中央;二是居于前排的两侧;三是按其具体身份排座,但不宜令其就座于后排。

4. 发言者席位

发言者席位,又叫做发言席。在正式会议上,发言者发言时不宜就座于原处发言。发言席的常规位置有两种:一是主席台的正前方;二是主席台的右前方。

(三)单位内部会议座次安排

一般会议,可以把会场布置成圆桌型或方桌型,领导和会议成员可以互相看得见,大家可以无拘无束地自由交谈,如工作周例会、月例会、技术会议、董事会。它的主要特征是,全体与会者均应排座,不设立专用的主席台。小型会议的排座,目前主要有以下三种具体形式。

1. 面门设座

一般以面对会议室正门之位为会议主席之座,即尊位。通常会议主席坐在离会议室门口最远的桌子末端。主席两边是参加公司会议的客人和拜访者的座位,或是给高级管理人员、助理坐的,以便能帮助主席分发有关材料、接受指示或完成主席在会议中要求做的事情。

2. 依景设座

所谓依景设座,是指会议主席的具体位置,不必面对会议室正门,而是应当背倚会议室之内的主要景致,如字画、背景墙等。

3. 以右为上

宾主双方在正式会见时,为了显示彼此之间的亲密无间,常采用"平起平坐式"就座,即宾主双方并排就座,以右为上。这种座次安排又称"并列式"。"并列式"排位法,有宾主各坐一方的,也有一位客人与一位陪客穿插坐在一起的。但通常的安排是主宾、主人席安排在面对正门位置,主宾在主人的右边一侧,其他客人按礼宾顺序在主宾一侧就座,主方陪同人在主人一侧按身份高低就座。

(四)谈判座次的安排

谈判时的座次位序,是一个比较突出且敏感的问题。谈判中的座次位序包含两层含义:一是谈判双方的座次位置;二是谈判一方内部的座次位置。一个敏锐的谈判行家,会有意识地安排谈判人员的座次位置,并借以进行对己方最有利的谈判。如何安排双方人员的谈判座位,对谈判结果颇有影响。恰当的座次安排,能够充分发挥谈判人员最佳的信息传播功能。

1. 谈判座次安排的基本原则

次序原则。安排座次时,按照职位的次序,首先要考虑主人、主宾和翻译的位置。在大多数情况下,主人、主宾的位置确定后,主方、客方的其他人员可以自行入座。双方参加人员确定后,就可准备座签。在安排座次时,要遵守"以右为尊"的国际惯例,其含义是:并排排列时,以右为尊位。在主宾的位置确定后,其他人员的安排一般是越重要的人员离主人、主宾越近(翻译一般紧靠主人或主宾,在其旁边或身后就座)。

2. 双边谈判座次安排

比较正式的谈判一般安排在会议室进行。涉外谈判中,会议桌上通常摆放两国国旗。双边谈判长桌横放时座次安排:宾主相对而坐,以正门为准,主方人员在背门一侧就座,客方人员面向正门就座。双边谈判长桌竖放时座次安排:如果会议桌的摆放位置与会议室的正门平行,则以入门方向为准。右侧为客方,左侧为主方,主要谈判人居中,翻译安排在主要谈判人右侧,记录员安排在其后面。座位卡最好放在桌上,以便与会人员清楚自己应该坐在哪个位置。涉外谈判中,座位卡要用中文、外文两种文字双面书写,以便与会人员相互认识对方。在非正式场合或条件不具备时,只要遵循"以右为尊"这个基本原则即可。一般是等主人或主宾就座后,其他人员就座于主人或主宾两旁。

二、合影的位次排列

在工作当中,我们会经常遇到组织大型会议、正式活动、工作宴会等合影的情况,那么如何可以安排好合影的位次排序是让不少人十分头疼的问题。

合影的时候需要注意很多要点。一是合影拍摄要尽量选用对称性的背景。二是要根据合影人群的人数、身高、场地、摄影机等要素,合理安排合影位置。三是人员排列的时候,人数不宜过多,尽量每一排人数均衡,除了第一排的领导位置按照领导次序排列外,其他人员按照前排身高较低,后排身高较高;前排女士,后排男士;中间身高较高,两边身高较低的原则进行排序。四是在合影的时候,尽量保证全体成员都站立,若由于身高等,拍摄的时候,看不到后排人员,这时就可以安排前排领导坐着拍摄,领导前面一排的人员可以半蹲状态,争取让所有人员的脸庞都可以露出来,让摄影机拍摄到。五是当合影排列基本完成后,再去把领导引导过来,站立或坐在相应位置上。

(一)国内合影的位次安排

在国内合影的时候,位次安排的主要原则是以居前、居中、居左为尊,以居后,居下,居右为次。通常在合影的时候,地位较高的人员居于前面、中间、左边,地位较低的人员居于后面、右边。

（二）涉外合影的位次安排

由于中西方礼仪文化的差异性，涉外合影的位次安排和国内是完全不同的。涉外合影，按照国际惯例，以右边为尊。因此为了体现对客人的尊重，一般会安排客人坐在右边中间的位置，主人则坐在两旁靠边的位置。

三、接待乘车座次礼仪

车辆不仅仅是一种运输工具，还承载着很多交流的信号和礼仪的讯息。在工作中，会不可避免地乘坐商务汽车外出办事。接待乘车座次的礼仪也是需要重视的。特别是陪着领导，乘坐商务汽车去参加工作应酬的时候，要格外注重自己的礼仪，处处警惕，避免自己的行为不合规矩，失去礼仪，引发多方尴尬。务必牢牢记住"四尊"和"三上"的乘车礼仪秘诀。"四尊"指的是客人、长者、领导、女士为尊；"三上"指的是安全、尊重、方便为上。

接待乘车座次礼仪，需要我们保持谨慎态度，懂得相关礼仪，成为一个商务礼仪中确定任何一种轿车上座次的尊卑，应当考虑的问题有车的驾驶者、车的类型、座次的安全系数、嘉宾的本人意愿这四个基本要点。

（一）车的驾驶者

车的驾驶者，也就是在乘车的时候，由什么人来驾驶车辆。这是一个事关接待乘车座次礼仪的核心问题。一般来说，轿车的后排为尊，前排为次。这是因为对于一辆车辆而言，司机和前排座位的危险系数高于后排座位。但是当地位较高的人亲自开车的时候，这样的原则就不适用了。因此根据不同的情形，应该作具体分析。

1.地位较高的人员亲自开车，前排的副驾驶座为上座。

如果只有你和领导一起乘车，领导亲自开车的时候，则应该坐在前排。若坐在后排，那就意味着把领导当司机了。这是对领导的不尊重，是非常不礼貌的行为，会引起领导的反感。

2. 地位较高的人员亲自开车,同行有两个以上的人员。

如果你和另外一个同事,乘坐领导的车外出办事。那么你和这个同事中,应该选择资历较高的人坐在副驾驶,资历较低的人坐在后排。当坐在副驾驶的人中途下车后,坐在后排的人应该坐到副驾驶。

(二)车的类型

轿车的类型不同,其座次的尊卑也不一样,这在我国是显而易见的,车辆座次排序有以下几种情况。

1. 双排五人座轿车

若乘坐双排座轿车,驾驶座居左,由专职司机开车时,座次的尊卑应当是:后排上,前排下,右为尊,左为卑。具体而言,除驾驶座外,车上其余四个座位的顺序,由尊而卑依次应为:后排右座、后排左座、后排中座、前排副驾驶座。应当特别说明的是,按照国际惯例乘坐由专职司机驾驶的轿车时,通常不应当让女士在副驾驶座上就座。由主人亲自驾驶双排座轿车时,车上其余四个座位的顺序,由尊而卑依次应为:副驾驶座、后排右座、后排左座、后排中座。[①]

2. 三排七人座轿车

由专职司机驾驶三排七人座轿车时,车上其余六个座位(中排为两个折叠座椅)的顺序,由尊而卑依次应为:后排右座、后排左座、后排中座、中排右座、中排左座、副驾驶座。由主人亲自驾驶三排七人座轿车时,车上其余六个座位的顺序,由尊而卑依次应为:副驾驶座、后排右座、后排左座,后排中座、中排右座、中排左座。

3. 越野车和其他多排座客车

越野车,又叫吉普车,属轻型越野客车,大都是四座车。不管由谁驾驶,越野车上座次由尊而卑均依次为:副驾驶座、后排右座、后排左座。多排座

---

① 张秋筠主编.商务礼仪教程[M].北京:中国商务出版社,2007.

客车,指的是四排及以上座位的大中型客车。不论由何人驾驶,均以前排为上,以后排为下;以右为尊,以左为卑;以距离前门的远近来排定具体座次的尊卑。①

(三)座次的安全系数

乘坐轿车外出,除了迅速、舒适之外,安全的问题也是不容忽视的。从某种意义上讲,甚至应当将安全作为头等大事来对待。客观地讲,在轿车上,后排座比前排座要安全得多,最不安全的座位,当数前排右座。最安全的座位,则当推后排左座(驾驶座之后),或是后排中座。

(四)嘉宾的本人意愿

在遵守以上礼仪规范的同时,不要忘了尊重嘉宾本人的意愿和选择,并应将这一条放在最重要的位置。如果不是出席一些重大的礼仪性场合,对于轿车上座次的尊卑,不宜过分地墨守成规。应当认定:必须尊重嘉宾本人对轿车座次的选择,嘉宾坐在何处,就认定何处是上座。即使嘉宾不明白座次,坐错了座位,也不要指出或纠正。

以上四个因素往往相互交错,在具体运用时,可根据实际情况而定。为了更好地体现对客人的尊重,轿车尊者先上车,越野车与一般客车尊者后上车。若宾主不乘坐同一辆轿车,依照礼仪规范,主人乘坐的车辆应行驶在前,目的是开道和带路。若宾主双方乘坐的车辆不止一辆,仍应当是主人乘坐的车辆在前,客人乘坐的车辆居后,它们各自的先后顺序,亦应由尊而卑地由前往后排列,只不过主方要派一辆车殿后,以防止客方的车辆掉队。

---

① 单浩杰主编.现代社交礼仪第2版[M].北京:北京交通大学出版社,2012.

案例思考

案例一　面对世界　"鞋王"脱鞋[①]

　　1992 年 8 月 28 日,中国青岛双星集团公司在纽约召开新闻发布会。面对纽约世界鞋报、纽约侨报等各大报社记者的提问,汪海一一作了精彩的答复和介绍。但是不久,让人担心的事情就发生了。纽约《美东时报》记者威廉·查理慢悠悠地站了起来,蓝眼睛里闪动着狡黠的光。他把一个极其刁钻的问题抛在了汪海面前:"汪海先生,大家都叫您"中国鞋王",都讲双星鞋是品质一流的,我冒昧地问一句:您现在脚上穿的鞋蛮漂亮,请问穿的是什么牌子的鞋?"这个突然袭击,使在场的中国人都不免一惊:万一"中国鞋王"脚上穿的是别的牌子的鞋,那笑话就大了。

　　汪海听了这位记者的提问,镇定地说:"感谢这位朋友为我提供了一次脱鞋的机会,感谢这位记者让我有了一次宣传中国名牌的机会。我知道在公共场合脱鞋是不文明、不礼貌的行为,但是……"汪海弯腰脱了鞋,将鞋子高举了起来,大声用英语说:"CHINA DOUBLE STAR(中国双星),看到鞋底上的双星商标了吧? 我穿的就是双星鞋,就是双星'达堡斯达'牌。我不穿双星鞋,还配称'鞋王'吗? 我不仅一年四季都穿双星鞋,就连我的员工也都穿我们自己的双星鞋。我们要脚踏双星,走遍世界。"汪海的话,顿时引起全场热烈的掌声。

---

　　① 刘晖编著.实用礼仪训练教程[M].北京:电子工业出版社,2008.

第二天，汪海春风满面地举着鞋的大幅照片刊登在了美国各大报纸上。一位外国记者对汪海的脱鞋举动连连感叹，他对汪海说："在我们的记忆里，你们社会主义制度国家的共产党人在美国公众面前脱鞋的就两个。一个是前苏联赫鲁晓夫在联合国发火，脱下鞋砸桌子，他要跟美国对着干，显示他超级大国的威力；第二个脱鞋的就是你了。改革开放后的中国人敢于用自己的产品向美国市场挑战，这才是真正的厉害！"一位美籍华人也被汪海理直气壮的回答感染了，她激动地跑上台，感动地说："汪海先生，你长了中国人的志气，你让我们看到了中国人的自信、中国人的自豪、中国人的自尊，同时也让我们看到了祖国民族工业的希望。"

案例评析：

虽然在公共场合里脱鞋是一种不文明的行为，但是为了维护民族尊严，汪海通过公共场合脱鞋，来破除不怀好意的种种挑衅，充分彰显民族自信和气度，这无疑是一种至高无上的礼仪行为。

实战演练

演练一　课堂自我介绍

实践目的：

熟练掌握介绍的规范要求

实践方案：

见表3-1

表3-1

实践项目	操作要点	操作要求
自我介绍	1. 主人和客人在一起,主人先做介绍; 2. 长辈和晚辈在一起,晚辈先做介绍; 3. 男士和女士在一起,男士先做介绍。	先向对方点头致意,得到回应后再向对方介绍自己的姓名、身份和单位,同时递上事先准备好的名片。

实践项目	操作要点	操作要求
介绍他人	1.介绍上级与下级认识时,先介绍下级,后介绍上级。 2.介绍长辈与晚辈认识时,应先介绍晚辈,后介绍长辈。 3.介绍年长者与年幼者认识时,应先介绍年幼者,后介绍年长者。 4.介绍女士与男士认识时,应先介绍男士,后介绍女士。 5.介绍已婚者与未婚者认识时,应先介绍未婚者,后介绍已婚者。 6.介绍同事、朋友与家人认识时,应先介绍家人,后介绍同事、朋友。 7.介绍来宾与主人认识时,应先介绍主人,后介绍来宾。 8.介绍与会先到者与后来者认识时,应先介绍后来者,后介绍先到者。	作为介绍人在为他人做介绍时,应面带微笑,目视对方,态度要热情友好,语言要清晰明快。手的正确姿势是掌心向上,五指并拢,胳膊向外微伸,斜向被介绍者。
介绍集体	1.地位、身份高者为尊; 2.人数多者为尊; 3.单方介绍时只需要将主角介绍给广大参加者; 4.多方介绍时的顺序应由尊而卑。	介绍集体时的集体语言,基本上与介绍他人时的语言要求相同,不过要求更认真、更准确、更清晰。

演练二　模拟办公室拜访

实践目的：

熟练掌握办公室拜访礼仪的操作技巧。

实践方案：

见表3-2

表3-2

实践项目		操 作 规 范
办公室拜访礼仪	拜访前的准备	1. 拜访前要清楚拜访的对象、目的、内容、时间及具体地点等。 2. 拜访前应整理头发、刮净胡须,服装要整洁,鞋子要干净。
	拜访中的礼仪	1. 要守时守约,有时也可与对方约定一个时段,半小时内,如有急事不能前来,要与对方取得联系,并致歉。 2. 到达约定地点后,如未直接与拜访对象见面,要主动向接待人员通报自己的有关情况。 3. 前往办公室进行拜访,首先应轻叩房门,得到主人允许后,再推门进入,即使房门是虚掩或敞开的,也应敲门,经允许后再进入。 4. 见面后,要主动问候致意。如果是初次见面,要主动进行自我介绍。 5. 上门拜访应有时间观念。话讲完后,让对方发表意见,并要认真地听,不要辩解或不停地打断对方讲话。
	告辞的礼仪	1. 在办公室道别要由来宾先提出。 2. 告别前,应该对主人的友好、热情等给予适当的肯定。 3. 如果主人相送,送上几步后,你可以说上一句"请留步"之类的客套话,这时候就可以主动向主人伸出手相握,以示告别。
办公室接待礼仪	接待前的准备	1. 早做准备,保持办公室优雅环境。 2. 要沟通情况,准备好有关材料。
	接待中的礼仪	1. 接待人员看到来访的客人进来时,应马上放下手中的工作起立,面带微笑,有礼貌地问候来访者。 2. 迎客的主要礼节:握手、问候、称呼及接递名片。 3. 倒茶。
	送客的礼仪	1. 当客人起身告辞时,应马上站起来相送。 2. 送别时应说些客气话"欢迎再来""欢迎常联系""接待不周,请多原谅"等。

拓展阅读

国际跳水大奖赛颁奖礼　李世鑫清唱国歌感动全场①

　　2011年2月24日晚，国际泳联跳水大奖赛第二站比赛在俄罗斯奔萨举行。在男子3米跳板决赛中，中国选手张新华和李世鑫发挥出色，包揽了冠亚军。然而在赛后的颁奖仪式上却失误连连，因为主办方播错中国国歌，导致这场颁奖仪式竟然举行了两次。当三位运动员站上领奖台领取奖牌后，进行升国旗奏国歌的仪式。没想到第一次播放国歌竟然放错了中国的国歌。主办方有点儿尴尬，马上停放了该曲目。然而，再次播放国歌的时候，竟然没有播放出声音来。面对现场的混乱场面，站在领奖台上的李世鑫高唱起了国歌，一直唱到最后，嗓子都沙哑了。当国歌唱完后，现场气氛热烈，观众们被感动，纷纷为两位中国选手鼓掌，场面非常感人。第三次，组委会终于找到了中国国歌，颁奖仪式得以重新进行。

---

　　① 谭铮.爱国主义教育的多维视角审视［D］.北京交通大学博硕论文,2011.

深学细悟

1.刘秀和刘芳是研究生舍友,俩人在校的时候关系很好,但是毕业十年,都没有机会见面。最近,刘秀所在的工作单位要举办一个思政课教师教学法特训营,恰好刘芳是本次特训营的主讲老师。因此刘秀和刘芳约好,等她来的时候,和妻子李好一起去机场接她来家里聚聚。请选择三名同学,分别扮演刘秀、刘芳、李好,按照上课所学内容,正确模拟拜访的场景。

2.在某次全国集体备课会上,某学校刘老师见到了仰慕已久的权威学者王教授。在王教授和别的学者正聊得很开心的时候,刘老师立马冲上去,把自己的名片递到王教授手里,并且强行要求与之合影,王教授皱了皱眉头,没有说什么,进行了合影。请谈谈王教授为什么皱眉?刘老师有哪些失礼之处?结合所学知识谈谈自己的认识。

第四章

通联礼仪　连通你我

在美的方面，相貌之美，高于色泽之美，而秀雅合适的动作之美，又高于相貌之美。——【英】培根

国尚礼则国昌，家尚礼则家大，身有礼则身修，心有礼则心泰。——颜元

礼尚往来，往而不来，非礼也；来而不往，亦非礼也。——《礼记·曲礼上》

知识详解

第一节　正确握手　十指连心传递善意

两人相向,握手为礼。可谓是当今世界最基本、最常用、最典型的社交礼节。握手的含义也非常丰富,除了传统的表示友好、亲近以外。人们在见面时的寒暄问候,告别时的辞别感谢,以及对他人的感谢、祝贺、慰问等都会用握手来表示。握手的适用范围比较广。握手在人与人之间、团体与团体之间,国家与国家之间的交往活动中都会常常见到。握手覆盖的群体很广,不仅是熟人、亲戚、朋友会用到,就连陌生人也可以用到握手。懂得握手,是一个人涵养的重要表现。通常来说,握手所释放的是友好的讯息,有非常重要的意义。了解握手礼仪的基本常识,可以帮助我们在不同的社交场合中尽显风度,树立个人彬彬有礼的形象。正确的握手有利于减少彼此的陌生感,更好地交流沟通,增强彼此的信任和理解,还可以体现交往对方的真诚态度。表示自己对他人的尊敬、敬仰和鼓励,促进彼此的交往深度。

一、握手的场合

很多人会觉得握手是一件很小的事情,完全不用特别在意,平时也没有过多留意。但是一遇到握手的场合,没提前做好功课,可能就表现得畏畏缩缩,甚至在不适合握手的场合握了手,给别人留下了缺乏礼仪的不良印象,因此,正确的握手是需要注意握手场合的。

（一）适宜握手的场合

握手这一简单的动作，承载着丰富的交际信息。人际社交过程中，很多场合比较适合我们握手，与人握手就应该选择这些合适的场合。知道这些适宜的握手场合，能为我们在各种社交活动中增色不少。我们比较常见的适合握手的场合有以下几种场景。

1. 遇到很长时间没有见面的朋友、亲戚等熟人的时候。。

2. 在比较正式的社交活动中，初次见到某人的时候。

3. 在拜访结束后，和在场认识的人告别的时候。

4. 别人登门拜访，刚见到面的时候。

5. 在被介绍给陌生人认识的时候。

6. 在社交活动中，偶然遇到了亲朋故旧的时候

7. 别人给予自己帮助，表示感谢的时候。

8. 别人获得荣誉、奖励等喜事的时候。

9. 自己上台领奖，从颁奖者接奖品的时候。

10. 对别人表示支持、理解、赞成的时候。

11. 给别人颁奖、赠送礼品的时候。

12. 在被介绍与别人相识、双方互致问候的时候，应和对方握手致意，表示为相识而感到高兴，今后愿意建立联系或进行业务往来等。

（二）不适宜握手的场合

我们不仅需要知道适宜握手的场合。不适合握手的场合也需要了解和掌握。这样可以避免自己在不适宜握手的时候和对方握手，给自己和他人都带来不方便。经常会见到的场合有以下几种。

1. 在自己双手有脏污的时候，不适宜握手。

2. 在自己和对方的距离较远，特别是中间还有障碍物的时候，不适宜握手。

3. 在对方手里被其他东西占用，不方便伸手的时候，不适宜握手。

4.在对方地位明显高于自己,并且不太想和自己握手的时候,不适宜握手。

二、握手的方法

握手的动作比较简单,握手的方法也可以简单的分为两种。第一种是单手式。这种方式就是在握手的时候,俩人相距一步,大约是一米的距离,上身略微向前倾斜,右手的大拇指分开,四指并拢,手掌与地面垂直。伸出来后,稍微用力握住对方的手。第二种是双向式。这种方式和单手式最大的区别,就是两只手都发挥了作用,情感也会比单手式更加强烈一些。双手式指的是用自己的右手握住对方的右手后,并没有结束动作,紧接着让自己的左手握住对方右手的手背处。但是这种方式在遇到长辈、地位比自己的高的人员时,可以使用。握手的姿势是否能做的规范,是一门很大的学问,应该重视表情、体姿、手姿、力度、时间等方面问题。

一是表情。虽然握手的姿势需要手来完成,但是握手时的表情,也会影响到握手的成效。当自己和别人握手的的时候,神态要专注,表情要自然、大方、面带微笑,目视对方双眼,双方打招呼或点头示意,表现出真挚、友好的意思。一定不要在握手的时候愣神、发呆、东张西望,这些表情不仅难以传达握手的友好含义,反而还会让对方对自己产生误会。

二是体姿。当自己和别人握手的时候,一定要站起来握手。除非是自己身体不便,难以站立的时候,可以坐着握手,并进行解释和致歉。一般情况下,都需要站立。当与对方的距离比较远的时候,需要向对方靠近至 1 米左右的位置停下,上身略微向前倾斜,伸出自己的右手,与对方进行握手。

三是手姿。握手的手姿需要做的到位。从一个人握手的手姿上就可以看出对方的态度如何。当握手的时候,自己需要将右手的大拇指分开,四指并拢,手掌与地面垂直,与对方的右手进行握手。当使用双向式的时候,还需要紧接着把自己的左手也放到对方的右手上手背上。一定要注意,握手的时候一定要使用右手,不可以使用左手。左手一般被人们看作是不吉利,这是一种非常不礼貌的行为。

四是力度。握手时候的力度也需要注意，用力太轻，会让对象觉得自己不真诚，力度太重，会让对方感到疼痛，因此握手时候的力度一定得适度。这个适度简单地说可以用不捏痛对方手为标准。男士之间的握手可以力度略微大一些。而与男士与女士握手的时候就要减弱力度了，略微用力就可以了。

五是时间。握手的时间也是很有讲究的。握手时间过长的时候，会让对方感觉到不舒服，容易产生反感情绪。特别是和异性握手时间过长，会让对方误解。握手不能过长，也不意味着握手越短越好，握手时间过短，会让对方觉得自己是在敷衍、态度不真诚。因此握手的时间一般控制在 3 秒左右即可。

三、握手的次序

握手作为人们见面时最普遍的致意方式，握手的次序是握手礼中非常关键的问题。如果不了解握手次序，就随意伸出手去和对方握手，不仅会让对方感受到你的不礼貌，也会让自己陷入尴尬境地。握手次序需要抓住的一个基本原则，就是尊者优先的原则。也就是根据握手双方的地位、性别、年龄、婚姻状况、到达顺序、拜访场合等多种条件，确定比较位尊的人，确定握手次序。具体如下：

1. 根据职业地位来决定：职位低的人与职位高的人握手时，应当由职位高的人首先伸手。若职位低的人主动伸手，可能会得不到对方回应，会非常尴尬。

2. 根据性别来决定：男士与女士握手时，应该男士主动先伸手。

3. 根据年龄和辈分来决定：长辈和晚辈握手时，应该长辈先伸手。

4. 根据婚姻状态来决定：已经结婚的人和没有结婚的人握手时，应该由结婚的人先伸手。

5. 根据到达顺序来决定：在社交活动中，早到的人和晚到的人握手时，早到的人应该先伸手。

6.根据拜访场合来决定：在拜访中的握手顺序就要根据迎客和送客两种情况来决定了。主人迎客的时候，应该先伸手向客人握手，表示欢迎。当拜访结束后，客人要离开的时候，就需要客人先向主人伸手，表示感谢。

四、握手的禁忌

握手礼在人际交往中随处可见，但作为一种被广泛采用的礼节形式，是有规矩和讲究的，使用得当给他人留下有风度和修养的印象，如果使用不当则会让人觉得失礼。因此，要务必记住握手的禁忌，遵守握手的规范。握手的禁忌主要是：

1.不要戴着帽子和手套与他人握手，只有女士在社交场合戴着薄纱手套与人握手，才是被允许的；

2.不要用左手同他人握手；

3.不要贸然伸手，遇到上级、长者、贵宾、女士时，自己先伸手是失礼的；

4.握手时不要左顾右盼、心不在焉或面无表情；

5.握手时不要把另一只手插在裤袋里或拿着东西不肯放下；

6.握手后不要马上擦拭自己的手掌；

7.不要拒绝与他人握手；

8.握手时不要争先恐后，造成交叉握手，要等他人握完后再伸手。

第二节　会打电话　礼貌接听展现修养

电话是社会生活中最普及的信息传递工具之一，也是人们使用最频繁的通信工具，是向外界传递信息、保持联络进而开展工作的一种最常用的手段。所谓电话礼仪，是指通话者为在通话过程中留给通话对象及其他在场者良好印象所应注意的礼仪。①

一、打电话的礼仪

现在，电话已经成为人们必不可少的通讯工具。与此同时，接打电话也是我们现代生活非常必要的社交行为。而打电话是一种主动的行为，通过打电话，可以在短时间里，让对方大致判断你的性情和品格，得出是否值得信赖的初步判断。因此礼貌地打电话，让对方感受到自己的敬意和真诚是至关重要的，需要我们认真掌握打电话的基本礼仪。

(一)事先准备

任何事情都不能打无准备之仗。在打电话之前，我们必须提前做好充足的准备。这样才能有效完成打电话任务，成功传递信息，与电话那一头的人员达成一致意见，给对方留下有礼貌、高水平、可信赖的基本印象。

首先，在通电话前，自己要明确自己打电话的对象，了解对方的基本情况。确保自己打电话对象的电话号码是正确的。在现实生活中，我们经常会遇到别人打错电话的情况，这样会耽误时间，让自己陷入尴尬的局面，也会打扰别人。其次，在通话前更为重要的是，一定要非常清晰自己打电话的目的，并且在脑海中，或是直接在纸上，梳理谈话要点，预设对方可能会谈到的内容。这样不会让自己在电话接通后陷入被动局面。

再次，要选择一个安静、信号良好的地点，确保通话质量不会受到影响。

最后，对方虽然看不到你的身影，只能听到你的声音，但是通过声音可以让对方判断你的状态。因此在打电话的过程中一定要全神贯注。比如，当你心不在焉，发呆发愣的时候，对方在电话里说的话很有可能被你漏掉。这会极大影响电话的畅通性，对方说话后，你很难接话，也会暴露自己的不认真。

---

① 董乃群，刘庆军主编.社交礼仪实训教程[M].北京:北京交通大学出版社,2012.

（二）打电话时间

打电话的时间也需要格外重视。通常情况下，可以和对方提前约定好通话时间。不要直接就给对方打电话。如果当时对方正在有事要忙、或是处于睡觉休息时间，冒昧的给对方打电话会打扰到对方，引起对方反感。

对方方便的时间，可以理解为对方在工作的时间，而且是比较方便接电话的时间。对于公事来讲，这个时间段一般是：上午 9 点至 11 点和下午 14 点至 16 点。这段时间是人们办公效率最高的时间，此时通话往往能够引起对方一定的重视，会很快收到有效答复。如果太早通话，对方可能还处于上班前的准备工作状态，没有完全安顿下来。如果临近下班时间打电话，对方可能已经在做下班准备了，注意力可能会不集中，影响事情的办理。中午休息的时间，也不要给对方打电话。

如果不是遇到十万火急的情况，不要在节假日、用餐时间和休息时间给他人打工作电话。

如果打国际电话，必须要考虑时差。时差是由世界各国所处地理位置不同而引起的时间差异，比如北京和纽约时差约 13 小时，如果北京时间 14 点给美国纽约打电话，那么美国纽约此时是凌晨 1 点钟左右。如果不注意时差问题，就会在错误的时间段给对方打电话，从而引起对方的不满。因此，在拨打国际长途电话之前，一定要考虑到时差问题。

（三）通话长度

既然电话因公而打，就必须对通话的具体长度有所控制，因为在工作岗位上大家都很忙，不可能假借因公电话之名行煲电话粥之实。基本的要求是：以短为佳，宁短勿长。

作为因公而打的电话，开始时基本的寒暄是必要的，但要点到为止，然后就开门见山、直奔主题。寒暄不要没完没了、本末倒置。交谈完毕后，再简单复述一下通话内容，然后就结束电话。

电话礼仪的"三分钟原则"，实际上就是"以短为佳，宁短勿长"基本要求的具体体现。但意思绝不是掐到三分钟的时候就断然挂电话，而是尽可能限制通话长度，以做到简练、明确，不要一件事反反复复地说，让对方听得厌烦。如果是一次较长的电话交谈，在通话之初就要告诉对方这次通话的大致时间长度，在获得对方许可的情况下再继续。

一般情况下，如果是主动打出的电话，应该自己先挂电话。比较通行的借鉴方式，是让尊者先挂电话。挂电话的方式是先按断扣机键，然后再轻轻扣上电话机。

二、接电话的礼仪

打电话要有礼仪，接电话同样也应该有礼仪。在人际社交中，得体、专业的电话接听形式，可以展现个人的基本素质。总体来看，接电话礼仪包含以下三个方面。

(一)本人受话

什么是本人受话呢？简单来说，当对方将电话打过来的时候，是亲自接听。本人受话需要重视三个方面的内容。

1.及时接听

当对方给自己打电话的时候，尽可能地迅速接听。通常在电话铃响三声之内能够成功接听对方电话是最合适的。避免让对方等待时间过长，但是也最好不要对方铃声刚响一声，就立马接听。应该在电话来电铃声响一声后，自己再去接听，这样可以给对方一个心理准备的时间。

2.礼貌应对

接通电话的时候，应该立即用热情、礼貌的话语来问候对方。可以简单说一声"您好"。也可以表明身份，让对方确保电话没有打错。比如："您好，我是刘秀，请问有什么可以帮到您？"千万不要一句话不说，这样会让对方误以为没有接通。在接电话的时候，有些人喜欢以"喂"字开头。其实这样的话语也是不合适的,特别是有时候"喂"声透露出不耐烦的消极情绪,很容易被对方察觉到,让对方感觉到被冒犯。因此,我们在接电话的时候,应该全程谦虚有礼,全神贯注。不要认为对方看不见,就把电话放在一旁,任由对方说话。这样很容易让对方感受到自己的敷衍。当这通电话要结束的时候,一定要记得和对方说"再见"。如果突然遇到因信号弱、其他人电话打过来等特殊情况,导致电话中断的时候,一定要及时拨给对方,并且解释中断原因,向对方表达歉意。如果在接听电话的时候,双方聊的不是很愉快,也不要直接挂断对方电话,这样的行为非常不礼貌。

3. 主次分明

接听电话时,应该集中注意力,暂时放下正在进行的工作。如果正在做的工作比较重要、也很紧急。那就在接听后,向打电话者进行合理解释,真诚表示歉意,并要说明等忙完之后,会及时给对方回电话。如果你正在和别人说话的时候,听到电话铃响,有人打来电话。这时就要向正在对话的人表示歉意,解释有人来电,挂断电话再聊。特别注意的是,切忌看到来电,直接挂断。这样的行为会伤害对方。

(二)代接电话

在接电话的时候,一般情况下是自己亲自接的。但是还有一种情况是,自己不在电话旁边,由别人代为接听。这种方式就称为代接电话。代接电话属于接电话的一部分,也有礼仪要点需要重视。

1. 热情代接

但遇到家人或是同事不在电话旁的时候,一定要热情地代替他人接电话。如实告诉对方所要找的人不在。若对方就在不远的地方,可以和来电话的人说"稍等一下,我去喊一下"。但是也不要隔着距离,直接喊对方过来接电话,而是走过去通知对方。若对方根本不在,那就表明自己和所要找的人之间的关系,看看对方有没有什么需要帮忙传达的。

2. 尊重隐私

当自己为他人代接电话的时候,不要特别好奇,直接就去问对方一大堆问题。比如"你找他什么事""你俩什么关系""你怎么这个时候打电话了"等问题，如此爱打听的代接行为是非常不礼貌的。当对方需要自己代为传达的时候，一定要诚实记录，原汁原味地转告，并且不要把代为传达的内容，随意和其他人提及、议论。

3. 做好记录

代接电话的时候，如果对方有代为传达的意向，一定要做好记录。最好是可以就近寻找笔纸，认真记录。主动向对方询问姓名、电话等基本信息。并且记录下来。在对方讲完之后，可以根据记录的内容，简单向对方复述一遍，确保没有遗漏要点，记录准确。

4. 及时传达

在代接的时候，记录的谈话内容，我们应该要及时进行传达。切不可耽搁好长时间才去传达。这样有可能会耽误对方重要的事情。

(三)录音电话

接听电话的过程中，当自己无法及时接听的时候，可以选用录音电话的方式来记录谈话内容。但是需要注意以下要点。

1. 留言制作

当你没有及时接听的时候，可以制作录音留言，录音电话需要提前制作。留言录音的内容一般包含姓名、致歉等内容。留言内容一定要态度真诚。

2. 来电处理

能接电话就及时接电话。对于录音电话，一定要及时收听，对方可能会给你进行留言。在看到有电话留言的时候，最好及时给对方主动打过去电话，具体询问打电话缘由。

三、接打电话的礼仪用语

(一)打出电话的礼仪用语

您好！我是×××公司×××部的×××,我要找贵公司经理×××先生。

您好！我是×××,我找×××经理。

(二)接听电话的礼仪用语

您好！×××公司人力资源部×××,请讲。

您好！设计部,请讲。

(三)电话留言礼仪用语

您好！这里是×××公司×××部。本部门工作人员现在因公外出,请您在提示音响过之后留言,或者留下您的姓名和电话号码。我们将尽快与您联系。谢谢,再见。

四、手机礼仪

(一)手机的放置

工作场合,手机要放在合乎礼仪的常规位置,如随身携带的公文包里或者上衣的内袋里。不要在不用的时候拿在手里或挂在上衣口袋外面,挂在脖子上或腰带上也不妥。开会的时候可以把手机交给会务人员代管,也可以放在不起眼的地方,如背后、手袋里、衣服口袋里,但不要放在桌上。

(二)接打的声音

不管是接还是打电话,讲话的声音都要适度,没必要大声嚷嚷。特别是在公共场所更要注意，接听和拨打电话不要妨碍和影响他人，以免引起大家的侧目和反感；也不要当众表演，不注意自己的隐私。如果遇到有些地方手机信号不好而导致无法通信的时候，可以先挂机，过一会儿再联络，千万不要一味大声"喂！喂！"地呼叫，以免对他人产生干扰，引起他人的反感。

（三）铃声的使用

传统的手机铃声似乎已经无法满足人们的需要了。现在越来越多的人，特别是年轻人喜欢使用彩铃。有些彩铃很搞笑，或很怪异，和千篇一律的铃声比较起来，确实有独特之处。但是彩铃是给打电话的人听的，如果你需要经常用手机联系业务，最好不要用过于怪异、格调低下的彩铃，以免影响你和单位的形象。[①]

（四）不适合用手机的场合

1.在参加会议、宴会、舞会、音乐会，观看一些体育比赛，及参加各类展览等公共场合活动或身处电影院、图书馆时，应将手机铃声调至静音或震动。尽量不要使用手机。若有重要来电必须接听，应避开众人后再开始与对方通话；如果实在不能离开又必须接听，则要压低声音，一切动作以不影响在场的其他人为原则。

2.在和客人洽谈时，关掉手机或者至少把手机调成震动状态是必要的，以免分散自己的精力，这也是对对方的尊重。

3.在驾驶车辆时，不能接打手机，否则精力的分散极易导致交通事故的发生。有些国家法律规定驾驶车辆时严禁接打手机，否则就是触犯法律。

4.在飞机起飞和降落停稳前，一定要关闭手机，因为移动电话信号能干扰飞机导航系统，影响飞行安全。

5.在加油站附近严禁使用手机，否则有可能酿成火灾。

6.在医院探视病人时，一些医疗仪器设备附近不允许使用手机，否则会

---

① 未来之舟编著.公务员礼仪培训手册[M].北京：海洋出版社，2006.

影响医疗设备的正常使用。

7.此外,在一切标有文字或图示禁用手机的地方,均须遵守规定。

第三节　善于馈赠　礼物使者送去诚意

一、馈赠礼仪概述

人们相互馈赠礼物,是人类社会生活中不可缺少的交往内容。馈赠是人们在社交过程中通过赠送给交往对象一些礼物来表达对对方的尊重、敬意、友谊、纪念、祝贺、感谢、慰问、哀悼等情感与意愿的一种交际行为。馈赠以礼品作为媒介,与交往对象建立良好的沟通渠道,充分表达对对方的友情与敬意。馈赠的目的在于沟通感情和保持联系,所以它不仅是一种行为方式,更为重要的是通过这种方式体现馈赠者的人品和诚意。

(一)馈赠与"送礼"不同

1.当下的送礼风气

中国人一向崇尚礼尚往来。《礼记·曲礼上》说:"礼尚往来,往而不来,非礼也;来而不往,亦非礼也。"然而在现代社会,"送礼"一词已经成为一个负面词汇。当送礼的习俗与人情买卖糅合在一起,很多人都不约而同地借着节日的名义,怀着各种心思上门送礼,进行权钱交易。见面要礼,临别要礼,办事要礼,行商要礼,感恩要礼,图报也要礼。当送礼绑定了利益与身份,其规格更逐日升级。

很多人往往也会将馈赠礼仪等同于送礼。事实上,当下送礼的风气把馈赠礼仪污名化了。要了解两者之间的区别,首先需要回到馈赠礼仪的起源与本质。

如果用一句话来形象说明送礼与馈赠礼仪的差异，最核心的在于送礼以利益为导向，而馈赠礼仪以尊敬、感激等积极正面的情感为导向。

2.礼物是礼的外在表现形式

礼物本身的重要性并未被否定。最初，礼的含义中即有物质成分，礼以物的形式出现，即礼品。礼品与物品的区别在于，它承载着文化的规则并牵涉到仪式。所以，无礼之物就只是物品而不是礼物。换句话说，礼品是流动的，只有经过"送礼—收礼—回礼"这一交换过程，物才具有了社会生命，成为礼品或礼物。① 在日常生活中，互送礼品可以传递情感，适宜的礼物是情感润滑剂，可以加强人们之间的联系，促进彼此感情的升华。

二、馈赠礼仪六要素

得体的馈赠，恰似无声的使者，给交际活动锦上添花，给人们之间的感情和友谊注入新的活力。然而送给谁(WHO)，为什么送(WHY)，如何送(HOW)，送什么(WHAT)，何时送(WHEN)，在什么场合送(WHERE)，是一个既老又新的问题，因此，人们只有在明确馈赠目的和遵循馈赠基本原则的前提下，在明确以上6W的基础上，才能真正发挥馈赠在交际中的重要作用。

(一)WHY——馈赠目的

邓云乡著《红楼风俗谭》把送礼分为八类：一是纯属友谊情感的馈赠。二是初次见面的馈赠，即常说的见面礼。其中有为友情的，有因礼貌的，还有另存目的的，情况较为复杂。三是红、白喜事的送礼。娶亲、聘女、过寿是红喜事；死人是丧事，但白寿也当喜事办，叫"白喜事"。此外尚有盖房上梁、乔迁新居、做佛事等，都当喜事送礼。各种红、白喜事送礼，除关系特殊者外，一般是"礼"的成分多而"情"的成分少。四是生日送礼。一般生日礼

---

① 鄢郭望主编.公共礼仪[M].陕西：西北工业大学出版社，2007.

与整寿祝寿的礼不同,所送礼物也因过生日者的身份、地位而有区别。五是节礼。春节、元宵、清明、端午、中秋、冬至、腊八等大小节日都要送礼。节礼亲友之间要送、上下级之间要送。六是送土特产,过去叫"馈送土仪"。古代旅行不易,长途跋涉到外地,总要带些特产回来送礼。现在虽然物流方便,但是去看亲朋好友带上一定的土特产,也是非常有诚意的表现。八是钻营的送礼,即以送礼为手段去结交权贵、拉拢关系,进而达到投机钻营的目的,得到更大好处。以上八种,概括了送礼的大体类型。送礼的礼仪大多沿用至今,钻营的送礼在今天作为不正之风,受到社会唾弃,也不符合现代道德。现在馈赠目的分为三大类:

1. 以交际为目的的馈赠

以交际为目的馈赠在日常生活中经常存在。比如当我们刚到一家新公司的时候,由于不了解周围的情况,对同事也比较陌生。那么这时候就可以用一些小礼品,获得和他们搭讪的机会,迅速与其他人建立联系,打破关系隔阂,帮助自己了解陌生的工作环境,为未来开展工作获取信息,从而达到交际的目的。

2. 以巩固和维系人际关系为目的的馈赠

馈赠还可以用来巩固和维系人际关系。这种馈赠在日常生活中更为常见。馈赠背后展现更多的是感情,增进爱情、亲情、友情等情感黏合度。相对来说,功利性比较弱。比如在情人节的时候,为表达对爱人的爱意,会精心选择礼物送给爱人;在母亲节、父亲节的时候,会给父母送礼物,让他们可以开心;在教师节的时候,给老师送代表自己心意的小礼物,表示自己对老师的敬意。这些馈赠的行为,更多的是用来维护你们之间的关系。馈赠的时候,不是越贵重越好,而是要根据收礼对象,认真选择合适对方的礼物。

3. 以酬谢为目的的馈赠

当馈赠用来表示酬谢的时候,礼物本身就带有很强的功利心了。在职场、商业场中,这种馈赠行为十分常见。以酬谢为目的的馈赠是礼尚往来很典型的体现。别人帮助了自己,自己应该有感恩之心。如何将抽象的感恩之心变得具体化。礼品就是一个很好的钥匙，把抽象的报恩情感，通过礼品，转达给对方。这样也更能加深彼此双方的关系。

（二）WHEN——馈赠时机

赠送礼品是日常交往中经常发生的事情。在赠送礼品时，我们要针对不同的赠送对象，选择有利时机赠送不同的礼品。馈赠的时机是指何时送比较合适。礼物重在体现交往活动中的友谊，体现对对方的感激之情。在我国，下列情况是赠送礼品的最好时机：

1. 传统节日、重大纪念日

遇到我国传统节日如春节、端午节、中秋节、重阳节、元宵节等，法定节日如元旦、劳动节、儿童节、教师节、国庆节等，以及西方国家的圣诞节、情人节、母亲节、父亲节等，都可以适当送些礼物表示祝贺。

2. 喜庆之日

喜庆的日子是指结婚、乔迁新居、生日、生小孩、庆祝寿诞、晋升、获奖等，遇到亲友家中这些喜庆日子，应考虑备礼相赠，以示庆贺。其他一些喜庆日子，如开业典礼、周年纪念、校庆、重大科技成果投产等，可以备礼相送表示祝贺与纪念，同时也可以增进人际关系。

3. 探视病人

亲友、同学、同事或领导生病，可以到医院或病人家中探望，顺便带去一些病人喜欢的水果、食品和营养品等，表示关心，并祝其早日康复。

4. 临别送行

亲友、同事或合作伙伴要离开，为表示惜别之情，可适当送礼品，以留作纪念，表示友谊地久天长。

5. 拜访、做客

拜访、做客时可以备些礼物送给主人，特别是女主人或小孩。

6. 酬谢他人

在工作生活中遇到困难时，曾受过他人帮助，为了表示感激之情，可以送些礼品酬谢。当然,对自己的家庭成员,任何时候都可以送些礼品给对方。特别是逢年过节、各种纪念日或出远门归来,给自己的亲人送上他们喜欢的礼物,是很好的表达亲情的方法。

(三)WHERE——馈赠场合

什么场合下适合送礼呢?这个问题困扰了很多人。馈赠不仅是为了表达感谢之情,还是一种人际关系的维系。因此要正确掌握馈赠的场合,才能将礼品送到对方的心里去。让对方可以在舒心、愉快的心情中,欣然接受礼物。以下是需要注意的亮点馈赠场合要点。

1.不要当众给某人赠礼。这样很容易让别人觉得你在行贿,也会让没有送礼的人感到十分尴尬。馈赠讲究一对一,不要有无关的第三者在场。如果是表达特殊情况的礼物,需要众人来见证,则可以在公众面前赠礼。比如男士送给女士求婚戒指的时候,需要在亲朋好友的共同见证下完成,这样的馈赠更具仪式感。

2.馈赠要找个适当的理由。一般人不会轻易收目的不明的礼物。因此通常情况下,可以选择节日、生日等特殊节日,或是对方有喜事的时候,选择给对方赠礼。

(四)WHO——馈赠对象

礼品是为对方准备的,因此要在礼品的形状、款式、色彩和质地等方面精心挑选,最好既能显示送礼人的品位,又能符合受礼人的特点。

1.考虑彼此的关系现状

在选择礼品时,必须考虑自己与受赠对象之间的关系现状,不同的关系应当选择不同的礼品。应根据与馈赠对象的亲缘关系、地缘关系、业缘关系、性别关系、友谊关系、文化习惯关系、偶发性关系等来选择礼品。例如,玫瑰是爱情的象征,是送给女友或夫人的佳礼。若把它随便送给一位普通的异性朋友,就可能引起不必要的误会。

2.了解馈赠对象的爱好和需求

根据馈赠对象的爱好和实际需求来选择礼品，往往可以增加礼品的实用性，增强馈赠对象对送礼者的好感和信任。因为在馈赠对象看来，只有了解和关心他的人，才会明白他的需求，正如鲜花赠予美人、宝刀赠予英雄，恰当的馈赠可以使礼品获得增值效应。例如，可以给学生赠送有益的书籍，给书法爱好者赠送文房四宝，给音乐爱好者赠送乐器等等。

3.尊重馈赠对象的个人禁忌

在选择礼品时，应细致了解馈赠对象的个人禁忌，以免适得其反。

一般而言，选择礼品时不应忽视的禁忌有四类：第一，个人禁忌。比如，送情侣表给一位刚刚丧偶的妇女，送烟给一位从不吸烟的长者，这都会触犯对方的个人禁忌。第二，民俗禁忌。比如，俄罗斯人最忌讳送钱给别人，因为这意味着施舍和侮辱；汉族人忌讳送别人钟和伞，因为这意味着不吉利。第三，宗教禁忌。比如，不能给伊斯兰教徒送人形礼物，也不能送酒，因为他们认为酒是万恶之源。第四，伦理禁忌。比如，各国均规定不得将现金和有价证券送给并无私交的公务人员。

给老年人的礼品，可侧重于保健养生类的物品；给儿童的礼品，可以是玩具、学习用品；对方爱好体育运动，可选择体育用品；对方有某方面的收藏爱好，可选择该方面有收藏价值的物品。偶尔，有些人会结交外国朋友，在外国朋友的眼中，具有中华民族传统特色的物品，例如传统的刺绣、丝绸、玉佩、笛子、中国结等，最受欢迎。这些物品通常价格适中，且很有纪念意义，所以最适合选择。

1.对家贫者，以实惠为佳。

2.对富裕者，以精巧为佳。

3.对恋人、爱人、情人，以纪念性为佳。

4.对朋友，以趣味性为佳。

5.对老人，以实用为佳。

6.对孩子，以启智新颖为佳。

7. 对外宾,以特色为佳。

(五)WHAT——馈赠内容

馈赠内容即馈赠物,是情感的象征或媒介,包括赠物和赠言两大类:赠物可以是一束鲜花、一张卡片或一件纪念品;赠言则有多种形式,如书面留言、口头赠言、临别赠言、毕业留言等。馈赠时,应考虑赠物的种类、价值的大小、档次的高低、包装的式样、蕴含的情义等因素。这部分我们将在接下来的内容中进行展开。

(六)HOW——馈赠方式

馈赠方式主要有亲自赠送、托人转送、邮寄运送等。

1. 当面赠送是最有诚意的一种方式。

2. 如果赠送人在外地,或者不宜当面赠送,就可以选择委托赠送。

3. 如果是异地馈赠,可采用寄送的方式。

4. 以下四类赠礼适合提前赠送:

(1)参加婚礼可预先送礼。

(2)祝贺节日、赠送年礼,可派人送上门或邮寄。

(3)大件的礼品,可提前安排专人送去。

(4)给女主人送花,如果是较大束的,或需要事先打理、安置的花,最好提前送去,以便留下充足时间给女主人布置。

提前赠送礼物时,应随礼品附上送礼人的卡片,也可以手写祝贺词,装在精致的小信封中,信封上注明受礼人姓名,无须写地址,将信封或卡片贴在礼品包装的上方。

三、馈赠礼仪的原则

给对方赠礼的时候,怎样能够让赠礼比较自然?要解答这个问题,那就要认真学习馈赠礼仪的原则。馈赠礼仪的原则主要包括四个方面:轻重原则、时机原则、效用性原则以及投好避忌原则。

（一）轻重原则——轻重得当，以轻礼寓重情

礼品所呈现的具体物品，通常是通过金钱的花费来获得的。但是赠礼是不能用金钱来衡量的。送礼送多贵、送礼送多少都是一个笼统的概念。礼品是情感的载体，内在的赋予了精神的价值。千里送鹅毛的典故，就典型地突出了礼品承载的情义，远远大于礼品本身。

如果一味的追求贵重礼品，反而让馈赠变味了，失去了本身承载的意义。以轻礼来展现深厚情谊是馈赠非常重要的原则。如果送礼没有走心，即便价值连城，效果也不会很好。好礼品的关键在于用情谊来打动对方，而不是用金钱来收服人心。如果礼品过于贵重，那么送礼动机就非常可疑，不仅会给对方造成麻烦，也会让自己损失很多。

（二）时机原则——选时择机，时不我待

馈赠的时机原则的核心就是及时。送的及时才是送得最合适的。"雨中送伞""雪中送炭"的故事都告诉我们，要在对方最需要的地方，进行赠礼。即便这份礼品不是特别贵重，但是可以有效解决对方燃眉之急，那么这份礼品的价值就会远远超过价值本身。"雪中送炭"与"锦上添花"相比，"雪中送炭"就更为珍贵，情谊也彰显得更为浓烈。那么这份礼物也更能让对方感激和铭记。

（三）效用性原则

效用性原则，也可以称之为实用性原则。日常赠礼要以真心实用为发心，以相对精致为落定。选择礼品的时候，要提前做好准备，如果对方是自己比较熟悉的人，就可以根据自己的了解，准备对方喜欢的礼物。如果对方是自己比较陌生的人，那就要提前进行调查，询问对方身边的熟人，打听对方的喜好。通过投其所好，从中挑选出既实用又爱用的礼品。比如当朋友喜欢喝咖啡，就可以在赠礼的时候，从咖啡方面来精选礼物。这样的思路来

选择礼品,踩雷的可能性就比较小。美国作家欧·亨利在其著名的小说《麦琪的礼物》中讲了这样一个故事:"一位妻子十分想在圣诞节来临时送给丈夫一份礼物,她盼望能买得起一条表链,以匹配丈夫祖上留下的一只表。因为没有钱,于是她把自己秀丽的长发剪下来卖了。圣诞之夜,妻子对丈夫献上了自己的礼物——一条精美的表链。丈夫也在惊愕之中拿出了向献给妻子的礼物,竟是一枚精致的发卡。原来,丈夫为给妻子买礼物把自己的表卖了。这时,他们紧紧地拥抱在一起,彼此的爱成为圣诞之夜唯一的却是最珍贵的礼物。这对夫妻献给对方的礼物,在此时似乎已毫无效用,然而并非如此,它们不仅升华了他们之间的爱,使他们得到了最大的精神满足,而且更激发了他们战胜生活困难,追求幸福生活的决心和意志。有这样的情和爱,世上还有不可克服的困难和不可逾越的生活难关吗?"①

(四)投好避忌原则

馈赠礼仪尤其强调要避其禁忌。禁忌是一种不系统的、非理性的、作用极大的心理和精神倾向,对人的活动影响强烈。当自己的禁忌被冒犯时,无论是有意的还是无意的,心中的不快不满,甚至愤恨是不言而喻的。当我们冒犯了别人时,就会引起纠纷,甚至冲突。所以,馈赠前一定要了解受礼者的好恶,尤其是禁忌。在馈赠过程中,应细致了解受赠对象的个人禁忌,以免所选礼品因猜忌而产生适得其反的作用。一般而言,馈赠礼仪有以下禁忌:

1. 个人禁忌

有的人因身体、性格等,会有一些特殊的禁忌。如送深度近视眼的人一副精美的墨镜、送丧偶者情侣套装礼品、送香烟给一位从不吸烟的长者、送正在减肥的人巧克力、糖果等,都会触犯对方的私人禁忌。

另外,很多人喜欢送产妇鲜花,然而没想到刚进产房,就被护士推出门外。因为鲜花对刚出生的婴儿非常不利:鲜花的颜色鲜艳光彩,会刺激新生

---

① 刘国柱主编.现代商务礼仪[M].北京:电子工业出版社,2005.01

婴儿的眼睛,影响其视力;有的新生儿是过敏性体质,抵抗力又很弱,鲜花很容易使过敏性体质的婴儿因花粉过敏而休克,如果抢救不及时,还可能引起死亡。所以,看望产妇可以送水果、红枣、小米、枸杞等有营养的食物或婴儿服、尿不湿等必需品。

2. 民俗禁忌

很多地方都有约定俗成的礼仪风俗,而不同地方的民俗习惯却大有不同。

从数字上来说,大多数中国人喜欢数量为 2(成双成对、好事成双)、6(顺)、8(发)、9(天长地久、九五至尊)、10(十全十美)的礼物,另一些谐音不好的数字则被禁忌,如 4(四)、7(气、欺、凄)。

与中国人喜欢双数完全不同的是,日本人喜欢单数,很少用 2、4、6 这类偶数。只有供佛、祭亡灵才用双数。日本人忌讳"4"和"9",因为,"4"的读音和"死"相同,"9"和"苦"的读音相同。"13"也是忌讳的数字,有的旅馆房间号没有 13、4、9 这几个数字。

西方人送礼绝不送"7",因为他们认为"7"代表着七种会遭大罚的罪过:傲慢、暴怒、忌妒、色欲、暴欲、贪婪、怠惰。在欧美,"13"是极不受欢迎的角色。在他们看来,"13"是不吉利的,宴会不可 13 人一桌,不能上 13 道菜,门牌、街道、楼层都不用"13"这个数字,更有甚者,考生拒绝坐 13 号座位,海员厌恶 13 日起航,一般人到 13 号便情绪不安。

其他物品方面,中国大多数地方的人特别忌讳送刀剪(一刀两断)、伞(散)、扇(秋扇见捐、无情无义)、钟(送终)、鞋(邪)、梨(离),龟虽代表长寿,但也叫"王八"(忘八:忘掉"礼、义、廉、耻、孝、悌、忠、信"八端,不做人);香港人喜欢的"小棺材"意味着"升官发财",而大陆人却认为是一种诅咒;大多数港澳台居民忌讳送梅(霉、没花)、茉莉(没利);俄罗斯人最忌讳送钱给别人,因为这意味着施舍和侮辱。

3. 伦理禁忌

给关系普通的异性送内衣、睡衣、领带、丝巾、项链、戒指等会引起对方和其他人的误会。各国均规定不得将现金和有价证券送给并无私交的公务人员。我国也禁忌将现金、有价证券、期货、房产、黄金等价格昂贵的东西当作礼品赠送。

四、赠礼和受礼的仪式

(一) 赠礼礼仪

要使交往对象愉快地接受馈赠,并不是件容易的事情。因为即便你在馈赠原则指导之下选择了礼品,但如果不讲究赠礼的艺术和礼仪,也很难使馈赠成为社会交往的手段,甚至会适得其反。那么,馈赠时应注意哪些艺术和礼仪呢?

1. 礼品的包装

正式的礼品都应精心包装。良好的包装可以使礼品显得更加精致、典雅,从而给受赠者留下美好的印象。在赠送礼品给外国友人时,尤其应当注意这一点。

包装礼品时应注意对包装材料、包装容器、包装上的图案造型、商标、文字、色彩的选择和使用,一定要符合相关法律法规和习俗惯例,不要触及或违反受赠者的宗教和民族禁忌。有的国家,数字上的禁忌也是礼品包装所要注意的问题。例如,出口日本的产品,都不能以"4"为包装单位,如4个杯子一套、4瓶酒一箱,这类包装在日本都不受欢迎。

包装礼品时,应根据各国的风俗习惯选择适宜的颜色,比如,日本人忌讳绿色,喜欢红色;美国人忌讳紫色,喜欢明亮的颜色;伊斯兰教徒讨厌黄色,而喜欢绿色。精美的包装不仅使礼品的外观更具艺术性和高雅的情调,并显现出赠礼人的文化和艺术品位,而且还可以使礼品产生和保持一种神秘感,既有利于交往,又能引起受礼人的兴趣、好奇心理及探究心理,从而令双方愉快。好的礼品若没有讲究的包装,不仅会使礼品逊色,使其内在价值大打折扣,使人产生"人参变萝卜"的缺憾感,而且还易使受礼人轻视礼品的内在价值,而无谓地折损了由礼品所寄托的情谊。

要撕下或取掉写有价格的标签。即使是贵重的礼品,也别忘了撕下、取掉写有价格的标签。如果很难撕下或取样,可用深色笔把价目涂掉。一般情况下,不要在礼品外观上留下送礼人公司的标志和宣传文字。

2. 赠送的方法

(1)说明意图。送礼前应先向对方致意问候,然后再简要、委婉地说明送礼的意图,如"祝你工作顺利""真是感谢你上次的帮助"等。

(2)介绍礼品。赠送礼品时,送礼者应对礼品的寓意、礼品的使用方法、礼品的特色等进行适当的解释。通过邮寄赠送或托人赠送礼品时,应附上一份礼笺,用规范、礼貌的语句对礼品进行解释;当面赠送礼品时,应亲自道明送礼原因和礼品寓意,并附带说一些尊重、礼貌的吉言敬语。

(3)仪态大方。当面赠送礼品时,送礼者应着装规范,起身站立,面带微笑,目视对方,双手递交。将礼品交于受赠者后,还应与对方热情握手。

(二)受赠礼仪

1. 心态开放

接受礼品时,受赠者应保持客观、积极、开放、乐观的心态,要充分认识到对方赠礼行为的郑重和友善,不能心怀偏颇,不要衡量礼品价值的高低或做对方有求于己的判断。

2. 仪态大方

受礼时,受赠者应落落大方,起身相迎,面带微笑,目视对方,耐心倾听,双手接受。受礼后应与对方热情握手,不可畏畏缩缩、故作推辞或表情冷漠、不屑一顾。

3. 受礼有方

按照国际惯例,受礼后一定要当面拆开包装,对礼物进行仔细欣赏,并适当地加以赞赏。切不可草率打开包装,把礼物丢置一旁,不理不睬。中国人比较含蓄,不习惯当面打开礼物,所以,与国人交往时可以遵守这一传统。

另外,不是有礼必受,对于不该接受的礼物,应果断或委婉地拒绝。

4. 表示谢意

接受礼品时,应向对方充分表达自己的谢意。表达谢意时应让对方觉得真诚、友好,若是贵重礼品,往往还需要用电话、电子邮件等方式再次表示感谢,必要时还应选择适当的时机还礼。

(三)回礼礼仪

俗话说,"来而不往,非礼也"。在人际交往中,收到他人的礼品后要及时回赠,正所谓"礼尚往来"。

1. 回赠的时机要适当

国际交往中,高层领导人会晤时通常有当面互赠礼物的仪式。在节日庆典时,主人可以在客人临走时回赠礼物。但在其他一般的社会交往中,如果刚接受了他人馈赠的礼物,不宜当场就回赠,否则会显得俗气,也会令送礼者为难,还会给人以"等价交换"的感觉。但是回赠时间拖得过久,又显得遥遥无期。所以,可以在隔一段时间后登门回拜时,带给对方礼物表示谢意。

2. 回赠的方式

可以选择送礼物、宴请、打电话、写信或参加各项活动等方式,向对方表示感谢。

3. 回赠礼品的选择

可以用对方赠送的同类礼品作为还礼,或者用与对方所赠礼品价格大致相当的物品作为还礼,也可以用其他的方式向对方还礼。

(四)拒礼礼仪

1. 拒收的礼品

(1)并不熟悉的人送的极其昂贵的礼品。

(2)隐含要求受赠者发生违法乱纪行为的礼品。

(3)觉得自己接受后会受到对方控制的礼品。

2.拒赠礼仪

由于种种原因，不能接受他人赠送的礼品时，要讲明原因，婉言拒收。要讲究方式方法，依礼而行，要给对方留有退路，不要使对方误会或难堪。

一般情况下，拒收礼品应当场退还，最好不要接受后再退还。当看到对方赠送的礼品自己不能收时，首先应对对方的好意表示感谢，之后再坦率地或者是委婉地讲明不能接受的原因，并将礼品当场退还。

如果确因某些原因很难当场退还，也可以收下后再退还，但退还礼品一定要及时，最好在24小时之内将礼品退还本人。另外，要保证礼品的完整性，不要拆启封口后再退还，更不能试用之后再退还。

举例：某高校女孩婷婷知道男生小涛一直对自己有好感。这天，婷婷过20岁的生日。她一大早来到教室，就发现自己的桌上放着一份礼物，而卡片上的字迹，婷婷认得出是小涛的。为了避免小涛再对自己有所期望，婷婷决定当着同学的面把礼物还给小涛。于是，在众目睽睽之下，婷婷把礼物还给小涛，并说道："这份礼物你还是拿回去吧。"小涛接了过去，隐约听到有同学在偷笑，便感到十分尴尬，从此以后，小涛就经常在宿舍玩游戏不愿去上课。

婷婷的目的虽然达到了，但是毫无疑问，她也伤害了小涛的感情。无论因为什么原因拒绝收礼，都要讲求方式方法，注意分寸。

第四节　规范签名　手写签名投射形象

当代社会是信息社会，各种交往日益频繁。由于电脑技术日新月异，人们已经不必花大量的时间用手写的方式来抄录文章、起草书信和文件，但人们却依旧用手写的方式来签名。当你在签订合同、协议、批文的时候；当你作为嘉宾出席庆典、会议、展览会的时候；当佳节来临，你向海内外客户、朋友祝贺的时候,一个好的签名,往往会给人留下深刻的印象,会使你显得与众不同。精致的签名如同精致的人生,会大大增加你的风度,让人对你刮目相看。签名是增添自己风度,改变自己形象的最为简便而有效的方式之一。

一、什么是签名

签名又称签字、署名,在中国书画艺术中又称落款。它是作者在要求具名的对象上签署自己的姓名以示信誉、信用、权威、负责、认可的一种艺术行为,简而言之,是一种书写自己名字的艺术活动。

签名具有实用性,从实用的角度讲,签名作为一种凭信的手段,它在法律和商业文件上被广泛地采用,比如合同、毕业、结业证书上的签名。签名具有艺术性,从艺术的角度讲,签名者在进行实用签名过程中所表现的优美的线条、多彩的结构和作者流露于笔端的感情宣泄,使人感受到艺术的魅力,得到美的享受。

签名历来就是政治家们惯用的手段。政党领袖、国家元首和政府首脑的具有强烈政治内容的题词签名,所产生的感召力是难以估量的。孙文题词并签名的"天下为公",毛泽东题词并签名的"为人民服务""向雷锋同志学习",鼓舞了仁人志士和热血青年的士气和斗志。人们仿佛从领袖稳健、豪迈的签名题词中感到力量所在。签名又是权威、尊严的象征。美洲大陆会议的成员们在《独立宣言》上的签名标志着一个殖民地民族的解放和一个美洲美利坚合众国的诞生。而美国侵略者在朝鲜战争谈判书上的签名则标志着正义的胜利和非正义的最后失败。

有的时候,虽然是平民百姓,但是由于做出了具有重大历史意义的事情,其签名也具有极大的收藏价值。如中国革命历史博物馆珍藏着一份18位农民集体签名的契约,那是1978年12月的一天夜里,安徽凤阳县犁园公社小岗村生产队的18户代表秘密签订了一份实行分田到户的"大包干"契约。这份小岗村农民冒着极大的政治风险集体签名的契约,掀起了具有革命性的全国农村家庭承包责任制大改革的序幕,具有重大的历史意义,因此，这18位农民集体签名的契约才被中国历史博物馆作为历史文物收藏。

二、中文签名的格式

人的名字作为每个人身份的识别符号，要求识别更简洁、更直接、更一目了然。因此，签名设计通常将姓名诸字视为一个整体，根据线条最佳流动的需要，设计出醒目、简洁、个性突出的视觉效果。签名设计在创作的意义上，是对姓名诸字，按视觉设计规律和实用便捷的书写规律进行整体的精心安排，有的在设计中偏重图形艺术的优美造型，有的则保留悠久历史给予文字的基本特征，从线条、结构等角度加以艺术创造。笔者根据多年丰富的签名设计经验，对古今名人的签名及国内诸多优秀签名设计师的签名设计作品进行了分析归类，下面从签名格式、设计方法、创作技巧、艺术风格等诸多方面予以详细介绍。

签名格式指签名排列的方向和形式。其主要格式有竖签式、横签式、斜签式、逆签式四种方式。

(一) 竖签式

竖签式是中国最早的签名形式，也是现代最基本的签名形式之一。竖式签名主要签在文字内容竖式书写的受签对象上。由于历史和社会文化方面的原因，中国传统的书写和印刷都是清一色的竖式排列，字序是自上而下，行序是自右而左。受其影响，签名也主要采用这种形式。

(二) 横签式

横式的书写是受西方文化的影响产生的。1917年，中国新文化运动的先驱钱玄同，在《新青年》杂志上首倡汉字竖写改横写，这是汉字书写形式的重大改革，不仅增加了汉字的书写形式，在中国汉文字发展史上也是一个里程碑。受横式书写习惯的影响，现代经济文化活动中不少签名也采用横式书写。

（三）斜签式

斜签法是指在签名过程中由于笔势走向的关系,逐字向左或向右倾斜。这种签名法要求每个字的联系紧密贴切,符合连写的规则。

（四）反签式

在书法中,部体移位反写古已有之,为梁朝东宫学士孔敬通所创,在唐张彦远《法书要录》中有记载。现代签名采用偏旁或整个名字反写,读者从背面可看出正常的名字,令人耳目一新。这种签名格式比较怪异,一般只用于书籍、物品上记名,起到一定的防伪作用。

三、中文签名的技巧

在签名设计的过程中,通过对姓名笔画用笔、结体造型和章法布局的不断美化完善,构成了签名设计的形式美,签名设计师又把丰富的情感融注于点画线条的流变之中,从而形成了一套自己的艺术规律,起于点画用笔,系于单字结体,成于整体布局,美于风神气韵。求工于一笔之内,寄情于点画之间,展美于流变之中,在艺术殿堂之中独树一帜、别具一格,成为一种既具有实用价值,又具有审美情趣的独特的造型艺术。签名的设计并非高深莫测,只要你掌握了它的基本规律、设计方法,有意培养创新意识、设计思维、想象空间,你在设计时就会得心应手、轻松自如、乐在其中。

（一）要客观地看待自己的名字

要从自己名字特有的结构出发来选择适合你的签名,如"滕磊""周正国""席琳琳"一类的名字,应该放弃追求潇洒的风格,而选择工整清劲的风格;如果你的名字是如"贺志涛""刘海鹰""江志强"一类的名字,则应该选择流畅、洒脱的风格。另外签名也应根据不同的情景、场合选择,庄重的场合同轻松活跃的场合签名的风格也不一样。签名还要根据对象来选择,如果对象是长辈、上级，应以端正、大方的签名为主；如对象是朋友、熟人、恋人，则可以签得花俏一些。同样，正式合同、文件与私人信函上的签名也应有所区别。

（二）签名不能留有空隙

签名要尽量形成连绵一体的整体感，不能有字字完全断开的现象，横式签名要注意左右字之间的弥合，竖式签名要注意上下字之间的弥合，在视觉上不能给人字字断开的感觉，而应给人一种不分你我的整体感。这就要求字字之间尽量紧紧依靠，使笔画分布的空间效果完全相接，空间处理上要懂得"避实补虚"的融合方法，充分利用笔画的连带进行补白。请注意观察以下签名在空间处理上是如何做到字字相依和连带，使签名"浑然一体"的。

（三）笔画的共用

要注意分析你名字中，字与字之间相同或相似的笔画共用，以便使签名组成一个不可分割的整体。笔画的共用可以在单字里面，也可以是签名的字字共用，而字字共用的现象占大多数，但要注意的是，共用笔画应该是自然而流畅的，不应是生硬、牵强的。请观察下面签名中的笔画共用现象，分析如何利用共用笔画的技巧使签名更加美观、便捷。

（四）改变笔画的顺序

有的签名可以把笔画顺序倒置，先写的笔画放到最后去写。另外，由于汉字笔顺是从左到右的，如果右边部分无法同下一个字关联，或关联后不太自然，而左边部分同下面的字相联起来比较贴切的话，我们可以先写右边，再写左边，然后同下一个字相联，顺序逆向。

（五）找出姓名中可以夸张的笔画。

夸张笔画是使一个签名形成形式一体化的主要技巧之一。在横式签名中，夸张的笔画放在最后一笔的情况比较常见，横式签名的夸张笔画也比较多样化,而竖式签名的夸张笔画比较单一,现代人使用的比较少。在横式签名最后一笔进行夸张时,通常采用由右向左折回和由左向右甩出两个相反的方向。因此,夸张的笔画可以预先找出,找出夸张的笔画后,书写时一定要写到位,这将对签名的整体形式产生重要影响。

(六)字体的选择

楷书:端庄清秀,遒劲自然,淳厚优美,适合表达庄重舒展、大方隽永的内容;隶书:圆润丰腴,朴拙温柔,和煦委婉,适合表达欢畅抒情、轻松愉快的内容;行书:随意自然,舒爽隽永,坦平易人,适合表现自然坦达、灵活轻漫的内容;草书:洒脱奔放,流连飘逸,变幻迅疾,适合表现动感、欢快、潇洒不羁的内容。签名一般应选择书写流畅、速度较快的字体。其中以行书、行草书最为理想,楷书和草书也可用,而慎用循规蹈矩的字体,如隶书、篆书等。用行书和草书签名,不仅可以潇洒地抒情,而且能便捷迅速地应用。中文签名虽然有深厚的书法基础作依托,学习和书写可以完全套用书法的章法,但其结果很容易落入楷、行、草千篇一律的局面。真正的签名艺术具有很强的创造性,有人把自己的签名画成一个头像,有人则设计成特殊造型以及内藏秘密等,这些在传统书法章法中是很难找到的。从这个意义上说,签名艺术并不是写两三个汉字那么简单,要很好地掌握签名设计,也并不是书法家就容易做到的。真正好的签名设计除了书法外还应具备平面设计、美术、音乐、文学等"字外功夫",可以多了解这些"字外功夫",设计签名时才会得心应手。

(七)签名节奏的控制

签名的节奏由书写速度和姓名中的两个字或三个字结构的大小组成。书写速度与平日写字的快慢有关,一般来说,礼仪型签名和实用型签名一般用楷书或行书,花体签名是画个图案,应该慢一些;草书及仿伪型签名,写得越快越有神采。对于一个签名,主笔抒情,可以写得快一些,转折和比较短的笔画则需放慢书写速度。注意到这一点后,就要根据自己的书写习惯和签名类别的不同,来调节自己的签名速度。签名的节奏是按签名图形的重心和平衡规律等视觉原理来安排名字,这样做能够使签名既美观耐看,又便于书写。

(八)使用装饰性笔画

装饰性笔画可以不是姓名中任何一个字的笔画,只是为了使签名整体更加和谐、匀称,更趋于一体化而添加的笔画。也有少数姓名某字里的夸张笔画形成装饰作用的情况。使用装饰性笔画还可以起到防伪的作用,但在具体书写造型时还要考虑字的平衡问题和美学欣赏价值,切不可画蛇添足。

(九)要注意签名的防伪

实用性签名,特别是在合同、重要文件上的签名,一经签署就伴随着某种责任义务以及违反它所承担的后果,往往成为伪造签名者重点攻克的对象。我们要求签名者注意防伪性,并不是要求简单地在签名上画上某种符号、曲线或使用装饰性笔画,而是要求从纵深的、内在的方面去努力。当然,在签名中附加某些线条、夸张某些笔画用以防伪是必要的,也是防伪的方法之一,但这只是一种普通层次的措施,掌握不好常会影响整幅签名的效果。如果线条没有特别之处,同样容易被摹仿。真正的、深层次的防伪办法是从提高签名技巧和艺术水平,写出自己的风格和表现自己独特的个性方面着手。

(十)签名书写工具的选择

在较为正式的场合和时间充裕的情况下,用毛笔签名更能显示出一种儒雅的风度,但很多场合,受时间、场地、书写条件的限制,则只能采用钢笔和其他适合签名的硬笔,如现在颇为流行的"签字笔"。初学者不宜使用笔头拧歪的美工笔和圆珠笔。美工笔笔道粗细变化大,不易控制,初学者难以掌握,圆珠笔则粗细变化小、字迹不易长久保存且使用欠严肃,不宜作为签名的理想工具。因此,签名时最好选择一支粗细适中,出水稍快一些的钢笔作为理想的书写工具。

(十一）设计签名　适用各种场合

如图 4-1、4-2、4-3：

图 4-1　李明

图 4-2　张世涛

图 4-3　史丽华

案例思考

案例一　不和谐的手机铃声

2000 年澳大利亚悉尼奥运会上中国运动健儿的出色表现征服了各国观众，但某些中国人的不文明习惯却给他国运动员、记者留下了不好的印象。有媒体报道，中国记者团几乎每个人都配备了移动电话，铃声是非常特别的音乐，以致于在很嘈杂的场所可以清楚分辨是不是自己的电话在响。但在射击馆里，当运动员紧张比赛的时候，这种声音就显得特别刺耳。组委会为了保证运动员发挥出最佳水平，在射击馆门前专门竖有明显标志：请勿吸烟，请关闭手机。也不知是中国的一些记者没看见还是根本不在乎，竟没有关机。其实，把手机铃声调到振动并不费事。王义夫比赛时，中国记者的手机响了，招来周围人的嘘声和众多不满的目光。有外国人轻声说："这是中国人的手机。"在陶璐娜决赛射第七发子弹的关键时刻，中国记者的手机又一次响了……不和谐的手机铃声为什么会引起人们的反感？

——选自赵春珍编著《中外礼仪故事与案例赏析》

案例评析：

使用手机要遵守公共秩序，不能影响他人。但还是有许多人不了解手机使用的基本礼仪，或者是明知故犯，方便了自己但是影响了他人。特别是在一些重要场合，不遵守手机使用的基本规则，不仅会损害自己的形象，也会影响所代表的组织形象、民族形象、国家形象。

实战演练

演练一 如何规范拨打电话

实践目的：

规范拨打手机。

实践方案：

表4-1

表4-1

实践项目	操作标准	操作禁忌
手机的放置	1.可以放在随身携带的公文包内； 2.可以放在上衣口袋内，尤其是上衣内袋内，但注意不要影响衣服的整体外观； 3.在参加会议时，可将其暂交秘书、会务人员代管； 4.在与人坐在一起交谈时，可将其暂放手边、身旁、背后等不起眼之处。	1.不要在不使用时将其执握在手里，或是将其挂于上衣口袋之外； 2.不要把手机挂在脖子上、腰上、手上，或握在手上，均不雅观。

续表

实践项目	操作标准	操作禁忌
手机的使用	1. 遵守公共秩序； 2. 在要求"保持安静"的公共场所，如音乐厅、美术馆、影剧院等，应关机，或让其处于静音状态； 3. 注意安全，在飞机飞行期间应关掉手机，以免给航班带来危险； 4. 在病房内应将手机关机，以免其信号干扰医疗仪器的正常运行，或者影响病人休息。	1. 不应在公共场合，尤其是楼梯、电梯、路口、人行道等人来人往之处，旁若无人地使用移动通信工具； 2. 不允许在上班期间，尤其是在办公室、车间里，因私使用自己的移动通信工具； 3. 在开会、会见等聚会场合，不能当众使用移动通信工具，以免给别人留下用心不专、不懂礼节的坏印象； 4. 在驾驶汽车的时候，不要使用手机通话，或是查看短信； 5. 不要在加油站、面粉厂、油库等处使用移动通信工具，免得它们所发出的信号引发火灾、爆炸； 6. 涉及商业秘密、国家安全的事项最好不要在手机之中存储，因为手机容易出现信息外漏，产生不良事端。

演练二　如何规范掌握签字礼仪

实践目的：

熟练掌握签字仪式礼仪的操作规范。

实践方案：

表 4-2

表 4-2

操作项目	操 作 规 范
签字厅的布置	铺地毯,摆放数量恰当的签字桌椅,悬挂签字仪式的会标,并摆放签约用品。
安排座次	1. 客方签字人在签字桌右侧就座。 2. 主方签字人在签字桌左侧就座。 3. 助签人站立于本方签字人的外侧。
预备合同文本	1. 文本用精美的白纸印制。 2. 按大八开的规格装订成册。 3. 以高档质料作为其封面。
人员服饰	1. 男士穿着具有礼服性质的深色西装套装或中山装套装,并配以白色衬衫与深色皮鞋,系上单色领带。 2. 女士穿着深色西装套裙,并配以白色衬衫与深色中跟鞋。
合同的签署礼仪	1. 签字仪式入场 2. 签字人正式签署合同文本 3. 交换合同文本 4. 在场全体人员鼓掌,表示祝贺 5. 饮香槟酒并互相道贺 6. 接受媒体采访 7. 退场

拓展阅读

史上最伟大的推销员①

日本有一个特别有名的销售员,有人结合他的经历写了一本书,名为《史上最伟大的推销员》。这个推销员的伟大之处在哪儿呢?有一天晚上,他回到家后,比较累,决定先睡一觉。但他定了一个闹钟,同时告诉他妻子,晚上十点的时候,一定要把他叫起来,因为他跟一个很重要的客户约好在十点半的时候打电话。到十点的时候,不等他妻子催他,他听到闹钟就醒了,然后去洗手间洗漱,接着又刮胡子、又穿衬衫、打领带,还穿上了西装和皮鞋。最后他拿了个本子,在电话机旁正襟危坐,一到十点半就准时给对方打电话。业务谈得很顺利,十几分钟就搞定了。但是他这番怪异举动让他妻子感到很奇怪:"不就一个电话吗?有必要搞得跟个神经病似的吗?大半夜的还要起来精心打扮一通,好像现在不是晚上,而是星期一一大早。"你猜他是怎么解释的?他跟他妻子说:"如果我很邋遢、很懒散的话,对方虽然看不到我的样子,但是我自己的精神面貌不好,而这会通过我的语气变化传达到对方那里。经过这么一番打扮,我看起来正式多了,人也精神多了。虽然看不见对方,我也要尊重对方,我相信,对方一定能感受得到!"一个人的成功与伟大,从来都不是无缘无故的。他凭借着这样的好心态赢得了众多的客户,很多客户觉得,不管什么时候和这个推销员打电话,都会感觉他

---

① 张岩松,刘志敏,李文强主编. 现代公关礼仪[M].北京:经济管理出版社,2015.

精神百倍,好像全心全意地在做这件事。客户要是感觉到你是全心全意的,哪怕只是一通电话,他也会觉得受到了极大的尊重。

——资料来源:张岩松,刘志敏,李文强主编《现代公关礼仪》

深学细悟

1.在某大学里,学生小海特别喜欢自己的辅导员刘老师。为了表达自己的喜爱之情,小海省吃俭用,买了一个价值近六千元的手机。在教师节这一天,小海在班会上,在众目睽睽的情况下,把手机送给了自己的辅导员刘老师。刘老师见状立马拒绝。请结合案例,谈谈小海的赠礼行为有哪些不正确的地方。

2.在一次演讲比赛的活动中,学生小刘看到评委席中有一个自己认识的老师担任评委,小刘立马走到老师面前,握住了老师的手,并且说道:"给我点面子,多给我点分,必有好礼相送。"那个老师面露不悦之色。请结合案例谈谈老师为什么面露不悦之色,小杨有哪些行为不正确。

第五章

网络礼仪 网罗天下

君子以仁存心，以礼存心。仁者爱人，有礼者敬人。爱人者人恒爱之，敬人者人恒敬之。

——孟子：《孟子·离娄下》

人以美的规律去创造世界、创造美，就是对他自己的自然形态，他也不是听其自然，而是有意识地加以改变。

——【德】黑格尔

知识详解

第一节　网络基本礼仪　网络素养不可废

现在互联网的迅速发展,极大改变了人们的生活。中国互联网络信息中心(以下简称为 CNNIC)在 2024 中国国际大数据产业博览会"智能经济创新发展"交流活动上,发布了第 54 次《中国互联网络发展状况统计报告》(以下简称为《报告》)。其中显示,截至 2024 年 6 月我国网民规模近 11 亿人、较 2023 年 12 月增长 742 万人,并且互联网普及率已达 78%。随着我国网民的数量不断增加,网络社交便逐渐成为人们日常社交的主要途径。如同线下社交方式一样,网络社交也同样需要道德规范和文明礼仪。如何更好地在网上和人沟通也需要技巧和艺术,网络礼仪的有效应用能帮助人们解决网络生活的问题。

一、网络礼仪的基本内涵

网络礼仪指的是在网络世界里面,人们在交流、沟通、联系的过程中,约定俗成的一套不成文的规定和礼仪,是所有互联网使用者遵守的准则。网络礼仪的形成,有利于促进良好的网络环境,营造一个积极向上的健康网络氛围。网络礼仪的形成,可以更好地促进网民之间的的社交交流,建立良好的人际关系。网络礼仪的形成,还有利于保护个人隐私和信息安全,推动网民守住道德底线,保持文明上网的行为。每一个网民都应该主动践行网络礼仪,为构建和谐网络空间贡献自己的一份力量。

网络礼仪涵盖了很多方面。一是尊重他人。尊重他人的人格、观点和感受,避免恶意侮辱、批评或攻击他人。在网络交流中,我们要尊重他人的隐私,不传播他人的个人信息,不进行人身攻击。二是明确主题。在论坛、新闻组等发帖时,确保主题明确,以便他人能够更容易地理解你的意图。同时,遵循"一事一帖"的原则,避免在一个帖子里讨论多个无关话题。三是有礼貌。与他人交流时,保持礼貌用词,尽量避免使用粗俗性、侮辱性的语言。在网络聊天、社交媒体评论等场合,使用文明用语,表达自己的观点和态度。四是看对象。根据交流对象的差异,选择适当的语言和表达方式。在与不同年龄、文化背景的人交流时,注意调整自己的言辞,以免引起误解或冒犯。五是遵守规则。遵循网络社区的规则和文化,不恶意破坏和捣乱。在参与网络活动时,了解并遵守相关规定,如论坛版规、社交媒体平台规范等。六是适量分享。在社交媒体上分享有价值的信息,避免过度刷屏或发布无关内容。同时,尊重他人的知识产权,不随意抄袭、剽窃他人的原创内容。七是保护隐私:尊重他人的隐私,不随意泄露或侵犯他人的个人信息。在网络交往中,避免过度透露自己的隐私,以保护个人安全。八是谨慎发言。在发表言论之前,考虑是否会对他人造成伤害,尽量避免言辞激烈、极端。九是及时回应。与他人互动时,给予及时的回应,体现尊重和关注。在社交媒体上,对于他人的评论或私信,尽量做到及时回复。十是求同存异。在意见存在分歧的时候,要学会尊重不同意见,保持平和的心态,避免引发骂战。通过理性交流,寻求共识,促进网络空间的和谐与进步。

网络礼仪主要由问候礼仪、语言礼仪、交往方式礼仪等组成。问候礼仪是指在网络社会交往时,问候和称呼对方时应遵守的约定俗成的一些规则;语言礼仪是指网民在网络社会交往中,语言表达应遵循的表明一个人态度和情感的规则;交往方式礼仪是指网民在网络社会交往中应遵守的某种交往方式规则。此外,网络礼仪还包括上传礼仪、下载礼仪、礼品赠送礼仪、消费礼仪、视频礼仪、聊天礼仪、讨论礼仪、引用礼仪、游戏礼仪、网络规则制定等内容。

现代高科技的发展给人类生活带来许多便利,互联网给世界各地的人们提供了一个相互交流的平台,相识的和不相识的人,可以通过网络进行交流。所以,我们应重视网络礼仪教育。

二、网络礼仪的特点

(一)虚拟性

网络的首要特征就是虚拟性,因而网络礼仪的第一特点必然也是虚拟性。网络礼仪的虚拟性体现在,社交双方不会直接见面,无法直接感知对方的实际存在,无法实现面对面交往。如果网络另一端的社交对象是自己熟悉的人,那么网络礼仪会加强双方的沟通和交流,增进彼此了解。如果网络另一端的社交对象,完全是一个陌生人,那么网络礼仪就可以约束网民,避免网络道德失范的现象。

(二)开放性

网络礼仪的开放性体现在两个方面。一是改变了对礼貌行为的评价。在过去,人们要展现自己彬彬有礼的形象,必须要走出门,面对面和对方进行社交,才能得到对方的评价。而在网络中,人们可以掩盖情绪,无法让对方直接判断行为是否合乎礼仪。二是网络礼仪跨越了时空的局限性。过去由于地理位置、职业、年龄、性格等多重限制,很多人在社交中总有一些顾忌和忌讳。比如内向者、社恐者一般会宅在家里,不愿与他人有过多沟通。现在在开放的网络空间里,即便是内向、社恐的人,也可以跨越障碍,进行交流沟通,真正实现了社交双方的双向互动。

(三)技术性

在现实生活中,我们的礼仪是通过握手、拜访、神情等细节来展现出来。而在网络世界里,我们的礼仪是随着网络技术所形成的聊天文字、聊天表情、聊天动态来体现的，可以说，网络礼仪是互联网技术加持下的礼仪。

三、网络礼仪遵循的原则

网络礼仪，是指人们在网络空间中社交时所遵循的基本行为规范。在人际社交中，网络礼仪已深深融入我们的日常生活，成为社交的关键平台。网络礼仪是虚拟世界的行为规范，不仅可以体现一个人良好的修养，也是我国建立和谐社会的重要组成部分。每一名网民都应该成为网络文明的守护者，自觉遵循网络礼仪。以下是网络礼仪的一些遵循原则，可以帮助大家在上网时保持礼仪。

（一）坚持人本取向

虚拟性、交互性与多样性的互联网的兴起，为社交礼仪的发展提供了一个全新的领域。越来越多的人共同聚焦在网络空间里。我们面对着冰冷的网络屏幕，就可以实现正常社交。但是大家一定不要忘记，无论是现实社交礼仪，还是网络礼仪，归根结底都是为人服务的。因此网络礼仪第一条原则就是坚持人本取向，要充分考虑到和你社交的对象是一个活生生的人，不是一个机器。因此在进行网络社交时，要投入真挚感情，真诚交流，悉心考虑对方的感受。

（二）行为网上网下一致

网络世界，似乎看起来是一个可以畅所欲言、无所顾忌的地方。但是一定要知道，并不是自己想说什么就说什么。网络不是法外之地，触及法律底线，同样也会受到法律相应的制裁。比如某学生在境外社交平台多次发表涉及南京大屠杀等错误言论。损害了国家利益和祖国荣誉，违反了国家和学校相关规定，严重伤害了民族感情。这个学生随后还在推特发文侮辱中国人，歪曲历史，脏话连篇。事发后该学生发文道歉，但这样的道歉大众并不接受。最后学校发布通报，给予季某开除学籍处分。可见，网上的道德和法律与现实生活是相同的,千万不能认为在网上就可以随心所欲。在任何时候,在任何场合,我们都要坚决杜绝说伤人伤己、违背伦理的话;坚决杜绝说扭曲历史、抹黑国家的话。坚决杜绝说危害性大、触犯法律的话。

(三)求同存异

互联网是一种解放的力量。打破距离和孤立的藩篱,让我们可以和更多的人进行社交。不断更新的新媒体传播方式使得人与人之间的互动交流更加多元。四面八方的人,共同聚焦在网络空间里,不可避免会产生意见分歧,出现网络辩论。在网络辩论中,尊重不同意见,保持平和的心态,避免引发骂战。通过理性交流,寻求共识,促进网络空间的和谐与进步。比如王同学和刘同学在打游戏的时候,意见产生分歧,于是王同学在朋友圈捏造事实诽谤刘同学,并给刘同学造成了名誉损害。后来警方对涉事当事人进行案情通报。我们要以案为鉴,理性讨论分歧,不可用谩骂的方式解决分歧。

(四)遵守平台规则

网络是多元化的,视频,音频,论坛,微博,贴吧,百科,社区等网络交流平台都有着不同的规则,网络跨界交流的我们不要肆意妄为,遵守礼仪,分辨平台规则的公平性与正确性,遵守正确规则。

(五)给人留下好感

由于网络的虚拟性,自己的网络话语就成为了对方对你评价的主要标准。因此要给对方留个彬彬有礼的印象,必须在网络用语的时候,注意话语表达,文明用语,避免粗俗、低俗和恶劣的表达。在网络讨论中,要学会倾听他人的观点,尊重不同的意见,以理性和善意的态度进行沟通。

(六)保护隐私

一般情况下,不要在网络上任意公开自己的私人信息。对自己的信息,要有安全意识,注意保护自己的隐私,避免泄露敏感信息。同时,也不要擅自公开他人的个人信息,尊重他人的隐私。比如,有一天,小王不小心看到同事小李的微信聊天记录,聊天记录里面提到了小李最近和自己的妻子离婚了。小王得知这个消息后,立马就把这个消息发到了工作群里。小王这样的行为就非常不礼貌,违背了网络礼仪的基本原则。

(七)不要滥用权力

网络交流讲求的是相对公平、公开、公正。很多管理员等网络职位有一定的权限,是用来为网络用户解决难题,进行服务的。但是管理员不可以炫耀自己的管理身份,而是一定要尊重所有的人,不要滥用职权,发生包庇、偏袒等不当行为。

(八)宽容他人过错

网络空间很大,涉及的范围也很广。我们无法做到在网络所有领域都能特别熟练,不出现任何错误。正所谓,人非圣贤孰能无过,当看到别人在网络上的言论有错误的时候,要善意提醒。比如微信聊天,给对方发消息的时候,偶尔会打错字,用错词,那么就要怀着宽容之心,合理地提醒对方,千万不要抓住对方错误,恶意针锋相对。

(九)可用情感语言

在网络中为了方便交流,可用一些特殊的形象化情感符号来帮助你表达自己的意思。它带给对方的是生动感和幽默感,另外从交流的角度来看非常简洁方便,你在用微信、QQ等通讯软件,与对方聊天对话的时候,可以加一张笑脸、哭脸,或是用动图来表达你当时的心情。特别是你在一句讥讽的评语后加上一个眨眼笑脸的符号,对方就知道你原来在开玩笑。

(十)注意网络安全

网络安全是国家安全的重要组成部分,与大家的网络礼仪息息相关。随着互联网科技发展的日新月异,网络在推动社会经济发展、为人民生活带来便利的同时,也引发了信息泄露、隐私侵犯、电信诈骗等诸多社会问题,给广大人民群众的人身和财产安全埋下了隐患。我们要注意网络安全,"网络交友"需谨慎,间谍特务花招多;手机使用需谨慎,泄密风险要牢记;"网赌网贷"花样多,不理不睬准没错;网络"翻墙"不可为,顶风违纪必被抓。我们要严格按照《计算机信息网络国际联网安全保护管理办法》《互联网信息服务管理办法》《互联网电子公告服务管理规定》《维护互联网安全的决定》等法律法规,规范网络言行。我们要文明上网、安全用网、依法治网,认真了解网络礼仪的安全问题。

第二节　QQ、微信、微博礼仪　有礼有节要谨记

目前网络即时通信工具几乎成了职场中最受欢迎的网络工具。人们可以通过这些通信工具联络事宜,即使近在咫尺,也无须起身交谈。与远方的协作客户交谈,轻轻敲几下键盘就可以解决问题,这种交流在过去是无法想象的。现在比较普及的就是 QQ、微信等。需要注意的是,网络通信虽然方便、快捷,但毕竟只是辅助通信手段,不能当成唯一的通信方式。当有重要的、正式的、紧急的事宜时,必须通过传统的方式,比如电话、书面信函甚至面访的形式联系。[①]

一、QQ 礼仪

QQ 是比较普及的网络即时通信工具。使用 QQ 的礼仪要注意如下方面。

---

① 张岩松,马琼主编. 现代旅游礼仪[M].北京:清华大学出版社,2015.

（一）遵时守信

孔子曰"民无信不立""与朋友交,言而有信"。当你与别人约定时间在 QQ 上聊天或商谈某项事情时,一定要严格按照事先约定的时间上线,如果因为网络或其他原因拖延了时间或者不能如期上线,要通过电话或短信的方式告知对方,或者待能上线后说明理由并真诚地向对方道歉。

（二）热情有礼

热情的人总会获得良好的人缘,建立良好的人际关系。与面对面的交流相比,QQ 聊天看不到对方的表情、动作,感受对方是否热情主要是凭借文字信息。因此,要非常注意措辞及说话的口吻。热情的态度会使人产生受重视、受尊重的感觉。相反,对人冷若冰霜,则会伤害到别人的情感。比如,当别人用问候语"您好"向你打招呼时,同样要用"您好""上午好""下午好""晚上好"等不同时段的问候语予以及时回复,千万不能置之不理或隔了很长的时间才给予回应。

（三）忙而有礼

当你有工作要处理而又登录着 QQ 时,应该把登录状态设置为"忙碌""请勿打扰"模式。假定设置成了以上模式,仍然有好友和你打招呼,此时应当见缝插针地回复对方;如果你确实非常忙,无暇顾及别人的消息,那就告诉对方并表示歉意,并将自己的模式设置为"隐身",或者干脆下线专心工作。对于另一方,如果登录后看到对方处于"忙碌""请勿打扰"状态,最好不要与之闲聊。如若确有重要的事情,尽快用言简意赅的语言陈述完毕是上策。

（四）正确使用 QQ 的名称

QQ 可以用个性名称,但如果因公使用,应该使用规范的名称,比如公司名称、个人姓名等,以方便别人知道你是谁。不要使用过于个性化的名字。如果对方的 QQ 是个性化名字,你可以在"修改备注名称"中把对方的名字改成他们的单位名称或姓名,这样不论何时,都可以一目了然地知道对方是谁。

(五)善于寻找合适的话题

平时与人交流时,如果不会寻找话题,就有可能出现冷场的局面,这时就会影响到交谈的气氛。通过 QQ 交流时,如果不善于寻找话题或者话题寻找不合适,也会出现这样的状况。聊天时寻找到了合适的话题,或者话题丰富多彩,气氛就会轻松愉快。聊天在于创造一种愉悦和谐的谈话气氛,要使交谈双方都感到这次谈话是令人愉快的,而不致使对方落入尴尬、窘迫之境,所以要尽量避免谈论容易引起争执的话题,不要涉及令人不愉快的内容,如疾病、死亡;不要涉及他人的隐私,尤其是面对陌生人时,千万不能出口就问"你叫什么名字""你家是哪里的""你多大""你漂亮吗"等类似的问题。

(六)注意语言表达礼仪

若想在交际中获得良好的效果,掌握一定的语言表达艺术是非常重要的,因为它是表达思想及情感的重要工具,是人际交往的主要手段。面对面交流时的主要载体是口头语言,谈话得体与否,常常决定着办事是否顺利,甚至成败。在 QQ 中进行交流时,它的主要载体是文字语言。这种文字语言在网络交际中的重要性是不容忽视的,懂得文字语言的表达礼仪,就可以使你的谈吐风趣、高雅、富有感染力。

(七)正确使用表情符号

在网络中,人们会用标点符号或者一些表情符号表情达意,以增强表达效果,比如表示调皮,表示再见,表示"OK"。在发出一个表情之前,应先在心里思考是否与当时的语境相适应,还需要检查是否用鼠标错点了表情,以免误发成另一种不合时宜的表情,引起不必要的误会。

（八）合理使用，抵制低俗

不在 QQ 上发布、转载违法、庸俗、格调低下的言论、图片、信息等，要坚决抵制色情、低俗、诽谤、恶意攻击等不健康的网上聊天、交友、游戏等活动；增强自我保护意识，不随意约会网友，即使在网上已非常熟悉；不利用网络知识进行攻击网站、网页等活动，自觉维护网络安全和网络秩序。

二、微信礼仪

微信作为即时聊天工具，相比 QQ 更特别，增加了不少新功能，而且具有便捷的语音聊天功能，没有通信费。其一经推出就受到很多人的喜欢，为人们交流增加了便利。使用微信的礼仪需要注意以下方面。

（一）注意联系的时间

微信联系一般以私人目的为主，但也有因公联系的。不管是使用语音功能还是文字或图片，都要注意时间，避免对方处于不方便的时候，特别是在休息的时候。除非你们有约定，否则不应该在早七点前、晚十点后再联系。如果是因公联系，晚上七八点后就应避免再联系。不在别人忙的时候发送太多信息，如果聊天时对方看到信息没有立刻回复或者回复"晚点再说"，可能是因为他对话题不感兴趣或者他在忙。当别人很有礼貌地说"回聊"，此时你应该注意分寸，客气地说："可以，那我们下次再说。"最不恰当的做法是，你已经知道对方在忙，却一直自说自话，不顾他人感受。这样的做法，既给他人带来困扰，也让自己在对方心目中的良好形象瞬间倾塌。要慎用语音聊天功能，也别随便发起视频通话，想要视频聊天也请先征求一下对方的意见再发起邀请。

（二）注意内容

文字内容现在基本都是手写，所以更要慎重处理，避免手指不小心碰错了地方,发了造成误会的内容。输入数字时,手写功能更易出错,所以输好后应检查一遍再发出。发送前最好再确认一下联系人,同时聊天的人有多位时,容易将内容发错对象,引起尴尬。听别人语音的时候,最好戴上耳机,除非你周围没人,否则不要把你和朋友间的私密语音和大家共享。

(三)尽量回复他人的信息

如果别人给你发了消息,而你又比较有空,那么最好及时回复。即使对方发的内容你完全没有兴趣,也要适当地、礼貌地回复。不要故意不理别人,可以通过降低回复的积极程度或者找个理由表示出你不太想聊的意愿,给对方一个台阶下。如果你很忙没有及时看到消息,可以等方便的时候向对方解释。微信中,别人给你发消息你尽量去回复,这也是一种礼貌。

(四)注意不要刷屏

刷屏已经变成了大部分微信用户的习惯性动作,有事没事刷两下,看看有什么动向,同时该关心的关心,该点赞的点赞,该调侃的调侃,每个人都忙得不亦乐乎。要注意发心情和分享内容不要太过频繁,你不停地发,浪费他人的流量,让人反感,这是不符合礼仪要求的。我们每个人都有很多微信群,如家庭群、朋友群、工作群等,要把握在群里说话的度。你可以做群里的话题引导者和气氛活跃者,但一定不能一天 24 小时都在“狂轰滥炸”。你感兴趣的事情其他人不一定感兴趣,更重要的是,如果每个群里都是“聊得停不下来”的人,生活会变得嘈杂,工作也会受到影响。微信聊天,需要这样一种分寸感。懂得察言观色,才会让人看到你内心潜在的礼仪。

(五)关注朋友圈

微信上尽可能不要每天上传大量的共享内容。要知道,别人可能不仅仅有你一位好友,他不能一直看“朋友圈”的信息,有时如果“朋友圈”的内容是写给自己的,就要及时将可见范围设置为私密。最好不要在里面发布自己的身份证号码、驾驶证号码等重要的个人信息,以防不法分子窃取。同时转发也应转发健康有用的内容。朋友圈内容每天每时每刻都在不停地更新着,不要看到了就想转,转前最好多看一会儿,不要转发有错误、影响自身形象的内容。

(六)微信公众号注意形象

微信公众号越开越多,建议开微信公众号的要讲究公众形象,遵守基本的道德。关注者也应注意分辨,微信公众号里不乏打广告的或不法的公众号,最好辨别清楚后再去关注或转发其内容,不然每天不停地发送很多信息,反而浪费流量。

三、微博礼仪

微博是微博客的简称,是一种在互联网上通过关注分享简短实时信息的广播式社交网络平台,具有简单方便、内容多元、传播迅速、交互性强、内容开放等特点。我国微博使用人数已达三亿,我们在使用的时候应该注意微博礼仪。

(一)记住你是在跟"人"打交道

微博给来自不同地域的人们提供了一个共享、沟通的平台,但往往也使人们觉得面对的只是计算机、手机的屏幕,而忘了自己是在跟其他人打交道。很多人在上网时放松了自我道德的约束,降低了自己的道德标准,允许自己的行为更粗俗和无礼。为构建融洽、和谐的微博交流平台,应该做到当着别人的面不会说的话在网上也不要说,在微博上发表言论或评论前要仔细斟酌用词和语气,不要故意挑衅和使用脏话,为自己塑造良好的网络形象。

(二)提倡有风度的辩论

在微博上,人们有不同的观点、看法是正常现象,辩论甚至争论也是正常现象。辩论时要保持翩翩君子的风度,以理服人,以情感人,不要一遇到不同观点就大动肝火,用过激的言辞对对方进行人身攻击。微博上不乏"水军""马甲",当微博上的辩论失去理性、硝烟渐起时,这些网络水军开始如病毒侵蚀来自两方对立的观点评论,最后演变成人身攻击和迂阔的概念层面讨论,结果往往两败俱伤。网络应该是网民享受幸福生活的"虚拟家园",而不是谩骂攻击的"角斗场"。即使批评也要有批评的规则,揭露也要有揭露的底线。在微博上无端欺负弱者、恶意侮辱他人,不是文明进步的表现,也不会享受到真正的幸福快乐。网络素养就是传统文化素养的延伸。除了要对网络内容具有辨识能力,作为传播者,新时代的网络素养还要求公众以网络公民的身份要求自己。

(三)以宽容之心对待博友

在使用微博的时候要真诚、理性、礼貌、有耐心,并懂得尊重他人。当看到别人在微博上写错字、用错词、问低级问题时,不要讽刺挖苦或严厉训斥,应该用平和、平等的语气指出来。如果你想进一步帮助他,最好用电子邮件或其他联系方式私下沟通,这样就有效地维护了博主的尊严。在微博上发布个人内容和回复是完全没问题的,但是请记住所有人都可以看见你的状态。所以在发布、转发一些内容的时候要注意保护好自己的隐私,这样不会泄露个人信息,避免造成不必要的损失。

(四)坚决杜绝有害行为

不在微博上传播有损国家、民族、集体和他人利益的信息,比如虚假信息、暴力或者不健康的内容。要利用微博推动语言文字的健康发展,抵制不良网络文化的侵蚀,在微博上应该使用规范的汉字和语法。微博语言要符合文明礼貌规范,不使用粗俗的语言来宣泄自己的情绪。

第三节　电子邮件礼仪　互联沟通有讲究

电子邮件，即通常说的 E-mail。它是一种重要的通信方式，因其方便快捷、费用低廉，深受人们的喜爱，使用者越来越多。尤其是对于国际通信交流和大量信息交流更是优势明显。对待电子邮件，应像对待其他通信工具一样讲究礼仪。如今互联网每天传送的电子邮件已达数百亿封，但有一半是垃圾邮件或不必要的。在人际交往中要尊重一个人，首先就要懂得替他节省时间，遵守电子邮件礼仪的一个重要方面就是节省他人时间，只把有价值的信息提供给需要的人。

一、书写规范

(一)电子邮件的主题

主题是接收者了解邮件的第一信息，因此要提纲挈领，使用有意义的主题，这样可以让收件人迅速了解邮件内容并判断其重要性。要注意以下几点：一是不要空白标题，这是失礼的；二是标题要简短，不宜冗长；三是标题要能真实反映文章的内容和重要性，切忌使用含义不清的标题，如"王先生收"；四是一封信尽可能只针对一个主题，不在一封信内谈及多件事情，以便于日后整理；五是可适当使用大写字母或特殊字符(如"＊""！"等)来突出标题，引起收件人注意，但应适度，特别是不要随便用"紧急"之类的字眼；六是回复对方邮件时，可以根据回复内容需要更改标题。

(二)电子邮件的称呼与问候

要恰当地称呼收件者，邮件的开头要称呼收件人。这既显得礼貌，也明确提醒收件人,此邮件是给他的,要求其给出必要的回应;在多个收件人的情况下可以称呼"大家""ALL"。如果对方有职务,应按职务尊称对方,如"×经理";如果不清楚职务,则应按通常的"×先生""×小姐"称呼,但要把性别先搞清楚,不熟悉的人不宜直接称呼英文名,对级别高于自己的人也不宜称呼英文名。称呼全名也是不礼貌的,不要无论谁都用个"Dear×××"。电子邮件开头结尾要有问候语,最简单的开头写一个"Hi",中文写个"你好";结尾常见的写个"Best Wishes",中文可以写个"祝您顺利"等。

(三)电子邮件正文

正文要简明扼要,行文通顺,要注意论述语气。根据收件人与自己的熟悉程度、等级关系,邮件对内还是对外性质的不同,选择恰当的语气进行论述,以免引起对方不适。尊重对方,"请""谢谢"之类的语句要经常出现。正文多用明确的列表,以清晰明了。避免拼写错误和错别字,合理提示重要信息,合理利用图片、表格等形式来辅助阐述。

(四)电子邮件的附件

如果邮件带有附件,应在正文里面提示收件人查看附件,附件文件应按有意义的名字命名,正文中应对附件内容做简要说明,特别是带有多个附件时。附件数目不宜超过4个,数目较多时应打包压缩,如果附件是特殊格式文件,应在正文中说明打开方式,以免影响使用。如果附件过大,应分割成几个小文件分别发送。

(五)电子邮件结尾签名

每封邮件在结尾都应签名,签名时要注意:签名信息不宜过多;不要只用一个签名档。

二、发送讲究

电子邮件的发送最好有如下讲究:不要将正文栏空着而只发附件,除非是因为各种原因出错后重发的邮件。否则不仅不礼貌，还容易被收件人当作垃圾邮件处理掉。重要的电子邮件可以发送两次，以确保能发送成功。发送完毕后，可通过电话等询问是否收到邮件，通知收件人及时阅读。应尽快回复邮件，及时回复是对他人的尊重，理想的回复时间是 2 小时内，特别是对一些紧急重要的邮件。对每一份邮件都立即处理是很占用时间的，对于一些优先级低的邮件可集中在一个特定时间处理，但一般不要超过 24 小时，回复有针对性，不得少于 10 个字。

三、注意安全

电子邮件是计算机病毒重要的传染源和感染病毒的主要渠道。收发电子邮件都要注意远离计算机病毒。发送电子邮件时要注意尽可能避免电子邮件携带计算机病毒。因此如果没有反病毒软件实时监控，发送电子邮件前务必用杀毒软件杀毒，以免不小心把有毒的电子邮件发送给对方。要是没有把握，不妨用贴文的方式代替附加文档。

案例思考

案例一　"不产藏红花"假新闻忽悠读者 损害西藏旅游业

2015 年 11 月,网民向西藏自治区网信办举报中心举报:某媒体发布的报道《西藏不产藏红花,九成出自崇明岛》为不实信息,该报道称,"西藏冬天太冷,藏红花球茎受不了如此低的温度,西藏十多年前曾试种藏红花但未成功,更不用说量产了"。西藏自治区网信办第一时间联系西藏农科院等单位核实有关情况。经核实,西藏不仅有藏红花种植和种植基地,且因光照时间长,西藏所产藏红花药效相对较好,相关报道为虚假报道。西藏自治区网信办及时通过西藏新闻网、中国西藏之声网等网络媒体发声辟谣,用事实驳斥不实信息,最大程度降低谣言给西藏旅游业带来的负面影响。

案例评析:

在人人都是"麦克风"的自媒体时代,信息的真伪就异常重要。网络是展现社会百态的万花筒,既传播真事也散播谣言。网络的方便和快捷降低了沟通成本,人人是信息接受者,同时也是信息发布者。面对海量的信息,要认真辨别,严守信息真实性底线。

实战演练

演练一　网络招呼礼仪和表达礼仪

实践目的：

掌握网络招呼礼仪和表达礼仪的基本程序和注意事项。

实践方案：

表 5-1

表 5-1

实践项目	操作标准
表达礼仪	在网络中为了方便交流,可用一些特殊的形象化情感符号来帮助你表达自己的意思。它带给对方的是生动感和幽默感,另外从交流的角度来看非常简洁方便,下面这些符号已是网络认同的。比如:-)标准的笑脸,表示笑容和善意;:-(悲伤,表示难过;:-| 表示漠不关心;:-0 表示惊讶、担心;:-X 表示封嘴;:-P 表示吐舌头,很有趣;:-@ 表示愤怒;| :S 表示害怕。你可以在 E-mail 中或与人聊天对话中加入一张笑脸或一个悲伤的表情表示当时的心情,特别是你在一句讥讽的评语后加上一个眨眼笑脸的符号,对方就知道你原来在开玩笑。

实践项目	操作标准
招呼礼仪	网络招呼礼仪要求对方姓名的字母大写就是表示对对方的一种尊重,小写则意味着一种不礼貌。随随便便地往别人的"信箱"发信,或者发送广告单之类的东西也可以看成是不礼貌的行为,就像我们未经许可随便进入别人家里,或进门不敲门都属于"非礼"行为,学会网络上新型的"招呼"方式和"结识"礼仪,是网络者行为礼仪的初级教程。

演练二　微博操作

实践目的:

掌握微博操作的基本流程。

实践方案:

表5-2

表5-2

实践项目	操作标准
发布	发布是微博最基本的功能之一,在微博的内容输入窗口,可以编辑140个字,中间可以插入表情、图片、视频、音乐,还可以发起话题和投票,最后点击右下角的"发布"按钮就完成了一条微博的发布。现实生活中的一切内容,愉快的事情和不愉快的事情,都可以编辑后即时发送到微博上,与众人分享生活。微博是很强的信息载体,强调"有图有真相",因此,现场照片是微博内容的重要组成部分。
评论	评论是微博的基本功能之一,微博需要对话,需要给粉丝提供话题。例如,"我爱我的家乡!"不是对话,而是广播、是真情告白,粉丝们无法参与这一话题。如果把内容改为"我爱我家乡,你爱你的家乡吗?"这时就会有粉丝参与评论:"嗯,我也爱我家乡。"或者"我不爱我家乡,因为……"

实践项目	操作标准
转发	微博转发是有态度的,代表了转发人对微博信息的认可。此外,转发还可以加入自己的理解和态度。转发微博可以间接提高自己的影响力。当然,微博的转发都是有目的性和选择性的,好事适合转发,除了危机公关的时候,坏事要尽量避免转发。
关注	微博关注对象可以体现一个人的品位和圈子,例如,大学教授关注的可能是《人民日报》、新华社、各大高校的其他教授,销售人员关注的可能是励志学、成功学方面的微博。需要注意的是,把所有名人都关注一遍并不代表自己的水平和他们持平,很可能自己关注几千位明星之后,并没有得到任何一个人的关注。关注少、粉丝多,说明这个人有很强的影响力;关注多、粉丝少,说明这个人的影响力欠佳。因为微博是有圈子的,每个人要根据自己的需求,维持关注和粉丝之间的平衡,不要让关注的人和粉丝之间产生太大的差距。只有找到适合自己的圈子,才能在微博上游刃有余。

表情包的发展历程①

　　"颜文字"之初级阶段。1982年,美国开创了微笑符号":-",利用 ASCII 码形成抽象拟图,以此表述简单情绪。以此为背景,日本出现了横式表情符号,因为组合的多样性与多变性,日本逐渐成为表情集大成者,与之前的字符相比它更加细腻、丰富。比如我们所常见的"T_T"(开心)、"＝＿＝!"(惊吓)等。直到1999年,这种类似于表情的字符元素被正式命名为"颜文字"。

　　"绘文字"之中级阶段。随着开心网、人人网、QQ 等各种社交群问世,表情包开始走红网络。QQ 推出的黄色小圆脸,人人网的黄色小方脸表情系列,都引领了表情包发展,这也是标准化、系统化的"绘文字"盛行的时期。2015年,"笑中带泪"的表情被《牛津词典》誉为年度汉字,这表明该表情的受欢迎度非常之高。"绘文字"表情符号已经超越传统文字语言的约束,形成了丰富的情感,感染力极强。

　　"表情包"之高级阶段。互联网发展与终端普及都为表情包带来了新动力,以当下流行的语录、明星、影视截图、动漫、热点事件为素材,配以幽默文字,形成动态或者静态图片,用聊天方式展现情感,因这类图片常以表情形式呈现,所以被称为表情包。比如近期流行的"达康书记",它的表情包

---

　　① 杨建华.表情包文化的引导与规范[J].人民论坛,2018.

由于电视剧《人民的名义》的热播而得到广泛的追捧。此外还有"用尽洪荒之力"的傅园慧表情包,网络中的花式表情层出不穷,使用率非常之高。

——资料来源:杨建华《表情包文化的引导与规范》

深学细悟

1. "QQ、微信、手机、电话一个都不能少。"这是每天上班之前心中对自己默许的一句话。如今,这些事物成了年轻一代上班族工作的重要元素。可随着每天频繁地使用,人们在网络交往中却渐渐出现了很多问题。阳光百合时尚顾问工作室的资深形象顾问牧融女士谈到有几种情况会在网络交往中令人反感:假熟型、多问型、探求隐私型、没下文型,以及不知远近型。因此对于网络礼仪也要特别注意,才能真正做到网络为大家服务,成为良好的沟通工具。通过案例,你觉得在网络交往中应怎么做才比较得体?

2. 中国自古就是礼仪之邦,从面对面交流,到鸿雁传书,到电话传声,再到今天的网络聊天,社交媒介不断增加,而社交礼仪也需要及时跟上。在互联网时代,网络礼仪更是有讲究。网络礼仪由"网络"和"礼仪"组合而成,指的是网络中人们交往的方式。只要我们进入网络,就应该按照网络的"方式"行事,与他人友好相处。

第六章

餐饮礼仪　不负食光

或饮食，或坐走，长者先，幼者后。——《弟子规》

在宴席上最让人开胃的就是主人的礼节。——【英】莎士比亚

我不在家，就在咖啡馆，不在咖啡馆，就在去咖啡馆的路上。——【法】巴尔扎克

知识详解

第一节　饮品礼仪　别让不懂伤害了你

如果说"餐"满足人的生理需要,"饮"则满足人的精神享受。古朴纯正的茗茶,醇香浪漫的咖啡,炽热真诚的美酒编织生活的喜悦、增添社交的温度、沟通职场的合作。

一、茗茶礼仪

茶是中华民族的举国之饮,发于神农,闻于鲁周公,兴于唐,盛于宋。茶不仅是一种饮品,更是文化和艺术的体现。"夜后邀陪明月,晨前独对朝霞。洗尽古今人不倦,将知醉后岂堪夸。"①

(一)茶的种类及特点

我国茶叶分为六大类:绿茶、红茶、黑茶、乌龙茶(青茶)、黄茶、白茶。除此之外普洱茶作为后起之秀,也越来越受欢迎。

1. 绿茶

绿茶又称不发酵茶,以茶树新梢为原料,是经杀青、揉捻、干燥等典型工艺过程制成的茶叶。绿茶的名贵品种有龙井茶、碧螺春茶、黄山毛峰茶、庐

_____

① 出自(唐)元稹一字至七字诗《茶》。

山云雾、信阳毛尖茶等。绿茶具有抗衰老、降血脂、防动脉硬化、降低心血管疾病、瘦身减脂、防龋齿、清口臭、防癌、美白及防紫外线作用的功效与作用。

2. 红茶

红茶以适宜制作本品的茶树新芽叶为原料，经萎凋、揉捻(切)、发酵、干燥等工艺过程精制而成。因其茶色泽和冲泡的茶汤以红色为主调，故名红茶。红茶种类有小种红茶、工夫红茶和红碎茶等种类。红茶具有品性温和、香味醇厚，可以帮助胃肠消化、去油腻、开胃口、助养生，促进食欲，有利尿、消除水肿的功效与作用，可强壮心肌功能。喝红茶时加点奶，可以起到一定的温胃作用。

3. 黑茶

黑茶因成品茶的外观呈黑色，故得名。黑茶属后发酵茶，制茶工艺一般包括杀青、揉捻、渥堆和干燥四道工序。黑茶按照地域分布，主要分类为湖南黑茶(茯茶、千两茶、黑砖茶、三尖等)、湖北青砖茶、四川藏茶(边茶)、安徽古黟黑茶(安茶)、云南黑茶(普洱熟茶)、广西六堡茶及陕西黑茶(茯茶)。黑茶具有补充膳食营养、助消化、解油腻、顺肠胃的功效与作用。

4. 乌龙茶

乌龙茶亦称青茶、半发酵茶及全发酵茶，是我国几大茶类中，独具鲜明中国特色的茶叶品类。乌龙茶是经过采摘、萎凋、摇青、炒青、揉捻、烘焙等工序后制出的品质优异的茶类。乌龙茶名品有武夷岩茶、铁观音、大红袍、八角亭龙须茶、黄金桂等。乌龙茶具有美肤、抵抗衰老、分解脂肪、减肥健美的功效与作用，被称为"美容茶""健美茶"。

5. 黄茶

黄茶属轻发酵茶类，加工工艺近似绿茶，只是在干燥过程的前或后，增加一道"闷黄"的工艺，促使其多酚叶绿素等物质部分氧化。黄茶中的名茶有：君山银针、蒙顶黄芽、北港毛尖、远安黄茶、霍山黄芽等。黄茶是沤茶，在沤的过程中，产生的消化酶，可保护脾胃、提高食欲、帮助消化。黄茶中的茶多酚、氨基酸、可溶糖、维生素等营养物质，可有效防治食道癌。黄茶鲜叶中天然物质保留率有85%以上,这些物质能杀菌、消炎。

6.白茶

白茶是一种轻微发酵茶,制作工艺最自然,把采下的新鲜茶叶薄薄地摊放在竹席上置于微弱的阳光下,或置于通风透光效果好的室内,让其自然萎凋。晾晒至七八成干时,再用文火慢慢烘干即可。白茶名品有白毫银针、白牡丹、泉城红、泉城绿、贡眉、寿眉及新白茶,功效具有三抗(抗辐射、抗氧化、抗肿瘤)、三降(降血压、降血脂、降血糖)之保健功效,同时还有养心、养肝、养目、养神、养气、养颜的养身功效,可治糖尿病、预防脑血管病、降血压、抗病毒提高免疫力。

7.普洱茶

普洱茶以地理标志保护范围内的云南大叶种晒青茶为原料,并在地理标志保护范围内采用特定的加工工艺制成,具有独特品质特征的茶叶。按其加工工艺及品质特征,普洱茶分为普洱生茶和普洱熟茶两种类型。中医还认为普洱茶同时具有清热、消暑、解毒、消食、去腻、利水、通便、祛痰、祛风解表、止咳生津、益气、延年益寿等功效。

(二)奉茶礼仪

1.奉茶之人

以茶待客时,由何人为来宾奉茶,涉及对来宾重视的程度问题。在家中待客时,通常可由家中的晚辈为客人上茶,接待重要的客人时,则应由女主人,甚至由主人亲自为客人奉茶。在工作场所,一般应由秘书、接待人员或专职人员为来宾上茶,接待重要的客人时,则应由本单位在场的职位最高者亲自为之上茶。

2.奉茶之序

若来访客人较多,上茶应遵守顺序:先客人后主人、先主宾后次宾、先女士后男士、先长辈后晚辈、先领导后随从。

3. 奉茶之法

在泡茶时，奉茶人需要用茶勺取茶，并用茶拨拨茶入壶，不可直接用手去接触茶叶。双手端着茶盘，首先将茶盘放在邻近客人的茶几上或备用桌上，然后用右手拿着茶杯的杯托，左手扶在杯托附近，从客人的右后侧双手将茶杯递上。茶杯在放置到位之后，杯耳应朝向外侧。若使用无杯托的茶杯上茶，应双手捧上茶杯。从客人右后侧为之上茶，已在不妨碍其工作或交谈的思绪。若条件不允许可从左侧上茶，尽量不要从正前方上茶。若为提醒客人注意可在上茶的同时，轻声告之："请您用茶。"在敬茶时尽可能不用一只手上茶，尤其不可用左手上茶。双手奉茶，切勿将手指搭在茶杯杯口上，或是将其浸入茶水、污染茶水。在放置茶杯时，切忌茶杯直撞客人，也不要把茶杯放在客人的文件上或其行动时容易撞翻的地方，将茶杯放在客人右手附近是最适当的做法。

4. 奉茶注意事项

第一，水不宜过烫，以免客人烫伤。茶壶的壶嘴朝向奉茶人，避免高温的水汽可能喷向客人；

第二，有两位以上访客，茶盘端出的茶色要均匀，左手捧着茶盘底部，右手扶着茶盘边缘，如有茶点，应放在客人的右前方，茶杯应摆在点心右边；

第三，杯耳和茶匙的握柄要朝着客人的右边，必要时为客人准备一包砂糖和奶精，将其放在杯子旁或小碟上，方便客人自行取用。

第四，茶斟 2/3 处，勤续水。客人喝过几口茶后立即续上，绝不可以让其杯中茶叶见底。寓意是："茶水不尽，慢慢饮来，慢慢叙。"叙旧很重要，切莫续水无言，甚至回避搪塞客人。古时待客之道"上茶不过三杯"：第一杯为敬客茶，第二杯为续水茶，第三杯为送客茶。一再劝人用茶，却无话可讲，意味提醒来宾"应该打道回府"。

（三）饮茶规矩

茶的本性恬淡平和，饮茶人在享受茶带来的美好感受时要注意着装整洁大方,举止彬彬有礼,双手接茶,点头致谢,小口品茶,适当称赞,一苦二甘三回味,妙不可言。

叩指礼,敬茶中的特殊礼仪。以"手"代"首",二者同音。相传乾隆微服南巡时,到一家茶楼喝茶,当地知府不小心知道了这一情况,也微服私访一番,以防天威不测。到了茶楼,就坐在皇帝对面的末座。乾隆心知肚明,也不去揭穿。皇帝是主,免不得提起茶壶给这位知府倒茶,知府惶诚惶恐的,但也不好当即跪在地上来个谢主隆恩,于是灵机一动,弯起食指、中指和无名指,在桌面上轻叩三下,代行了三跪九叩的大礼,于是这一习俗就这么流传下来。

1. 晚辈向长辈:五指并拢成拳,拳心向下,五个手指同时敲击桌面,相当于五体投地跪拜礼。一般敲三下即可。

2. 平辈之间:食指中指并拢,敲击桌面,相当于双手抱拳作揖,敲三下表示尊重。

3. 长辈向晚辈:食指或中指敲击桌面,相当于点下头即可。如特欣赏晚辈,可敲三下。

二、咖啡礼仪

咖啡一词源自埃塞俄比亚的一个名叫卡法(Kaffa)的小镇,希腊语意思"力量与激情"。浓黑而有力的它触动和激发巴尔扎克写作的灵感,"我不在家,就在咖啡馆,不在咖啡馆,就在去咖啡馆的路上。"一语道出巴尔扎克对咖啡"死了都要爱"般的如醉如痴,据说,他每天要喝 50 杯咖啡。中华人民共和国成立后我国第一家星巴克咖啡馆于 1999 年开业,一杯相当于当时北京每平方米房价 1/90 的价格,拉开了人与人之间的消费差距。世界上恐怕很难找出一种饮料如咖啡一样拥有如此多的粉丝和狂热爱好者。

（一）世界著名咖啡种类

1. 蓝山咖啡（Blue Mountain Coffee）

蓝山咖啡原产于西印度群岛中牙买加（Jamaica）的高山上，其香气浓郁，口味甘醇，品质优秀，拥有各种优质咖啡的特点，是咖啡中的极品。但产量很少、价格昂贵，一般人很难喝上真品，只能品尝到味道相近似的同类咖啡。蓝山咖啡常以单品饮用。

2. 摩卡咖啡（Mocha Coffee）

摩卡咖啡原产于阿拉伯半岛的北也门，属小粒种优质咖啡豆，香气浓郁，是咖啡中的上品，现世界主要咖啡生产国均有种植生产该品种咖啡，常以单品饮用。

3. 圣多斯咖啡（Santos Coffee）

圣多斯咖啡产于巴西的圣多斯市，该城是巴西第二大海港市，也是世界最大的咖啡输出港口。圣多斯咖啡属中性品类，适宜用于调配综合圣多斯咖啡。

4. 哥伦比亚咖啡（Colombia Coffee）

哥伦比亚咖啡产于南美洲西北部的哥伦比亚共和国（The Republic of Colombia）。该品种咖啡香味突出，味道协调，苦味适中，属咖啡中的上品，适宜作为单品饮用。

5. 曼特林咖啡（Mandeling Coffee）

曼特林咖啡产于印度尼西亚的苏门答腊岛（Sumatra Island），其香味浓厚、苦味较重、风味独特，可作为单品饮用，亦是调配综合咖啡的良品。

（二）花式咖啡的主要种类

1. 意大利浓缩咖啡（Espresso）

"Espresso"原意为"快速"，Espresso Cafe 指在瞬间提炼出来的浓缩咖啡,该泡法源自意大利人阿奇加夏,故一般称为意大利咖啡。Espresso Cafe 几乎是所有花式咖啡的基底,也是全世界咖啡馆的必备之品。

2. 卡布其诺(Cappuccino)

卡布奇诺咖啡的特点是泡沫多,正如歌中"爱情像 Cappuccino,浓浓的眷恋泡沫"所唱。通常比例为:1/3 浓缩咖啡,1/3 蒸汽牛奶,1/3 泡沫牛奶。咖啡就像卡布奇诺教会的修士在深褐色的外衣上覆上一条头巾一样。

3. 拿铁咖啡(Latte)

拿铁咖啡是浓缩咖啡(Espresso)与牛奶的经典混合,杯底先倒入少量 Espresso,然后加入大量的牛奶,顶端是一层泡沫,还可以在奶泡上拉出各种各样的图案。通常比例为:1/4 的浓缩咖啡,1/2 的牛奶,1/4 的奶泡。牛奶味道特别重,端上来会像彩虹鸡尾酒一样有层次的,味道更适合女生。

4. 摩卡咖啡(Mocha)

摩卡咖啡的配方成分相对比较复杂,是 Espresso 与牛奶的基础上加了巧克力酱,顶端不是奶泡,而是打发的鲜奶油,往往还加上可可粉、肉桂粉,别有一番风味。

5. 玛奇朵咖啡(Macchiato)

玛奇朵咖啡是奶咖啡的一种,Macchiato 在意大利文里是"印记、烙印"的意思。玛奇朵咖啡先将牛奶和香草糖浆混合后再加入奶沫,然后再倒入咖啡,最后在奶沫上淋上网格状焦糖。玛奇朵咖啡以它的香甜感广受欢迎,她不同于摩卡咖啡的厚重,它是轻柔的。如果说摩卡像黑巧克力的话,那么玛奇朵就是太妃糖,给人柔柔的温柔感,而且细腻的奶沫与焦糖结合后,如浮云般细腻润滑。

6. 爱尔兰咖啡(Irish Coffee)

爱尔兰咖啡是一款鸡尾酒,是以爱尔兰威士忌为基酒,配以咖啡为辅料,调制而成的一款鸡尾酒。酒精挥发的威士忌,让咖啡中散发出一丝成熟的忧郁感。相传,一位机场的酒保为了心仪的女孩,将威士忌融入热咖啡,首次调制成爱尔兰咖啡。

(三)享用咖啡的注意事项

我们在细细品尝咖啡时，或在低语中交汇心灵、或在阅读中雕刻时光、或在静思中汲取灵动，虽奢侈却从未让人觉得挥霍，咖啡的色、香、味的通感让我们相信生活的哲理、人生的智慧、生命的激情。在享用咖啡中我们需注意以下细节：

1. 杯、碟与匙的使用

咖啡杯应放在面前或右侧，杯耳向右方。右手拿咖啡杯杯耳，手指不可穿过杯耳，应用拇指和食指捏住杯耳将杯子端起。添加咖啡时，不要把咖啡杯从咖啡碟中拿起来。与他人以站立姿态交谈时，要将咖啡杯、咖啡碟全部拿在手上，落座时，可以只将咖啡杯轻轻拿起。

咖啡匙用来搅拌咖啡，正确搅拌手法，将咖啡匙立于杯子中央，先顺时针由内向外画圈，到杯壁再由外向内逆时针画圈到中央，然后重复同样做法。搅拌完毕顺着杯子的内缘将汁擦掉，不可用舌头舔，不能用咖啡匙舀咖啡喝。不可搅拌出声，只用咖啡匙搅拌两三次就好，用毕轻放在杯子后方的托盘上。

2. 方糖与点心的食用

先用糖夹子把方糖夹在咖啡碟的近身一侧，再用咖啡匙把方糖放在杯子里。放入要轻，避免外溅，若弄脏衣服或台布，是极不礼貌的行为。

一杯咖啡配蓝莓起司蛋糕、法式焦糖布丁等点心，苦甜相伴、妙趣横生。切记不要一手端着咖啡杯，一手拿着点心，吃一口喝一口交替进行。饮咖啡时应当放下点心，吃点心时放下咖啡杯。

3. 咖啡的饮用

咖啡趁热品尝，太热不能用嘴吹，自然冷却至入口温度。饮用前用冰水清洁口腔，第一口不加奶糖，先品纯咖啡。喝咖啡不能像喝白开水一饮而尽，也不能像喝茶或果汁连喝数杯。

三、饮酒礼仪

我国至少从西周开始,就有了一套成型的饮酒礼仪,这也是那个社会的重要礼法。西周的饮酒礼仪可以用四个字概括即时、序、效、令。时,就是要严格掌握饮酒的时间,只能在冠礼、婚礼、丧礼或喜庆典礼的场合下饮用,违时就是违礼。序,指的是在饮酒时,要遵循先天、地、鬼、神,后长、幼、尊、卑的顺序,违序就是违礼。效,指的是在饮酒时不可发狂,适量而止,三爵即止,过量也会被视为违礼。令,指在酒筵上要服从酒官意志,不能随心所欲,不服也会被视为违礼。[①] 唐人饮酒,基本没什么节制。大概从宋代开始,人们比较强调节饮和礼饮。至清代时,文人们著书将礼饮规矩一条条陈述,约束自己,劝诫世人。清人张晋寿《酒德》中写道:量小随意,客各尽欢,宽严并济,各适其意,勿强所难。不由看出饮酒规范十分成熟,具有科学饮酒的态度。

(一)饮酒的基本礼仪

饮酒是各种宴会不可缺少的一个环节,自古以来我们有"无酒不成宴"的饮食文化。纵观四大名著:《三国演义》中酒是英雄间的交流和较量;《西游记》中酒是失去自我约束的祸首;《水浒传》中酒是好汉间的情义;《红楼梦》中酒是文人雅士的情调。不管酒是添趣还是浓情,抑或促进合作,饮酒需要遵守基本礼节:

1.周到敬酒

敬酒也叫祝酒,是向他人表达敬意的一种方式。

(1)备酒及酒具

根据来宾的性别、年龄、身份及喜好准备合适的酒水,白酒级别种类多,可视经济情况而定,但需注意多桌餐席每桌数量、酒类一致,每桌若需多瓶

---

① 王旭.看电影学礼仪[M].广州:南方日报出版社,2012:125.

以上，应为同种酒，中间不宜更换。白酒较为隆重，啤酒较为随意，红酒因酒液颜色较适合喜庆场合。酒具要大小一致，整洁、干净，不可破损。

（2）斟酒

酒要当场启封，首次上酒时，主人通常要亲自为客人斟酒，斟酒顺序因宾客席位是遵循以右为尊原则入座，所以依逆时针方向进行。斟酒时走到客人的右侧，应用左手持杯略斜，右手拿瓶身的1/3处，商标朝向客人，瓶口不可对着客人，瓶口与杯口间距为1—2厘米，白酒需告知酒度数。将酒沿着酒杯内壁轻缓地倒入，斟入的酒多少应根据酒的种类而定。啤酒宜斟满，让泡沫溢至杯口，白酒倒八分满即可，红酒二分之一即可。斟酒可以将餐巾垫在酒瓶颈部的下方，餐巾可以吸走滴下的酒滴。或者在斟完后，快速将瓶口旋转半圈，再慢慢竖起，避免瓶口的酒滴到杯子外面。

（3）敬酒

敬酒讲究有礼有节地劝客人喝酒。酒席一开始，主人往往在讲上几句话后便开始了第一次敬酒，敬酒词易简短。敬酒时，宾主都要起立，即使滴酒不沾，也要拿起水杯。中餐中白酒啤酒可以一饮而尽。西餐葡萄酒不可以干掉，香槟饮一半即可。在席间，主人往往还到各桌去敬酒。当客人回敬主人时，要右手拿着杯子，左手托底，和主人同时喝。干杯时可以象征性地轻碰一下对方酒杯，不要用力过猛，非听到响声。出于敬重，可以使自己的酒杯较低，低于对方的酒杯。如果和对方相距较远可以以酒杯杯底轻碰桌面表示碰杯。西餐和中餐不同，西餐用来敬酒和干杯的酒一般只用香槟，而且，只是敬酒不是劝酒，且不碰杯。

2. 礼貌拒酒

喝酒热闹、敬酒真诚，若自己不胜酒力拒绝敬酒，通常的方法有三种：第一种，主动要一些非酒类的饮料，说明不饮酒的原因，诸如酒精过敏、近期服药、驾车赴宴等。第二种，让对方在自己杯子里稍许斟一些酒，然后以手轻轻推开酒瓶。按照礼节，杯子里的酒可以不喝。第三种，是当敬酒者向自己的酒杯中斟酒时，用手轻轻敲酒杯的边缘。当主人或朋友们想自己热情敬酒时，不要东躲西藏，更不要把酒杯翻过来放，或将他人所敬的酒悄悄倒在地上,或假意喝酒后吐出,不仅糟蹋美酒,更毁了他人敬酒美意。

3. 文明饮酒

饮酒前,应有礼貌地品一下酒。可以欣赏一下酒的色彩、闻一闻酒香,轻啜一口,慢慢品味。不要为了显示自己的酒量举杯就干,不宜一边饮酒一边吸烟。当为健康寿礼、喜庆婚礼等特殊意义干杯时,酒杯中的酒要一饮而尽。对于实在不会喝酒的客人,不应逼其喝酒;对于饮酒已适量的客人,应劝其停止喝酒;若出现饮酒过量的客人,要主动护送,确保其安全。

(二)葡萄酒礼仪

"霞染清樽倒映红,香流浅淡渐朦胧。"葡萄酒具有浓厚的文化底蕴、醇厚优雅的风格及考究的品饮方式,给人"生命在舌尖跳跃"的灵感。

1. 选酒

选酒首先看瓶底的凹槽,通常凹槽越深,浓度越高、质量越好。其次看产地,最棒的葡萄酒来自法国、意大利、德国、美国、澳大利亚[①]等地。通常干旱少雨,阳光充足的葡萄所酿的酒味道好。最后看年份,1982 年产的拉菲如此声名赫赫是因为该产区一整年的气候都在理想状态。所以会有1982 年、2009 年"伟大年份"的葡萄酒。除了特殊年份之外,葡萄酒也像白酒拼的是"珍藏",越久味道越好。只是不当的存放方式及运输会影响其品质。葡萄酒缺量通常 2 厘米,缺量是判断酒保持环境好坏的重要标准,缺量少说明酒被运动过多,温度不对。另外葡萄酒保存时要横放,不能竖立。

宴席上选择葡萄酒要搭配菜肴:红葡萄酒,一般配红肉(猪牛羊肉);白葡萄酒,一般搭配海鲜或禽类的白肉。记住"红酒配红肉,白酒配白肉"。如:法国正餐通常有四道酒,次序是由浅到深、由淡到浓。先上度数低的香槟搭配开胃菜;再上白葡萄酒,配海鲜、蔬菜、禽类等凉菜。然后正餐主菜上

---

① 法国、意大利等欧洲酿造历史比较长的国家称老世界,喜欢用古老的传统酿造方式,有深层的内涵,耐人寻味。美国、澳大利亚等是由老世界的移民将酿酒的技术带去发展的新世界,酿造方法采用了新的技术,酿的酒品闻起来味道芬芳、入口微甜,但不宜久留。

来再配以红酒。最后餐后甜点时，配以甜点酒。

2. 配杯

杯之于酒犹如衣，美酒配"华服"，不同的杯配不同的酒。酒杯主要材质有水晶和玻璃，颜色应透明，有色杯会影响对酒颜色的判断。葡萄酒杯为郁金香型，腹大口小，这样便能留住酒的香气，让酒的香气聚集于杯子上面。足够大的杯肚可以让酒液在杯子里转动，和空气充分接触。此外，杯脚要足够高，以保证手能握住，避免让手碰到杯腹而影响了酒温。

波尔多葡萄酒杯：杯较瘦，杯身较长，杯口较窄。适用于酒体较厚重饱满的红葡萄酒，其酒酸度高，涩味较重，所以要求使用杯身长而杯壁呈弧线的郁金香杯形，杯壁的弧度可以有效地调节酒液在入口时的扩散方向，较宽的杯口还有利于感觉到酒香。波尔多酒杯低调内敛。

勃艮第葡萄酒杯：杯身较矮，类似于气球的形状，"杯肚大"，杯型更易于散发产于法国勃艮第地区的葡萄酒的浓郁复杂香气。勃艮第杯侧重的是"散香"，高调张扬。

白葡萄酒杯：杯身较长，杯肚较瘦，像一朵待放的郁金香，白葡萄酒杯比红葡萄酒杯要瘦一些，以减少酒和空气的接触，令香气留存得更持久一些。白葡萄酒在喝之前先要在小冰桶里放上20分钟或者在冰箱保鲜区放上半小时冷却。

香槟杯：香槟杯通常为郁金香型香槟杯和笛形杯。细长郁金香型的高脚杯像一枝纤细的郁金香，纤长的杯身是为了让气泡有足够的上升空间。标准的香槟杯在杯底有一个尖的凹点，这个小小的设计可以令气泡更丰富更漂亮。

白兰地杯：杯口小、腹部宽大的矮脚酒杯。

3. 品酒

握葡萄酒杯的杯柄（杯脚），用手接触杯身，会影响葡萄酒的最佳饮用温度。人手的表面温度在30—35摄氏度之间，越是手心温度越高，而红酒的最佳饮用温度在15—18摄氏度，和人的手温相差大。温热的手一握住葡萄酒杯,就像暖水袋一样,把葡萄酒杯中的酒液给"加热"了,这样,葡萄酒的香气和口感会发生变化,有些酒还会不好喝。

（1）观其色

用手拿住杯柄或杯脚处将其调至水平视线上方30至45度角的位置,观察其边缘位置的颜色。白葡萄酒年份越久,颜色会渐渐变深。而红葡萄酒年份越久颜色越浅。

（2）摇其"身"

葡萄酒美轮美奂宛如睡美人,先"摇醒"。摇杯有两种方法,手持型和桌面型。手持型:站立,手持杯柄,旋转酒杯,轻轻摇动酒杯让酒与空气深度接触以增加酒味的醇香;桌面型:将酒杯放在桌上,将拇指和食指夹住杯柄,在桌面上画圈即可。时间10至12秒,不要将酒液洒出。通过红酒在杯子上留下的印迹（挂杯）,判断酒精、残糖和甘油的含量,摇晃还加快香气的释放。

（3）嗅其香

嗅分两步:初浅嗅,不摇动酒杯,将酒表面的香气慢慢吸入鼻腔;摇动后空气与酒充分融合,再深嗅。将鼻子靠近酒杯,深深地吸一下,判断葡萄酒的气味。如果出现是食醋刺鼻怪味或"馊味",说明葡萄酒已经氧化过度或本身酸度过高,优质葡萄酒香气有如花草香、果实香、皮革香、烤肉香、泥土香。

（4）品其味

小呷一口葡萄酒,让酒液在舌头上轻滚一下与口腔其他部分充分接触,深切体会葡萄酒的风味、结构和酒体。白酒可以干! 葡萄酒是艺术品,要慢品味。举起酒杯,喝上一口就好,不要干杯豪饮。不要在葡萄酒中加雪碧,这会打破酿酒师精心酿造的葡萄酒的平衡结构,这么喝酒就是"烧钱"。不要和啤酒混喝,不仅"烧钱"还"烧胃",易醉酒。

第二节 品舌尖之美 享舌尖文化

民以食为天。舌尖中国是一种饮食文化，舌尖规矩是一种个人修养。中国人很讲究吃，饮食文化源远流长，不仅吃什么讲究，饮食文化更是"博大精深"。如：古时不论男女饮酒时都用大大的袖子把自己的脸遮起来，据说这是为了不让别人看到自己并不雅观的吃相。这个习俗一直延续到今天，我们在餐桌旁不要有自己狼吞虎咽的吃相，要优雅一些。据说今天我们"掩鼻而笑"也是古时"拂袖而饮"典故的演绎。

一、中餐文化

（一）中餐菜系

当代作家汪曾祺先生在《老味道》一书中讲：一个人的口味要宽一点、杂一点，"南甜北咸东辣西酸"，都去尝尝。对食物如此，对文化也应该这样。"南甜北咸东辣西酸"，由于地理环境、气候物产、文化传统以及民族习俗等因素的影响，形成了有一定亲缘承袭关系、菜点风味相近、知名度较高、并为部分群众喜爱的地方风味，也称作菜系。其中，鲁菜、川菜、粤菜、闽菜、苏菜、浙菜、湘菜、徽菜被称为"八大菜系"。

1. 鲁菜

鲁菜历史悠久，宋代以后成为"北食"代表，明清两代，鲁菜成为宫廷御膳主体，八大菜系之首。鲁菜善于以葱香调味，以其味鲜咸脆嫩著称，风味独特，制作精细享誉海内外。代表菜：九转大肠、蟹黄鱼翅、芙蓉干贝。

2. 川菜

川菜由重庆、成都及川北川南的地方风味名特菜肴组成，八大菜系中擅长综合用味(咸、甜、麻、辣、香)的菜系,其特点离不开三椒(辣椒、胡椒、花椒)和鲜姜,代表菜:夫妻肺片、水煮鱼、麻婆豆腐等。

3. 粤菜

粤菜主要由广州、潮州、东江三种风味组成,选料广泛广博奇异,善用生猛海鲜,刀工干练,清淡爽口。代表菜:白切鸡、红烧乳鸽、脆皮烧鹅、醉虾等。

4. 闽菜

闽菜经历了中原汉族文化和当地古越族文化的混合、交流而逐渐形成,清爽、鲜嫩、淡雅、偏于酸甜。代表菜:佛跳墙、八宝红鲟饭、白炒鲜竹蛏等。

5. 苏菜

苏菜用料以水鲜为主,刀工精细、注重火候,擅长煮、腌、熄、糯,追求本味,清鲜本和,咸甜醇正。代表菜:红烧狮子头、糖醋排骨、松鼠鲫鱼、霸王别姬、天目湖砂锅鱼头等。

6. 浙菜

浙菜一大特色"南料北烹",以杭州、宁波、绍兴三种地方风味菜为代表。杭州菜制作精细,变化多样;宁波菜鲜咸合一,注重保持原味;绍兴菜入口香酥绵糯,汤鲜味浓。代表菜:西湖醋鱼、东坡肉、龙井虾仁、生爆鳝片等。

7. 湘菜

湖南菜简称湘菜,以品种丰富,味感鲜明而富有地方特色,制作时用料广泛,最主要特色是油重色浓,口味具有香、酸、辣,具有浓郁山乡风味。代表菜:辣味合蒸、东安子鸡、麻辣子鸡等。

8. 徽菜

徽菜以烹制山珍海味而著称,擅长炖、烧,讲究火功。茨大油重,朴素实惠。善于保持原汁原味。代表菜:符离集烧鸡、徽州毛豆腐、红烧臭鳜鱼、火腿炖甲鱼,红烧果子狸、腌鲜鳜鱼、黄山炖鸽等。

"八大菜系"形象比喻:苏、浙菜好比清秀美女;鲁、徽菜好比朴素汉子;

粤、闽菜好比典雅公子;川、湘菜好比内敛名士。

(二) 中华食俗

俗话讲"民以食为天,食以安为先",一年四季,我们诸多传统节日,人们庆祝方式不同,饮食习俗各异,是传统文化的一个重要组成部分,我们坚定文化自信,要好好保护饮食习俗。让节日在舌尖美好回味中、在饮食美好寓意中体会生活的仪式感。

农历春节——饺子,寓意粮食满囤

正月十五——元宵,寓意热烈喜庆

五月初五——粽子,寓意深情怀念

八月十五——月饼,寓意团圆美好

九月初九——重阳糕,寓意敬老爱老

农历冬至——饺子,寓意安康幸福

农历腊八——腊八粥,寓意喜庆丰收

二、中餐礼仪要点

一日三餐,我们每天都在吃饭,但博大精深的中餐礼仪我们了解吗?

(一) 中餐方式、时空选择

1. 根据规格、对象、目的确定宴会的形式

首先确定宴请的目的,可以欢迎、欢送、答谢、庆贺、纪念等。其次确定宴请的对象和范围。请什么人,请多少人,主宾、主陪人的身份、国籍、爱好、习俗是否一致,所请的人之间关系是否融洽。最后敲定宴会形式:正式宴会,出于一定目的社交聚会;便餐,日常生活的家常便饭。西餐吃品味、赏情调,中餐吃热闹、喝义气。

2. 时间和空间如何选择

时间上根据主随客便的原则,提前相邀,若正式宴会,发请柬要提前两

周,否则不礼貌。地点的选择要考虑环境幽雅、卫生良好、设施完备、交通方便。若就餐中有残障人士,要考虑出入是否方便及电梯设施是否完备。

(二)中餐座次安排

座次关系到来宾的身份和主人给予的礼遇,并且最能在餐桌上表现礼仪之邦的民俗文化。《红楼梦》中林黛玉初入贾府吃的第一餐,对座次这样详细描述:王夫人携黛玉来到贾母后院进入后房门,贾母正面榻上独坐,两边四张空椅,熙凤忙拉了黛玉在左边第一张椅上坐下,黛玉十分推让。贾母笑道:"你舅母和嫂子们不在这里吃饭。你是客,原应如此坐的。"黛玉方告了座,坐了。这一细节描写体现贾母对林黛玉的疼爱,曾经中餐"以左为尊",现在与国际接轨,中西餐座次都是以右为尊。正如第三章我们了解到座次面门为贵、以右为尊(面对正门)、以远为上(距离正门)的原则,具体中餐座次排列如图6-1、6-2:

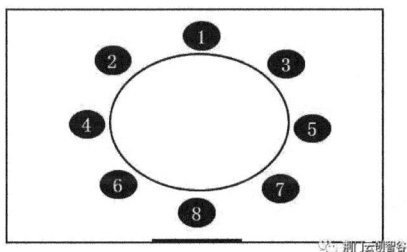

图6-1:中餐座次排列(1)　　图6-2:中餐座次排列(2)

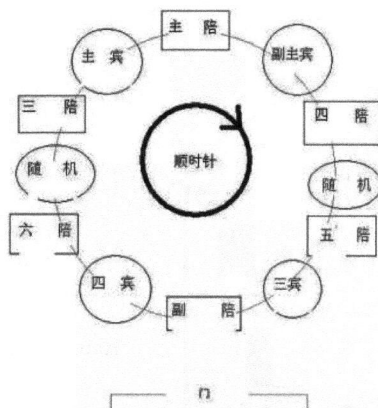

中餐正式宴请采用圆桌,每张桌上一个主位的排列方法。主人位于面门1号位置,主宾在位于右手2号位置,形成一个谈话中心(如图:中餐座次排列如图6-1所示)。

若每张桌上有两个主位的排列方法。主陪副陪相向,照顾全面;主陪右侧为主宾,左侧为副主宾;副陪右侧为三宾,左侧为四宾(如图中餐座次排列如图6-2所示）。

座次排列：右高左低、中座为尊、面门为上、观景为佳、临墙为好。在席位和位次都安排好的情况下，迎接宾客，通常主人一般站在房间门口，若宾客地位高、年龄长，主人可到饭店门口、停车场、甚至到客人家中去接客赴宴。客人来到后引宾入座（按先女宾后男宾，先主宾后一般来宾的顺序，从椅子左边进入）。

（三）中餐餐具

中餐餐具如图6-3：

中餐宴会摆台示意图

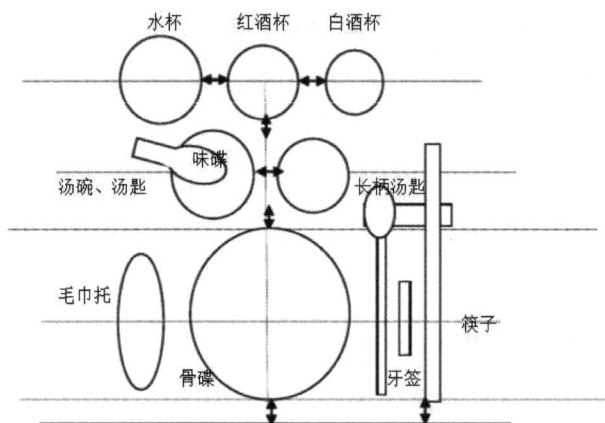

图6-3：中餐餐具

味碟。放调料用，若工作餐不可有带刺激气味的调料。

水杯。主要用来盛放清水、汽水、橙汁、可乐等软饮料，不能用来盛酒，也不要倒扣水杯。

毛巾。中餐用餐前，比较讲究的饭店会为每位用餐者准备一块湿毛巾，只能用来擦手。擦手后，应该放回盘子里，由服务员拿走。通常正式宴会结束前，会再上一块湿毛巾。这块湿毛巾只能用来擦嘴，不能擦脸、擦汗。

餐巾。用过的餐巾要折叠平整，并且把用脏的一面折在内侧，不要把用过的餐巾和纸巾摆在餐桌醒目位置。

筷子。筷子是中餐最主要的餐具。上菜后不要先拿筷子,应等主人邀请,主宾动筷时再拿筷子。

汤匙。汤匙主要取食粥、汤等食物,也可辅助筷子取食。不要舀取太满,以免溢出弄脏餐桌和衣服。暂时不用的汤匙放在碟子上,不要直接放在桌子上,不可把汤匙塞到嘴里,或反复舔食。

碗。碗可以盛饭、汤,进餐时,可以手捧碗进餐。拿碗时,用左手四根手指支撑碗的底部,拇指放在碗上沿,不能伸入碗内。吃饭时,碗的高度大致与下巴保持一致。碗不能倒扣桌上。

碟子。稍小点的盘子,主要用来盛放食物,在使用方面和碗略同。盘子在餐桌上一般要保持原位,而且不要堆放在一起。用食碟时,一次不要取放过多的菜肴,看起来繁乱不堪,不太得体。不要把多种菜肴堆放在一起,弄不好它们会相互"窜味",不好看,也不好吃。不吃的残渣、骨、刺不要吐在地上、桌上,而应轻轻地放在食碟前端,放的时候不能直接从嘴里吐在食碟上,要用筷子夹放到碟子旁边。如果食碟放满了,可以让服务员换。

牙签。尽量不要当众剔牙,非剔牙不可时,应以一手掩住口部。不可长时间用嘴叼牙签,除水果特需牙签外,不可用牙签扎取食物。

(四)中餐菜序及点菜

1. 中餐菜序

中餐的菜序:冷盘——热菜——炒菜——大菜——汤菜——主食——面点——水果。遵循"鸡不献头,鸭不献尾,鱼不献脊"的原则。如温州人对此特有讲究,在上全鸡时,不可以把鸡头朝向主要客人,上整鸭不可以鸭屁股朝向客人,要把最肥美的胸部朝向主要客人或主人。据说春秋时期,专诸刺吴王僚时,用鱼藏剑刺死吴王僚,就是鱼脊朝吴王僚献上的。

2. 点菜

中餐宴席点菜时,首先一定要先点上几道凉菜,凉菜上菜快避免餐桌空荡荡。通常准备4—8种凉菜，也可点10多种。其次，要根据客人重要程度和要花钱的数额，先点上几个关键菜(主菜，主菜又称为大菜、硬磕菜)，以此表达宴请客人的级别，然后将各菜品(鱼、肉、蔬菜、凉菜)搭配起来。如果人多，可以多点几个肉菜，热菜道数通常4、6、8等偶数。宴请宾客除用贵菜来显示尊重以外，饭店特色菜、看家菜也不可缺。如请客人到狗不理包子铺，点一笼包子，聊其渊源，丰富话题。主菜结束后供应的点心是蛋挞、榴莲酥、南瓜饼等，最后则是水果。

(1)考虑南北，照顾老幼

点餐既要了解菜肴也要了解客人，考虑南北方饮食习惯，如：山西人喜欢吃面，四川人无辣不欢；老年人喜欢软食带汤汁菜，儿童喜欢油炸物，女士青睐饭后甜点。

(2)食材交错，烹饪多样

食材鸡、鸭、鱼、牛、羊、猪肉类及应季时蔬要丰富，烹饪煎、炒、烹、炸、溜等要多样。除此之外还要考虑色彩搭配，通常要点一两道绿叶菜，不仅清淡美味，而且色相好。

(3)"三优""四忌"，巧妙提问

"三优"：中餐特色、本地特色、餐馆特色。"山珍海味"，到海边吃海鲜，到山区吃山珍。"四忌"：宗教禁忌，如：穆斯林不吃猪肉；健康禁忌，如：糖尿病患者忌糖；饮食禁忌，如：外国人不吃动物内脏；职业禁忌：如：司机不饮酒。

点餐询问建议封闭式问题和有所不为问题，如："喝茶还是喝咖啡?"言外之意，不喝酒。"您不能吃什么?"了解客人身体状况、饮食习惯、民族禁忌和宗教禁忌。

点菜过程要快，不仅要考虑到吃饱、吃好，而且量力而行，心中有数。如果为了讲排场、装门面，而在点菜时大点、特点，甚至乱点一通，不仅会造成浪费还会失礼。如果去赴宴，主人盛情邀请点餐，点一个价格不贵、人人适宜的菜。注意不乱点、多点，不非议他人所点。

(五) 中餐进餐礼仪

1. 常见错误

(1) 筷子在空中飞舞、擦拭餐桌器皿；

(2) 速度过快，大口吞咽食物、咀嚼出音、吸烟、嘴中含物说话；

(3) 口红留在餐具上、无所顾忌剔牙；

(4) 餐巾使用不当，用力擦脸的下部，象婴儿一样围系；

(5) 与用餐无关的东西（女用手提包、钥匙、帽子、眼镜）放在餐桌上，手提包可放在右脚边，不妨碍服务员左侧上菜。

(6) 浸泡食品，除特色菜鱼头泡饼外浸泡米饭、面食，影响食物美观。

2. 应注意问题

(1) 预约

预约，体现用心，表达诚意，且越高档的餐厅越需要预约。预约应包含：就餐人数、时间、有无特别客人（残障人士不便上下楼）、有无特别意义（生日等）、有无特别禁忌（宗教、过敏食物）等。通常提前一周或三天预约，提前一天确认更稳妥，在预约时间内到达。

(2) 入座

入座后，主动和身旁人交谈，营造一个和谐融洽的气氛，千万不要独自玩手机、摆弄餐具；还未上菜前，双手自然放在膝上，不可将手肘放在桌面上像个很霸道的人，影响左右的人用餐，也不要托下巴；席间尽可能不提前离席破坏融洽就餐氛围，若不得已需要离席，请告知主人并向其道歉，走的时候不张扬。散席时和身边人友好道别，致电或发短信息、微信留言等向主人表示感谢。

(3) 取菜

上菜时，如果由服务员给每个人上菜，要按照先主宾后主人，先女士后男士或按顺时针方向依次。如果由个人取菜，每道热菜应放在主宾面前，由主宾开始顺时针方向依次取食，切不可迫不及待地越位取菜。食品向右传，在传时注意观察是否有人在夹菜，传的速度不宜过快，以免汤汁往外溅。

（4）让菜

让菜而不夹菜，夹菜必用公筷。一素食老师和初相识朋友吃饭，老师未强调个人饮食习惯，席间朋友热情过度，夹一块东坡肘子放到老师餐盘，老师很有礼貌，不想拒绝朋友，怎么看这块肘子怎么不舒服，先吃为净吧，朋友见老师迅速吃下，于是又夹一块儿，令老师哭笑不得。

（5）食相

入座从左，离座从右，落座切忌翘椅子；汤太热切忌用嘴吹，待自然凉；喝汤要将汤匙送到嘴边，而不是弯下腰低着头去凑近汤匙。喝时不能发出"呼噜呼噜"声响，喝到最后可以将碗倾斜，方便盛出最后一勺汤，但不能传出勺摩擦汤碗的声音，牢记"安静是一种素质"。鱼刺、骨头、菜渣等不可直接外吐，要用餐巾掩嘴，用筷子取出，或轻吐在叉匙上，放在食碟前端。进口的东西不可再吐出来，如果太辣太烫，可以喝水调适。食虾可手剥，但用筷子放入口中；较滑食物可用汤匙辅助；大片菜叶要折叠成小于嘴巴的立体形状，一口吃下。如果打嗝，将餐巾捂在嘴上并说"对不起"。

举办宴会，出于真心；出席宴会，非常开心！在觥筹交错中"吃相"向他人昭示了我们的修养与品格。口诀如下：

取菜文雅，注意礼让；文明用筷，举箸得当；闭嘴细嚼，不发声响；嚼食不语，唇不留痕；骨与秽物，切勿乱扔；禁烟少酒，用餐文明；使用公筷，讲究卫生；席间交谈，增进感情。

第三节　文明因交流而多彩　共享西餐的浪漫与情调

2014年3月27日，习近平主席在联合国教科文组织总部发表演讲时强调，文明因交流而多彩，文明因互鉴而丰富。文明交流互鉴，是推动人类文明进步和世界和平发展的重要动力。①

一、西餐礼仪

（一）西餐"6M"规则

1. Meeting，会见

今天"吃"已不是就餐过程中的"必修"，反而"沟通交流"才是就餐的"必修"。所以和谁一起吃西餐非常重要。"物以类聚、人以群分"，大家聚在一起相互交谈、联络感情、互换信息、整合资源才是硬道理。

2. Money，费用

就餐前需要进行预算，避免铺张浪费，重质减量，有出彩菜。

3. Menu，菜单

中餐我们可以请某人代劳，点一桌大家共享。西餐是各点各的、各吃各的，自己决定菜品搭配及组合。菜单是餐馆的门面，尽管菜肴标准随餐厅的档次有所不同，但结构大致相同，按照西餐菜序：头盘（即前菜）、汤、副菜、主菜、蔬菜类菜肴（配菜）、甜品、咖啡或茶。拿到菜谱，若是不熟悉的菜肴，可向服务生询问，切记不要某一道菜全点，忽略其他。但也不要点全所有的菜单，太多会造成浪费。通常副菜、主菜（鱼、肉选择一样）加甜点是最适当的组合。点菜并非从副菜开始，而是先选择自己想吃的主菜，而后为之配合适的汤、开胃菜。

4. Media 环境

就餐环境与就餐主题搭配和谐，创造"此时无声胜有声"的效果。2016年 G20 峰会在杭州召开。国宴大厅的背景整体为淡青绿色调，寓意绿水青山，灵感源于总书记的"绿水青山就是金山银山"。

---

① http://politics.people.com.cn/n1/2019/0326/c1001-30996745.html

5. Music，音乐

优雅，若有若无，南方水乡，二三男女着古装，吹笛抚琴，西餐厅，钢琴演奏。周恩来总理在尼克松总统第一次来华访问时，安排中国军乐队在欢迎宴上演奏一支曲子《美丽的阿美利加》，这是尼克松最喜欢的一支曲子，他就任总统时现场就演奏过这支曲子。当这支曲子演奏时，尼克松热泪盈眶，非常感谢周恩来总理对他的体贴和关心。

6. Manner，举止

我们常讲埋头苦干，不能埋头吃饭，姿势：肩膀放松的情况下挺直腰背，不要一见到"食物"就"折腰"，头不能低。

(二) 西餐的座次

西餐习惯用方桌或长桌，席位规则女士优先、距离定位、以右为尊、面门为上、观景最佳、临墙为好、交叉排列。如图 6-4：

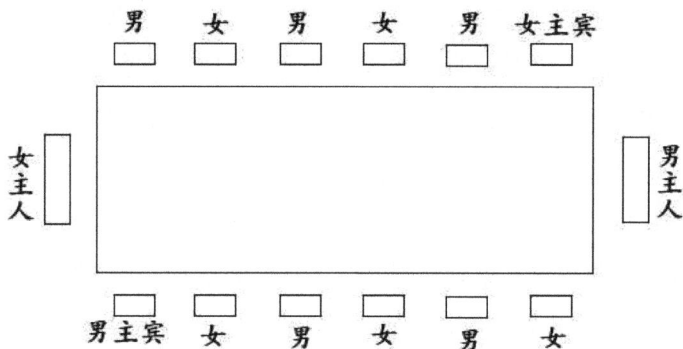

图 6-4：西餐座次

女士优先：女主人为第一主人、坐在面门位置；

距离定位：西餐桌上席位的尊卑根据其距离主位的远近决定；

以右为尊：按礼仪规范以右为佳；

观景为佳：个别西餐厅外部风景怡人或内部偶尔会有音乐伴奏；

面门为上：更具有安全感，背对着门，进出人多会增加紧张感；

交叉排列：男女、熟人和生人交叉排序，可以广交朋友。

（三）西餐的菜序

1. 头盘

西餐的第一道菜是头盘，也称为开胃品。因为是要开胃，所以开胃菜一般都具有特色风味，味道以咸和酸为主，而且数量较少，质量较高。鱼子酱、鹅肝酱、松露并称西餐三大美食。食用时，应将鱼子酱放在装有冰的小巧容器里，保持品质鲜美，再根据个人口味配上不同的辅料。最经典的辅料是生奶油和烘烤的白面包，追求菜肴的本味，突出菜肴的特点及名贵。盛装鱼子酱不可以用银质器具，银器易氧化，破坏其鲜香。

2. 汤

西餐与中餐有极大不同的是，西餐的第二道菜就是汤。西餐的汤大致可分为清汤、奶油汤、蔬菜汤和冷汤四类。品种有牛尾清汤、各式奶油汤、海鲜汤、意式蔬菜汤、俄式罗宋汤、法式局葱头汤等。冷汤的品种较少，有德式冷汤、俄式冷汤等。

3. 副菜

鱼类菜肴一般作为西餐的第三道菜，也称为副菜。品种包括各种淡、海水鱼类、贝类及软体动物类。通常水产类菜肴与蛋类、面包类、酥盒类菜肴品均称为副菜。因为鱼类等菜肴的肉质鲜嫩，比较容易消化，所以放在肉类菜肴的前面，叫法上也和肉类菜肴主菜有区别。西餐吃鱼菜肴时，通常会使用专用的调味汁，这些调味汁的品种包括鞑汁、荷兰汁、酒店汁、白奶油汁、大主教汁、美国汁和水手鱼汁等。

4. 主菜

肉、禽类菜肴是西餐的第四道菜，也称为主菜。肉类菜肴的原料取自牛、羊猪、小牛仔等各个部位的肉，其中最有代表性的是牛肉或牛排。牛排按其部位又可分为沙朗牛排（也称西冷牛排）、菲利牛排、"T"骨型牛排、薄牛排等。牛排生熟度为三分熟、五分熟、七分熟。肉类菜肴配用的调味汁主要有西班牙汁、浓烧汁、蘑菇汁、白尼斯汁等。食类菜肴的原料取自鸡、鸭、鹅,通常将兔肉和鹿肉等野味也归入禽类菜肴,品种最多的是鸡,有山鸡、火鸡、竹鸡,可煮、可炸、可烤、可焖,主要的调味汁有黄肉汁、咖喱汁、奶油汁等。

5. 蔬菜类菜肴

蔬菜类菜肴可以安排在肉类菜肴之后,也可以与肉类菜肴同时上桌,所以可以算为一道菜,或称之为一种配菜。蔬菜类菜肴在西餐中称为沙拉。与主菜同时服务的沙拉,称为生蔬菜沙拉,一般用生菜、西红柿、黄瓜、芦笋等制作。沙拉的主要调味汁有醋油汁、法国汁、千岛汁、奶酪沙拉汁等。沙拉除了蔬菜之外,还有一类是用鱼、肉、蛋类制作的,这类沙拉一般不加味汁,在进餐顺序上可以做为头盘食用。还有一些蔬菜是熟食的,如煮椰菜、炸土豆条。熟食的蔬菜通常是与主菜的肉食类菜肴一同摆放在餐盘中上桌,称之为配菜。

6. 甜品

西餐的甜品是主菜后食用的,可以算作是第六道菜。从真正意义上讲,它包括所有主菜后的食物,如布丁、冰激凌、奶酪、水果等。

7. 咖啡、茶

西餐的最后一道是上饮料、咖啡或茶。饮咖啡时一般要加糖和淡奶油。茶一般要加香桃片和糖。

西餐在点菜顺序上要遵循:先淡后浓、从凉到热、从清到油,食材不重复、口味不重叠。

(四)西餐餐具

1. 餐巾

餐巾一般为布,分大餐巾(59厘米见方,晚餐)和小餐巾(41厘米见方,午餐)。餐巾布方正平整,色彩素雅,只可用来擦嘴和手。点完菜后,在前菜送来前打开,往内折1/3,让2/3平铺在腿上,也可对折平铺,盖住膝盖以上的双腿部分,折痕对着自己,开边朝外。在使用过程中,除非站起来,否则一直在腿上。不用的时候要折叠平整,污渍全部折叠在里面,外表看上去一直保持整洁。用餐中途离席放在餐椅上,用餐完毕放在餐桌上。

2. 叉

左手持叉,食指伸直按住叉子的背部。叉子送食物入口,牙齿应该只碰到食物,不可咬住叉子,也不要让叉碰撞牙齿发出声响,叉齿向下。

3. 刀

右手持刀,可以用拇指与食指紧紧夹住刀柄与刀刃的接合处。沉肩收臂,从左至右切割食物。被切割食物应刚好一下子入口,刀口不可外向。用餐完毕,刀叉并齐平行放在盘中,柄的部分稍稍向右侧挪放即可。

4. 餐匙

餐匙分为汤匙、甜品匙和茶匙三种。在用途上,三者不可相互替代,也不可用来舀取其他主食、菜肴。使用餐匙时,不要在索取食物中乱搅,每次取食数量适中,餐匙不宜全部入口,尽量保持餐匙干净清洁。

二、自助餐礼仪

自助餐,有时也称为冷餐会,是一种非正式的西餐宴会。

(一)注意顺序,排队取菜

由于用餐者往往成群结队而来,大家应该自觉地维护公共秩序,讲究先来后到,排队选用食物。不要乱挤、乱抢、乱加塞。排队时应与前后人员保持一定的间隔,最好与其他人同向行进。行进的标准方向应为顺时针方向,切忌逆行。取菜时不应瞻前顾后、挑三拣四,取菜应当从速。

(二)多次少取,厉行节约

遇上自己喜欢的菜肴可以放开吃,但注意不可浪费。每次取的量不要多,切忌不同口味菜肴混杂,影响口味;自助餐选取菜肴,无次数限制,可以多次。

（三）饮食有度，饭饱八分

"扶墙进扶墙出"被笑称自助餐最高境界。餐前"腾出"自己的肚子，大吃一通是不健康的，不仅会使消化系统的负荷过重，加速脑衰老和导致免疫功能下降，而且过剩的热量还会引起体内脂肪沉积，对肠胃的伤害无法轻易逆转。

（四）现场食用，禁止外带

自助餐只允许就餐者在用餐现场自行享用，而绝对不许可在用餐完毕之后携带。未经他人同意不要代取食物，避免他人拒绝后浪费。

美丽是天生的丽质，优雅是后天的修炼。一个既得体又优雅的细节足以展现一个人非凡的魅力，而一个粗俗的细节也足以令一个人黯然失色。不矜细节，终累大德，优雅就餐，从现在开始……

案例思考

案例一 用筷之忌 细节须谨记

李方在和老同学聚会时,交谈甚欢,边吃边聊,筷子不离手,一边说一边比划,时不时把筷子指向同学。李方见服务员端上凉菜大拌菜,并未搅拌,他用自己的筷子开始搅拌,由于筷子沾上酱汁,李方将自己的筷子舔干净。服务员又上了一道上汤娃娃菜,李方见里面有自己喜欢的虾仁,就用筷子翻捡寻找,夹虾仁到自己碗中。筷子因有汤汁,白皙桌布清晰留下痕迹。饭菜是东坡肘子,李方用筷子插入肘子内检验肘子是否炖烂。酒足饭饱后,因等待结账,李方闲得没事打拍子用筷子敲起碗。

案例评析：

筷子是中餐主要餐具之一,筷子运用礼仪如何,是评价一个人吃相好坏的关键标准之一,如果一个人被认为是吃相难看,在社交场上肯定要丢失很多形象分。李方的形象分就因为筷子使用不当被扣减。筷子使用的禁忌如下：

疑筷:忌举筷不定,不知夹什么好;

脏筷:忌用筷子在盘里扒拉夹菜,弄脏筷子;

指筷:不能拿筷子指人;

抢筷:两个人同时夹菜,结果筷子撞在一起;

刺筷:夹不起来就用筷子做叉子,扎着夹;

横筷:表示用餐完毕,客人及晚辈不能先于主人和长辈横筷;

吸筷:即使菜上有汤汁也不能嘬筷子;

泪筷:夹菜时不干净,菜上挂汤淋一桌;

别筷:不能拿筷子当刀用,撕扯肉类菜;

贡筷:忌讳筷子插在饭菜上;

拉筷:不能拿筷子往外撕扯正嚼着的东西,或者当牙签;

粘筷:筷子上还粘着东西时不能夹别的菜;

连筷:同一道菜不能连夹三次;

斜筷:夹菜不要过远,不要斜着伸筷够菜;

分筷:摆筷子是不要分放在餐具左右,只有在吃绝交饭时才这样摆。

(资料来源:许湘岳,蒋璟萍,费秋萍.礼仪训练教材[M].北京:人民出版社,2017:56.)

实战演练

演练一　酒桌文化　趣味游戏

实践目的：

了解酒文化,自古饮酒伴诗,情调高雅。今酒席推杯换盏:劝酒真诚,在雅;婉拒礼貌,在诚。锤炼沟通能力,怎样幽默拒绝他人敬酒。

实践方案：

表6-1

表6-1

具体步骤	做法
1	全班分成 A、B 组
2	A 组学生负责收集最常见的劝酒用语,如"感情深、一口闷;感情浅,舔一舔""宁可胃上烂个洞,不叫感情裂条缝""辣酒涮牙,啤酒当茶"等
3	B 组学生负责收集婉拒劝酒用语。如"锄禾日当午,汗滴禾下土,连干三杯酒,你说苦不苦?""万水千山总是情,少喝一杯行不行?"
4	A、B 两组各派三人上台,A 组为正方、B 组为反方,A 组说一句劝酒用语时,B 组须以一句婉拒劝酒的话应答。

演练二　经典茶道　现场展示

实践目的：

品茶静心修炼，敬茶诚挚待人。展示茶道表演，弘扬传统文化。

实践方案：

表6-2

表6-2

步骤	做法	具体方案
1	冲泡	沸水再次入壶，倒水过程中壶嘴"点头"三次，即所谓"凤凰三点头"，向客人示敬。"春风拂面"：水要高出壶口，用壶盖拂去茶末儿。
2	封壶	封壶：盖上壶盖，用沸水遍浇壶身。
3	分杯	分杯：用茶夹将闻香杯、品茗杯分组，放在茶托上。"玉液回壶"：将壶中茶汤倒入公道杯，使每个人都能品到色、香、味一致的茶。
4	分壶	将茶汤分别倒入闻香杯，茶斟七分满。
5	奉茶	以茶奉客。
6	闻香	将茶汤倒入品茶杯，轻嗅闻香杯中的余香。
7	品茗	用三指取一品茗杯，分三口轻啜慢饮，在古筝的伴奏下，主泡火熏香。净手，先引茶人荷，请来宾赏茶，然后是赏具：品茶讲究用景瓷宜陶——景德镇的瓷器，宜兴的紫砂壶。烫杯温壶是将沸水倾入紫砂壶、公道杯、闻香杯、品茗杯中，洁具提温。"乌龙入宫"：将乌龙茶放入茶壶。

拓展阅读

葡萄酒美，品鉴有礼

1.红酒倒满 1/3，白酒倒满 1/2，香槟倒满 3/4。

2.在倒酒的最后晃一下瓶子，目的是不让余液流下。

3.碰杯时，微笑目光交流以示尊重。

4.如果有人向你举杯（假如是在你的婚礼、生日宴会上），你可以不饮酒，保持微笑并谦逊有礼即可。

5.端酒杯的时候，记得端住杯颈，避免酒温升高，不仅可以欣赏到红酒的纯澈和光泽，也能避免在酒杯上沾上指纹。

6.时刻留意，红酒杯一定要放在水杯右边。

7.碰杯时看人，喝酒时看酒。喝酒时往自己的杯子里面看，而不是看正在和你说话的那个人的脸。

8.作为餐会的组织者，时刻留意客人的杯子里是否有酒，若无，及时倒酒。

深学细悟

1.王小姐代表公司出席一家合作单位十周年庆典活动。庆典活动结束后公司为全体与会者准备了一顿丰盛的自助餐，看到那么多色香味俱全的食物，王小姐非常开心。于是在她环顾四周后径直走到自己的最爱——北极贝前，夹满盘子，甜点区发现提拉米苏蛋糕，又夹了两块放入盘中，回到餐桌大快朵颐。请分析：王小姐虽吃得开心，如果用自助餐礼仪评价是否会不妥？有哪些失礼之处？

2.《泰坦尼克号》反映的是20世纪的英国一个典型的贵族社会。这部电影精彩演绎中世纪以来欧洲各贵族之间为了保持和平友好的关系而采用的礼仪和风俗习惯。观影中请注意以下细节：第一，参加正规西餐宴会，对服装有严格要求吗？杰克怎么解决服装问题？第二，西餐餐具使用规则是什么？如果你是杰克，你怎么做？第三，西餐中酒水和菜肴怎样搭配？逢喝必干吗？观影结束后请小组讨论以上细节，总结西餐礼仪。

第七章

校园礼仪　礼润校园

子入太庙，每事问。或曰：『孰谓鄹人之子知礼乎？入太庙，每事问。』子闻之，曰：『是礼也。』——《论语·八佾》

君子隆师而亲友。——《荀子·修身》

学礼则品节详明，而德性坚定，故能立。礼教恭俭庄敬，此乃立身之本。有礼则安，无礼则危。故不学礼，无以立身。——《论语·季氏篇第十六》

知识详解

第一节　教育是一种仪式　师生礼仪是一种传承

　　校园礼仪是大学生必须遵守的最基本的礼仪规范。大学生遵守校园礼仪,既是传承民族文化的需要,也是传承校园文化的需要,同时也是构建和谐校园的需要。大学生在校园这个既庄严又活泼、既紧张又文明的环境中,一方面学好文化知识,一方面自觉养成讲礼貌、懂礼仪的良好习惯,对于顺利走向社会、走向工作岗位都有着极其重要的意义。

一、师生交往礼仪概论

　　大学生进入大学就成为大学校园的一部分,大学校园是社会整体不可分割的一部分,具有社会礼仪的普遍性。校园礼仪是在特定空间内针对特定群体的交往规范,为了彼此间的尊重和情感,应当遵守具有社会道德文化含量的礼仪行为规范与准则。

　　其中首要的是师生交往礼仪。教师是大学生感悟人生、获得知识、学有所成的引路人。古语云:"师同父母""滴水之恩必当涌泉相报"。为此,作为深受教师教诲的大学生,在与教师交往的过程中应热爱与尊重老师,尊重老师的劳动,虚心接受教师的批评教育,严格遵循有关的礼仪规范。

（一）尊师的意义

所谓尊师，即在师生间的互动与交流中，学生需展现出对教师的深切敬意、无条件信任，并积极配合教师的教导与指示，全力以赴完成教学过程中设定的每一项学习任务。这不仅是对师道尊严的维护，更是中华民族悠久历史中崇尚的传统美德，深深植根于礼仪文化的土壤之中。教育，这一塑造未来、启迪智慧的崇高事业，其从业者——教师，自然应享有社会的普遍尊重。作为学生，我们既是知识的接受者，也是教师辛勤耕耘的直接受益者，因此，我们更应怀揣感激之情，以热爱与尊敬之心对待每一位老师。正如古语所云："一饭之恩，尚思图报；师恩深重，何以为报？"更何况，教师之于学生，其恩情深似海，有如再生父母，不敬不爱，实乃违背天理人情，必将受到社会道德标准的审视与谴责。尊师之举，其深远意义在于，它能够构建起和谐融洽的师生关系，为师生间的相互学习、共同进步奠定坚实的基础；它能够加深师生之间的情感纽带，让这份情谊跨越时间的长河，历久弥新；它更能够激发学生的学习动力，使学生在对教师的敬仰中，更加专注于知识的探索与能力的提升，从而成就更加辉煌的未来。

（二）师生交往的原则

1. 尊重原则

尊重他人是做人最基本的道德，也是良好的师生关系的基础。尊重他人也就是尊重自己，越懂得尊重自己的人，也越懂得尊重别人，也才能得到别人的尊重。在师生关系中，要学会尊重对方的人格，尊重对方的信仰，尊重对方的思想观点，尊重对方的劳动成果。

2. 平等原则

建立师生之间平等和谐的关系，既是教师的责任，也是学生的责任。老师与学生在人格上是平等的，在教育过程中相互得到满足。古人云："弟子不必不如师，师不必贤于弟子。"平等观念是中国教育史上的优良传统。

3.宽容原则

宽容是人际关系和谐的必要条件,也是师生交往的重要原则之一。宽容不仅是一种雅量、文明和胸怀,更是一种人生的境界。宽容了别人就等于宽容了自己,宽容的同时也创造了生命的美丽。

4.主动原则

在工作中,无论老师严厉与否,对学生都是真心实意,认真负责的,都希望成为学生的良师益友。所以,学生应主动同老师交往。与老师的交往,不仅可以巩固所学知识、扩大知识面,还对今后走向社会、扩大交往面有很大的帮助。因此,学生与老师交往,思想上不应有顾虑,应从心理上和感情上缩短与老师间的距离,对老师产生亲切感和信任感,把老师当成知心朋友。无论是从事教学工作还是管理工作的老师,工作任务都比较重,因此,学生应主动帮助老师做一些力所能及的事情。当老师生病或家中有事时,应及时前去看望和慰问;但人不要太多,最好选派代表。

二、师生交往的礼仪规范

在日常生活中,学生应主动向教师表示敬意的地方有很多。

(一)师生交往的基本礼仪

1.礼貌问候

每日踏入校园之时,若遇见老师,不论其是否为您的授课老师,都应主动上前,以适当的方式行礼,并亲切地道一声"老师好"或"老师早",以此表达您对他们的尊敬与问候。在校园的每一个角落,偶遇老师之际,亦应毫不犹豫地停下脚步,主动行礼并致以问候,这样的习惯应当成为您日常生活的一部分,无论是在校内学习还是校外偶遇,都应如此。在问候时,请注意保持适当的距离,大约是一至两米,这样既体现了尊重,也避免了打扰。切记,问候时需站立稳定,微微鞠躬以表敬意,避免边走边问或奔跑中询问,这样的行为可能会让问候显得不够真诚和庄重。

2. 谦让之道

在狭窄的空间，如电梯、楼道或门口偶遇老师时，学生应展现出良好的教养，主动向旁侧移动一步，为老师留出通行的空间，让老师先行。同样，当需要进入老师办公室时，应先轻敲门扉，待老师应允后再轻轻步入，以示对老师私人空间的尊重。在老师的工作与生活环境中，学生应恪守界限，不随意触碰或翻动老师的物品，这是对老师个人空间的尊重。此外，学生应避免对老师的外貌、穿着进行无端的评论或指指点点，而应尊重老师的个人习惯与独特人格。

3. 平等尊重

在校园这片知识的殿堂里，每位学生都应秉持平等尊重的原则，不仅对待授课教师如此，对学校内的所有教职员工，包括管理人员和后勤服务人员，也应以"老师"相称，礼貌相待。我们应认识到，每位教职员工都在为学校的运转与我们的成长默默付出，他们的服务与劳动同样值得我们的尊重与感激。因此，我们应服从他们的管理，珍惜他们的劳动成果，共同营造一个和谐、有序的校园环境。

4. 理性包容

尊师之道，亦在于理性地看待教师的不足与错误。正如世间万物难以完美，教师亦非圣人，难免会有疏漏之处。当发现教师在教学上的差错时，学生应以善意的心态提出，注意方式方法，旨在帮助老师改进教学，而非指责或嘲笑。若老师的意见未能立即采纳，学生可寻求学校领导的协助，以平和理性的方式解决分歧，促进师生之间的理解与和谐。

(二)特定场合礼仪要求

1. 学生进教师办公室

教师办公室，作为老师们辛勤耕耘的园地，不仅是知识传递的幕后准备站，也是师生间心灵沟通的桥梁。这里频繁发生的师生交流，如同滋养心灵的甘露,促进着师生间理解与信任的加深。当学生需进入时,切记先求得老师的应允。无论门扉是敞是闭,轻敲其上的动作,是对老师工作与私人空间最基本的尊重。只有当耳边响起"请进"的温暖回应,方可轻轻推开那扇门,步入其中。

进入办公室后,每一位老师的面前都应展开你最诚挚的笑容与礼貌。即便是初次见面的老师,你的举止也应尽显文雅,让尊重之情溢于言表。若寻觅之人不在,不妨以温和之态,向办公室内的其他老师礼貌询问。在阐述来意时,不妨自报家门,说明自己的身份、年级与班级,以及找老师的目的与下次联系的时间安排。这一过程,不仅展现了你良好的教养,也是对他人时间的尊重。切记,莽撞推门、探头探脑或旁若无人地扫视,都是对老师及办公环境的不敬。同样,以学科代替尊称来询问,如"德育老师来了吗?",虽简洁却显得生硬,缺乏了对老师个体的尊重。若恰逢老师正忙于会议或公务,除非事情紧急,否则你应展现出足够的耐心与理解,安静地在一旁等候或适时地表示愿意稍后再来。这样的举动,不仅体现了你的修养与礼貌,更是对老师工作的一种支持与尊重。在与老师谈话或汇报工作时,要直截了当,简洁明快,主题突出,意思明确。在办公室里,不要随意翻阅桌上的材料、文件等。

2. 学生拜访老师

学生造访老师的居所,实为加深师生情谊的温馨纽带。无论是出于何种缘由,此行本身便是对师恩的深切表达与尊敬。在踏上这段心灵之旅时,以下几点礼仪规范值得铭记于心:

(1)预约为先:若有意前往老师家中拜访,务必提前与老师沟通并商定一个双方都合适的时间。在预约时,应尽可能地精确安排,并充分考虑老师的日程安排,避免给老师带来不便。同时,拜访时间的选择也需谨慎,尽量避开用餐、休息等私人时段,以免打扰到老师的日常生活。预约时,不妨简要说明拜访的目的,以便老师能够有所准备,让这次交流更加顺畅和高效。

(2)守时重信:一旦约定了拜访时间,就应严格遵守,既不早到也不迟到。准时到达,不仅是对老师时间的尊重,也是对自己承诺的信守。在时间的把握上,学生应展现出良好的自律性和责任感。

(3)礼貌登门:抵达老师家门口时,即便是发现门已微开,也应礼貌地敲门或按门铃示意。这一举动,不仅是对老师家庭的尊重,也是个人素养的体现。在敲门或按门铃时,动作应轻柔而有节奏,避免造成不必要的噪音。同时,要耐心等待老师的回应,展现出自己的耐心与诚意。

(4)见面时的温文尔雅:当老师打开门扉的那一刻,立即以温暖的问候迎接老师,展现出你的礼貌与敬意。若是在拜访陌生老师时,首先要礼貌地确认老师的身份,随后再进行自我介绍,如:"您好! 请问这是张老师的家吗?""张老师,您好! 在家吗? 我是来自××系的学生,名叫×××,冒昧打扰,请多多包涵。"若不幸敲错了门,务必及时致歉,以化解尴尬。进门之前,需待老师邀请方可踏入,同时,对家中每一位遇见的人都要致以亲切的问候,称呼要恰当得体。若屋内人数众多且大多不熟,可以一句"大家好!"来泛泛地表达你的友好与尊重。但切记,进门后不应只与老师交谈,而忽视了在场的其他人。

(5)拜访期间的得体举止:踏入老师家中后,应保持房间的整洁,切勿随意放置个人物品。在老师邀请你坐下之前,切勿擅自就座,当得到许可后,应表示感谢并优雅地入座。与老师交谈时,需遵循交谈礼仪,尊重老师的观点,耐心倾听。若老师或其家人为你递上茶水,应起身双手接过,并诚挚地说声"谢谢"。若此时老师家中又有新客来访,并得到老师的介绍,你应主动起立,向新客人致以问候,展现你的热情与礼貌。同时,也要察言观色,若发现自己在场可能给其他人带来不便,或者拜访时间已经过长,应适时地提出告辞,以免打扰到老师的休息与安排。

(6)优雅的告别之道:在拜访过程中,应当留意时间的流逝,一般来说,拜访时长控制在20分钟左右较为适宜,以免过多打扰老师的休息与安排。当接近用餐时间、休息时间,或是察觉有其他客人来访时,都是适宜的告别时机。然而,在告别时,应避免频繁查看时间,以免给老师留下急于离去的印象;同时,也不宜在老师刚结束一个话题或叙述后立即提出告别,这可能会让老师误以为你对交谈内容不感兴趣或感到不耐烦。

在准备告别时,应遵循"先谢后辞"的礼貌原则,以诚挚的语气对老师表达感激之情,如:"非常感谢您今天的热情接待和宝贵指导,真是受益匪浅。不过,为了不耽误您的时间,我现在该告辞了,再见。"这样的告别语既表达了感激,又显得得体而真诚。若老师在告别时提出相送,你应适时地请老师留步,表达对其不必远送的理解与感激,如:"老师,请留步,不用送了,您太客气了,非常感谢。"这样的回应既体现了你的体贴与懂事,也进一步加深了师生之间的情感交流。

3. 老师家访

当老师莅临家中进行家访时,学生应展现出满腔的热情与高度的礼貌,热情地引领老师进门,并主动承担起桥梁的角色,为老师和家长之间做恰当而温馨的介绍。随后,应恭敬地邀请老师落座,并细心地为老师准备茶水,以表达对其到访的欢迎与尊重。在老师与家长进行交谈的过程中,学生应保持耐心,认真倾听双方的对话,适时地给予必要的配合与支持,展现出自己对家庭教育的重视与参与。这样的态度不仅有助于家访的顺利进行,也是对学生个人素养的一种体现。当家访即将结束时,学生应主动起身,送老师至门外,并诚挚地向老师表达感激之情,与老师道一声温馨的别语。在整个家访过程中,学生应摒弃任何可能存在的误解或抵触情绪,不应将老师的到访视为"告状"之举,而应将其视为一次宝贵的教育交流机会,以开放、积极的心态迎接老师的指导与建议。

4. 老师到宿舍探望

当老师踏入学生集体宿舍,展开对同学们的关怀之访时,这不仅是日常管理的必要环节,更是老师对学生生活细微关爱的体现。面对老师的到来,同学们应当满怀热情,主动起身,以诚挚的态度邀请老师坐下休息。在老师与学生共处的时间里,大家应积极参与交谈,主动分享生活与学习中的点点滴滴,让老师感受到同学们的真诚与活力。切忌对老师视而不见,各自为政,或是找借口避开,这样的行为会辜负老师的关怀与期望。当老师的探访接近尾声,准备离开时,同学们应集体向老师表达感激之情,并真诚地道别。

同时，应主动起身，将老师送至宿舍门口，直至老师离去，以体现对老师的尊重与不舍。这样的举动，不仅能让老师感受到同学们的礼貌与教养，也能进一步加深师生之间的情感联系。

5.邀请老师参加班级活动

当计划邀请老师参与班级举办的各类活动时，如座谈会、主题班会、联欢盛会、学习心得交流会或是演讲竞技等，首要步骤是由班长或负责的学生干部先行向老师发出诚挚的邀请，这可以通过口头邀请或是正式的书面形式进行，务必详尽说明活动的时间安排、具体地点、活动主题及其预期达成的目标。同时，也要尊重老师的日程安排，若老师因故无法出席，应及早知会活动组织者，以便做好相应调整。若活动中需要老师进行发言或致辞，务必事先与老师沟通清楚，给予充分的准备时间，避免突如其来的要求造成不便。活动当天，当老师步入教室的那一刻，全体同学应自发起立，并以热烈的掌声表达热烈的欢迎，因为此刻的老师，是班级特别邀请的尊贵嘉宾。活动进行期间，为确保一切顺利进行，建议指派一位细心周到的同学担任协调服务工作，负责引导老师至适当座位、适时介绍班级概况及活动亮点，并在老师有需提前离场等特殊情况时妥善处理。而当活动圆满落幕，全体同学应再次起立，用热烈的掌声和诚挚的感谢目送老师离开，为这次师生共融的美好时光画上完美的句号。

（三）师生相处礼仪忌讳

介绍者为被介绍者做介绍之前，应尽量征求一下被介绍者双方的意见，了解一下他们彼此是否都有想认识对方的愿望，以免为本来相识或不想相识的双方去做介绍，会让被介绍者双方措手不及，致使三方都尴尬。为他人做介绍时，语言应简洁清晰，不能含糊其辞，避免过于颂扬一方，而忽视另一方。介绍时，还可简要地提供一些其他情况，如双方的职业、爱好等，便于不相识的两人互相交谈。

三、与特定科室老师交往礼仪

(一)与行政领导老师的交往礼仪

学校的行政管理体系中,各级领导的工作区域通常被精心规划,集中在特定区域,以便于高效管理与协作。这里不仅包括了书记、校长、副校长及纪委书记兼工会主席的专属办公室,还涵盖了行政办公室、人事科及党委办公室等多个关键部门。为维护这一区域的严肃与秩序,学生们在无紧急或特殊事务的情况下,应避免随意进入,更不得在此区域内嬉戏打闹,以免干扰到领导们繁忙的工作。考虑到领导们日常工作的繁重,他们不仅需要处理校内的各项事务,还需频繁与校外各界进行沟通与协调,同时参与众多会议,因此,学生们应当给予充分的尊重与理解,避免无故打扰。若确有重要事宜需向领导反映,务必事先通过预约方式征得同意,方可前往。

在得到许可进入领导办公室时,学生们应注意自身的仪表,保持衣着整洁,符合学生身份。敲门入内后,应在外耐心等待,站立时保持自然、精神饱满的姿态,展现出良好的礼仪风范。与领导交流时,应使用恰当的称呼,并礼貌地表达来意,如"校长,您好!冒昧打扰,我有些事情需要向您汇报。"在领导未主动邀请就座前,切勿擅自坐下,尤其是避免坐在领导的工作座位上,一般应选择在会客区就座。当领导递上茶水时,应双手接过,以表达谢意。

在校园的日常生活中,若在其他场合偶遇领导,我们应展现出自信与大方,主动上前,以亲切的态度向领导致以问候,展现出良好的师生礼仪。而当领导或其他老师莅临教室进行听课指导时,我们应给予最热情的接待,不仅主动让出座位,还应细心地为他们准备茶水,并主动提供本节课所需的教科书,以便他们更好地了解课程内容。在介绍即将进行的课程内容时,我们应清晰明了,让领导或老师对课堂有一个初步的了解。课程结束后,我们不应忘记表达感激之情,应主动送领导或老师离开教室,并诚挚地说:"非常感谢领导(老师)对我们班级的关心与指导。"这样的举动,不仅体现了我们对教育工作的尊重,也加深了师生之间的情感联系。

(二)与学生处老师交往礼仪

学生科教师群体扮演着至关重要的角色,他们专注于学生的全面发展,涵盖政治思想引导、学籍信息维护、行为规范塑造、日常生活纪律监督、文娱活动组织以及党团工作推进等多方面工作。作为学生管理工作的核心力量,他们致力于构建一个有利于学生思想成熟、学业进步、生活有序的学习环境,旨在全面提升学生的综合素质。鉴于学生科工作的广泛性和直接性,学生与学生科教师之间的互动尤为频繁,尤其是学生干部群体,更是成为了这种互动中的桥梁。在与学生科教师交流时,学生应当遵循以下几点原则:

1. 主动配合与尊重:学生应自觉接受并积极配合学生科教师的指导,视其为成长道路上的引路人。通过积极参与、支持教师的工作,共同营造和谐、有序的学习生活环境。

2. 合理分流与自我解决:鉴于学生科教师资源有限且管理任务繁重,学生在遇到问题时,应首先尝试在班级内部或通过自我努力寻求解决方案。对于班级层面难以解决的问题,再适时向学生科教师求助,以减轻教师负担,提高问题解决效率。

3. 当踏入学生科办公室时,若遇教师正忙于接待其他访客,切勿贸然闯入或插话,此举不仅显得对他人不尊重,也可能打断正在进行的重要交流。正确的做法是礼貌地站在门外稍候,待老师示意或同意后再行进入,展现您的耐心与礼貌。

4. 若收到学生科老师的谈话邀请或工作任务指派,务必守时前往。若因课程安排或其他不可抗力因素无法按时赴约,应及时通过电话与老师沟通,并协商新的见面时间,避免造成不必要的延误或误解。在接受谈话过程中,若发现有误解或需澄清之处,应保持冷静,避免在学生科内争执或吵闹,这既维护了个人形象,也尊重了办公环境的秩序及其他老师的工作。

5. 学生干部因职责所需,可能频繁独自前往学生科。在此过程中,务必遵守基本的职业道德与规范,避免翻阅、查看老师桌面或抽屉内的文件、资料,更不得在已整理好的文件夹中擅自涂改、书写任何内容。此外,使用办公室内的电话、电脑等设备前,应事先征得老师的同意,确保行为得体且合规。

(三)与教务处老师交往礼仪

教务处作为学校管理体系中的核心部门,肩负着管理学生学习成绩及考试相关事务的重任,涵盖了试卷编制、考试组织、补考安排以及成绩录入等关键环节。这些工作流程不仅是学校教学秩序的重要组成部分,也承载着教育管理的法律严肃性。针对学生而言,有以下几点建议:

1. 全面均衡发展:学生应全力以赴,深入钻研每一门课程内容,积极响应教务处的课程安排,避免偏科现象,确保知识体系的完整性和广度。

2. 重视补考机会:对于未能通过的课程,学生应积极参与补考前的辅导课程,并按时参加补考,尤其是临近毕业之际,更应珍惜每一次补考机会。若因故错过补考,事后返校申请补考时,应提前与教师或教务处沟通预约,尊重教务安排,避免强人所难。

3. 遵守考试纪律:在考试前后,学生应恪守诚信原则,不得试图通过非法途径获取考试信息,如擅自探访教务处询问试题等。同时,考试成绩公布前,应耐心等待,不得擅自要求提前查阅或翻阅试卷,以维护考试的公平性和严肃性。

4. 积极反馈沟通:学习委员作为学生与教师、教务处之间的桥梁,应定期主动收集同学们的学习需求和对任课教师的反馈意见,及时向教务处汇报。同时,认真记录任课教师的授课情况,按时完成并提交相关教学评估表,以促进教学质量的持续改进。

(四)与班主任老师交往礼仪

班主任老师是学校联系学生的桥梁,是学生亲密的朋友,学生与班主任的交往时间最持久、情感最深厚。学生在校思想、生活、学习上问题的解决,最终都有赖于班主任。

1.学生应积极主动地与班主任交流，每学期至少有 2—3 次（这里不是指请假，而是指对自己思想、学习等方面的汇报，以求指导）。

2.要真实地向班主任反映本班的情况，不要怕其他同学的议论、指责、妒嫉。

3.要理解支持班主任的工作。其中有些是专职教师兼班主任工作的，绝大多数授课量大，教学任务重。有的还要承担科研任务，多数不住校，因此要给予理解。不要在背后随意指点、批评班主任老师工作不负责，应给予包容。

4.班主任找学生谈话，学生进入班主任办公室，要有礼貌，要大胆地与班主任交流，不要不服气、态度恶劣、声音高调或低头不语，脸色沉重，以此来消极对待班主任的谈话。

5.在教师节、春节之时，应主动地向班主任用电话问候或祝贺。寒假、暑假、"长假"期间，新同学或路远的同学到家后应及时用电话向班主任报平安。

第二节　同学交往处处不失礼
相处礼仪时时受欢迎

一、同学交往礼仪

我国古代大教育家孔子曾说过这样一句话："独学而无友，则孤陋而寡闻。"意思是说，独自学习而没有朋友，是一位学问浅显，听不到太多声音的人。同学们要学会文明交往，广泛交朋结友。大学期间是人生的迅速成熟期，来自各地的同学在一起朝夕相处，共同学习，共同生活在一个校园内，毕业之后又走上社会,在不同地方工作生活。大学同学的友谊是非常深厚的,同学友谊对今后的人生也是很有好处的。要形成良好的同学关系,则需要在平时注重同学之间交流的礼仪。

二、同学交往礼仪的原则及礼仪规范

(一)同学友好

同学来往频繁,相处最多,同吃一锅饭,一个教室学习,同一个老师,这段时期的友情纯洁、真挚、纯真,最值得珍惜。因此同学之间要相互友爱,话语委婉,和睦相处,常使用礼貌语"请""谢谢""麻烦""对不起"等。见面要主动与同学打招呼问候,与同学打招呼一方面表示对同学的尊重,另一方面也表现了自己自信健康的心态。

有时候,你的一个主动的微笑,也能在别人心中留下美好的印象,想要尽快地和新同学打成一片,你不妨试一试。或者当你和同学有矛盾时,不妨积极主动地将误会解开,主动道歉又何妨,这些做法都可能让你获得别人的好感。

(二)说话分寸

作为有文化、有知识、有教养的现代人,在交谈中一定要使用文明、优雅的语言。

1.说话要注意场合

掌握分寸,该说的要说,不该说的不说,不要图一时嘴快,不计后果;一生气就暴跳如雷,恶语相向,这是无教养、无礼仪修养的表现。

2.不背后说坏话

语言交流是同学交往主要形式,所以力求说话态度诚恳、谦虚、语言文雅,不无事生非、背后说他人坏话。

3. 对同学们的相貌、体态、衣着不要品头论足，尤其对同学的
  生理缺陷不能嘲笑，更不能给同学起侮辱性的绰号。

不能把男同学称为"蠢猪""猪头"等，也不能称女同学为"小妞儿"等。这类说法，都不符合学生的身份。

4. 不讲脏话

不讲脏话是文明礼貌的基本要求。讲脏话，即口带脏字，讲起话来骂骂咧咧，出口讲脏话的人，不但不文明，而且也自降身价。

5. 不讲黑话

黑话，即流行于黑社会的行话。讲黑话的人，往往自以为见过世面，可以吓唬人，实际上却显得匪气十足，令人反感厌恶，难以与他人进行真正的沟通和交流。部分大学生受到不良影视作品的负面熏陶，言谈间不自觉地流露出"江湖气息"，频繁使用如"出来混"的用语，甚至以"大哥""小弟"相称，这种风气实属不妥，易对青年学生造成误导。中学生应当培养批判性思维，明确辨识黑社会的危害性与违法性，从内心深处及语言表达上坚决与之划清界限，保持距离，树立积极向上的价值观。

6. 拒绝低俗言辞

在日常交流中，应避免提及艳俗、绯闻、色情或过分关注男女关系的话题，这些统称为"荤话"。大学生应认识到，此类话题属于低俗范畴，非学生应热衷讨论的内容。说荤话非但不能彰显成熟，反而暴露个人品味的低下，更是对交流对象的不尊重。

7. 摒弃怪诞言论

有些人刻意追求言辞上的标新立异，说出的话或尖酸刻薄，或愤世嫉俗，或混淆是非，或夸大其词，试图以此引起他人注意，这种言论被称为"怪话"。经常发表怪话的人，往往难以赢得他人的好感与尊重。

8. 减少无意义谈话

在人际交往中，应尽量避免"废话"，即那些无关紧要、重复冗长或缺乏

实质内容的言语。学生应意识到,在沟通时应聚焦主题,避免无目的地闲聊,特别是在没有实质性话题可谈时,更应保持沉默,以免给对方留下轻浮或无趣的印象。学生应该牢记,在与人交往中,不宜主动去攀谈与实际交谈无关的题外话,尤其是不宜主动询问对方的个人隐私问题。

9. 不要张口就是祈使句

同学之间虽然年龄相近,也同样要使用礼貌用语。"喂,你过来一下。""嘿,这道题怎么做啊?""喂,把尺子给我用。"这些话只能让你的同学对你产生反感,久而久之,你就成了不受欢迎的人。

(三)互帮互助

乐于助人是中华民族传统美德之一,也是礼仪不可缺少的内容。无论学习还是生活,同学需要帮助时应力所能及,不要视而不见、置之不理。当然,有困难的学生也不要强求别人帮助,给别人带来困难,甚至麻烦。学习有困难的同学应虚心求教,成绩好的同学要保持谦虚的态度,主动真诚地帮助学习有困难的学生。

在与同学交往中,"雪中送炭"远比"锦上添花"更能让人感动,更能鼓舞人。那些有自卑情绪或身处逆境的同学更需赞美,一旦他们受到你当众真诚的赞美,便有可能因你而振作精神,大展宏图。所以,应该把自己的赞美多送给那些有自卑感或身处逆境的同学。

(四)借物归还

在日常生活中,同学之间可能有相互借钱借物等物质上的往来,但切忌马虎,每一项都应记得清楚明白,即使是小的款项,也应记在备忘录上,以提醒自己及时归还,以免遗忘,引起误会。具体来说,应注意以下几点:

1. 在日常生活中,我们应当确保个人常用物品的自给自足。若遇临时短缺,需向同学借用时,务必先向物主清晰说明需求,并征得对方同意后方可使用。使用过程中,应倍加珍惜,使用后迅速归还,并诚挚地向物主表达感谢,邀请其检查物品状况。若物主不在场,切勿擅自取用;若情况紧急且与物主关系亲近，可先行告知在场的其他人，明确借用详情，事后务必向物主解释并致歉。

2.在借用他人物品时，我们应秉持尊重与理解的原则。对于不甚熟识的物主，应避免提出借用请求；对于贵重物品或物主特别珍视之物，更应谨慎考虑，以免让物主陷入为难之境，这也是人际交往中基本的礼貌体现。

3.借款借物，诚信为本。一旦借得，应尽快归还。若因故无法按时归还，应定期与对方沟通，说明情况，并明确后续归还计划。即便只能部分归还，也是积极解决问题的态度体现。记住，"有借有还，再借不难"，这不仅关乎个人信誉，更是维护人际关系和谐的重要法则。在物质交往中，任何形式的占便宜行为，无论有意无意，都可能损害对方情感，降低自己在他人心中的正面形象。

（五）准时守信

1.具有良好的时间观念

在现代人看来，时间就是生命，时间就是效益，时间就是金钱。有鉴于此，在人际交往中，一定要有良好的时间观念。对于交往双方有关时间方面的约定，务必言出必行。不到万不得已，切勿随意更改，或是在与对方约定的时间里迟到、失约。与同学相处时，一定要对遵守时间的问题高度重视。

2.做讲信用的同学

在人际交往中，包括同学之间的相互交往，除了遵守时间，信守承诺也是一条基本的礼仪规范。古人在谈及做人之道时，曾有"一诺千金"之说。现代人在其人际交往中更是讲究遵守承诺，"言必信，行必果"。在社会上，出尔反尔、言而无信，被视为严重有损于个人形象的恶习。每一名学生都应该引以为戒。具体而言，需要注意以下两点。许诺必须谨慎。大凡许诺之人，均应该经过深思熟虑，并且要考虑后果，切勿草率行事，承诺"满天飞"。许诺必须兑现。凡是自己做出的每一项承诺，都要努力兑现。只有这样，才有自己的信誉可言。

三、异性交往礼仪的原则及礼仪规范

在学校特别是大学校园里,男女同学相处一定要十分注意礼仪修养,双方的交往要积极健康地进行,这不仅有利于提高大学生人际交往能力,而且对于稳定学校教学秩序,活跃气氛,避免意外事故的发生,都有积极的意义。与异性交往是一门科学和艺术,积极、健康、大胆地与异性交往,不仅提高人际交往能力,还可以掌握适应社会的技巧。遵循以下这些原则就能使男女异性同学之间的交往保持文明积极的氛围,并能避免一些不当行为的出现。

(一)互尊互助

1. 以礼相待异性同窗

男同学应展现绅士风度,言行得体;女同学则需展现温婉与优雅。男生欲与异性同学有所互动前,务必征得女方同意,并确保活动环境公开透明。交流过程中,双方应保持适度的身体距离,言谈举止应显露出高雅与礼貌,交流时间宜短不宜长,避免过分亲近。偶遇或重逢于校外,通常情况下,应由女生主动发起握手等身体接触,以体现尊重。

2. 平等互动,共促成长

男女同学间的交往应以平等、尊重为基石,相互学习,携手并进,相互扶持。特别是在需要体力支持或完成琐碎任务时,男生应主动承担更多,如体力劳动或清洁工作,展现绅士风范,同时在上下车等场合优先照顾女生。面对挑战与困难,男生更应挺身而出,勇于担当。而女生则需自尊自立,珍惜并感激男生的帮助,不应将其视为理所当然,应积极参与并分担任务,避免依赖心理。通过这样的分工合作与相互支持,男女同学间的友谊将更加和谐深厚。

(二)把握分寸

1. 异性同学间的交往原则:应确保交流环境光明正大,避免选择阴暗或偏僻的地点,优先选择公共场所进行。晚上不宜单独相处,以保障双方的安全与避免不必要的误解。若需访问异性宿舍,务必事先获得允许,且访问时间应控制在合理范围内,以避免引发不必要的议论或误会。

2. 言行举止的恰当性:在与异性同学的互动中,应保持适度的分寸感。既不必过分拘谨,显得不自然,也不应过于随意,忽视界限。避免使用贬低性或侮辱性的绰号,远离粗俗、不雅的语言及低俗的话题。长时间直视对方或过于亲密的肢体接触都应避免,同时,应认识到某些玩笑或行为可能因性别差异而不适宜,因此需特别注意男女之间的适当界限,确保言行举止得体且尊重对方。

(三)在交往中要注意保持一定距离

在异性间的交往中,由于天然存在的相互吸引力,当男女同学之间距离过近或发生身体接触时,这种亲密性可能会触发身体的自然反应,尤其是性器官可能会感受到刺激,进而引发一系列的条件反射,包括性冲动的产生。为了避免这些可能导致的误解、不适甚至不当行为,男女同学在相处时应当有意识地保持一定的物理距离,这不仅是出于对彼此个人空间的尊重,也是社交礼仪中不可或缺的一部分,有助于维护健康、纯洁的友谊关系。

(四)言行举止需恰当

在与异性同学独处时,若察觉到对方有情感升温、举止趋于亲密的倾向,应适时且礼貌地引导对方保持适当的界限,避免过于亲昵的言语与行为。此举旨在维护对方的尊严,同时也为自己筑起一道安全的防线。面对异性同学的追求,拒绝时应展现出文明与尊重,措辞温和而委婉,避免任何形式的嘲笑或公开其私密信息,以免伤害对方的自尊心。

(五)访问异性宿舍需留意时间

前往异性同学的住宿处拜访时,务必选择恰当的时间段,最好是集体活动或白天,避免深夜或单独前往。男女同学间的交往应秉持公开透明的原则,聚焦于学习、工作及健康娱乐活动,确保这样的交往方式能为大多数人所接受,既符合社会规范,也利于双方关系的健康发展。

(六)广泛交往,避免单一依赖

在与异性同学的交往中,应保持广泛性和多样性,避免过度集中于个别对象。这样的交往模式有助于我们更全面地吸收来自不同异性的优点与特质,从而促进个人性格的完善与人格的成熟。通过多元化的交流,我们能够更加全面地认识自己,同时也为未来的社交生活奠定坚实的基础。

四、同学交往礼仪禁忌

同学间的相处之道,实则蕴含诸多微妙之处,稍有不慎,便可能成为横亘在友谊之路上的坚固壁垒。其主要雷区可归纳为以下几点:

(一)避忌言辞粗鄙

有些同学外表温文尔雅,然言语间却夹杂着"脏话"或粗鲁之语,如同精美瓷器上的裂痕,令人望而生畏,自然难以亲近,更遑论建立起深厚的友情。

(二)戒除猜疑与不信任

常言道:"猜疑如利刃,割裂友情之网。"在同学关系中,猜疑如同无形的毒药,悄无声息地侵蚀着信任的根基。我们应铭记,真相需实证,不可轻信流言蜚语,更不可无端猜忌,以免误伤无辜,破坏和谐氛围。真正的友情,建立在相互信任之上,需要我们摒弃猜疑,以诚相待。

(三)远离嫉妒之心

嫉妒,这份情感的阴霾,源于内心的不平与不满,它如同暗夜中的毒蛇,悄然啃噬着心灵的绿洲。它源自个体间差异的认知与比较,当一方在才华、荣耀或境遇上有所攀升，尤其是展现出领先之势时，那些自感或实感落后之人，心中便可能滋生出不甘与怨怼，这便是嫉妒的温床。在我们同学之间，这种东方式的嫉妒尤为微妙且具破坏性，它不仅消磨了部分同学的进取心，更在无形中腐蚀了同窗情谊的基石。我们应当倡导通过不懈的奋斗与公平的较量，以正面的姿态寻求超越，这样的良性竞争不仅能激发彼此的潜能，更能营造出一种积极向上、相互促进的学习氛围，从而在共同进步中深化同学间的友谊。

（四）尊重他人隐私，避免揭人之短

每个人的心灵深处，都藏着一片不愿为人所知的秘密花园，那里或许藏着过往的伤痛，或许孕育着未来的梦想。然而，总有些人无视这份隐私的神圣，将窥探他人短处、打听个人隐私视为乐趣，甚至以此为谈资，恶意中伤或博取眼球。作为新时代的大学生，我们应当具备高度的道德自觉，坚决抵制这种不良风气。在言辞间，我们需时刻提醒自己，尊重他人即是尊重自己，避免触及他人不愿公开的敏感地带。在开口之前，多一份思考与体谅，让每一句话都成为增进友谊的桥梁，而非割裂情感的利刃。

（五）人格不平等

无论学习成绩好坏，同学在人格上是平等的，因此不应该在同学面前表现出明显的自傲或自卑来，自傲者与自卑者都可能与其他同学之间人为地拉大距离，影响同学关系。

（六）忌小团体主义

一个班级里的同学总会产生一些朋友群体，但是，不论群体外的人还是群体内的人，都是自己的同学，不要只与群体内的朋友相处，而不与群体外的同学交往。尤其是，当群体利益与班集体利益发生冲突时，不应当牺牲班集体利益来满足小团体利益。

(七) 忌不正当攀比

同学交往,免不了攀比,关键是看比什么。如果比思想进步、比学习进步、比身体健康这当然好;但如果比阔绰、比穿着时髦、比骄横,就实在不可取了。前一种比,比的是志气、信心,后一种比,比的是虚荣、嫉妒,其结果,前者越比越进步,后者越比越落后。所以不但要比,更要看比什么,坚持比好,摒弃比坏。

(八) 切莫夹杂过多金钱权力

同学们离开校园,走向社会后的人们,总是会不时发出这样的感慨,还是同学间的友谊最珍贵,它最真诚、最纯洁。因为它没有过多的功利色彩,没有太多的利益关系,轻松而简单,纯粹而真诚。生活中很多友谊的断裂都是因经济问题处理不好引发的。同学交往中,最好不要夹杂过多的金钱和权力因素,因经济上纠缠不清而产生误会,这是同学交往中不可忽视的一个重要方面。与同学交往的过程中,彼此涉及经济问题,处理起来是比较棘手的,经济上的往来应当怎样处理才能正确、得体呢? 同学之间相互帮衬,共同努力,是十分必要的,同学间曾一起走过的青春岁月,不拘于功名利禄的同窗情谊。同学交往,最可贵的正是这点,如果将过多的金钱权力夹杂在同学交往过程中,把以往同学间纯真的友谊当作取得利益的工具,使友谊变了味道,那将是十分可怕的,对彼此的伤害,是永久和深刻的。

(九) 忌急躁心理

巴金曾说:"友情是生活中的一盏明灯,离开它,生存就没有了光彩;离开它,生命就不会开花结果。"与同学交往中,切记四个字:"真诚相待。"同学交往,莫不如此,切忌心理急躁。同学交往,亲疏关系不要强求,应该随遇而安。与同学相交,贵在把握适度之道。急功近利或焦躁不安皆非良策,因同窗之情非朝夕可成,更非数日之内便能洞悉人心全貌。从哲理层面审视,初识之际,我们往往仅能触及彼此的表面光华,需历经时间的沉淀,持续收集并细心梳理那些感性的碎片,方能逐渐触及彼此本质的内核。故此,切勿轻率地给人贴上标签,勿急于对他人评头论足,正所谓"路遥知马力,日久见人心"。为了构建和谐美好的同窗关系,我们应当采取循序渐进的方式,耐心细致地观察与理解每位同学的性格特质及多元面向。在交往的过程中,保持灵活与耐心,依据具体情况灵活应对,就如同烹饪时精细掌握火候,既不过热亦不冷落,确保友情之花在理解与尊重的土壤中茁壮成长,最终实现与同学们的和平共处与深厚友谊。

第三节　小细节大文明　校园场景礼仪见修养

学校是学生学习的殿堂,学生在学校里不但要学习科学文化知识,还要学习为人处事的本领。尤其对于礼仪知识的学习与实践,表现在大学校园的各种场合、各种活动当中,融入大学学习、生活的全过程中。校园场景指大学生学习、活动的场所。校园场景礼仪是对大学生在不同的场景的礼仪规范要求。

一、课堂礼仪

教学活动主要在课堂上进行,遵守课堂礼仪,师生共同营造一个良好的学习氛围,对于提高学习效率,建立和谐的师生关系具有重要的意义。

(一)课前礼仪

上课前的三分钟,学生必须进入教室,做好准备。这本身就是对教师的尊敬。既能为老师取得良好的教学效果打下基础,又能够密切师生之间的关系。对学生本身来说,三分钟的准备也是从上一堂课转入下一堂课、从室外活动转入室内活动的一种过渡,能帮助学生让自己的思想尽快集中起来。

学生可以利用这三分钟的时间从容地做好上课准备,如找出上课要使用的课本、笔记本以及其他文具;也可以端正地坐好,恭迎并欢迎老师到来,为教师做好课前准备,如擦干净黑板、讲台,搬教学仪器等。上课铃响,学生应端坐在教室里并做好上课的一切准备,安静地恭候老师上课。

(二)不迟到

现在很多大学生把上课迟到看成是很正常的现象,因为高校大规模迟到现象司空见惯,学生也不以为意了。实际上,上课迟到是不礼貌的表现,因为迟到会打扰正常的上课秩序,既打扰老师正常的讲课思路,也影响到其他同学的听课。如果遇到特殊情况,不得已在老师上课后才进入教室时,若教室有两扇门,请从后门进入,遇到只有一扇门的教室,应该轻轻进入就近找位子坐下。如果因为迟到打扰了老师上课,应注意礼貌道歉。有些老师有要求,应先在教室门口轻轻叩门或喊"报告",得到允许后,才能进入教室,然后要诚实地向老师说明迟到的原因,得到老师谅解和允许后,迅速而轻声地归座。

(三)听课礼仪

在课堂上,学生应该集中精力听课,积极回答老师的提问,不做与课堂无关的事情。学生最基本的礼貌是遵守课堂纪律。

1.上课时学生要专心听讲、精神饱满、坐姿端正、做好笔记。不要心不在焉,打哈欠、打瞌睡;不要与同学说悄悄话、戴耳机或看与上课无关的书报;更不要吃东西、下棋、打牌或者玩游戏。要保持安静,最好不要携带手机,带在身边的也应关闭或调成静音,不要发出声响干扰课堂秩序。不能穿短裤、背心、拖鞋等进入教室。

2.在课堂上,无论是提问还是回答,学生应首先以举手示意,待获得老师的认可后再行动。发言时,应自觉站立,目光坦诚地面向老师,确保声音清晰响亮,让每位师生都能清晰接收信息。站姿应稳健,表情自然大方,避免不必要的肢体动作或刻意制造笑料。同时,其他同学需保持专注,尊重发言者,避免打断。若遇老师提问而自己确实不解,应礼貌站起,诚恳表示自己的困惑,切勿不懂装懂。

3. 老师授课期间,学生原则上不应随意离开教室。如遇紧急情况确需中途离场,应待老师讲解告一段落或问题解答完毕后,举手示意并请求离开。获得许可后,应迅速且安静地离开教室,以免影响课堂秩序。

(四)下课礼仪

当下课铃声响起,但老师尚未明确宣布下课时,学生不宜急于整理个人物品。待老师宣布下课并示意后,全体学生应起立致敬,等待老师先行离开教室。随后,学生方可自由活动,但需注意保持教室及教学楼内的宁静与秩序,避免高声喧哗、奔跑嬉戏等行为,以维护良好的学习环境。

(五)课堂其他礼仪

1. 努力清除"课桌文学"的负面影响

目前,不少学校教室的课桌表面遭受了不同程度的"创作"侵袭,布满了各式各样的笔迹与刀痕,这些作品既有无心之作,也不乏刻意为之。学生们或在此吟诗作对,或记录学习要点,亦或宣泄情绪、发表个人见解,形成了一种独特的"课桌文化"现象。然而,遗憾的是,这类"课桌文学"往往伴随着语言的粗俗与内容的不健康,比如,有人借古喻今,以自嘲方式表达对生活的不满;更有甚者,直接宣扬功利主义,将追求名利作为人生信条。从多个维度审视,这些"课桌文学"无疑带来了诸多负面影响。其一,学生在课桌上的涂写刻画,直接反映出部分学生的公共道德意识与自我约束能力的缺失,这不仅破坏了教学环境的整洁,也损害了作为学生应有的文明形象。其二,课桌上传播的这些格调不高的信息,无异于一种精神垃圾,对青少年的健康成长构成了潜在威胁,与我们所倡导的社会主义精神文明建设背道而驰。因此,为了营造一个更加和谐、积极的学习环境,我们亟需采取措施,加强对学生的公德教育,引导他们树立正确的价值观与审美观。同时,学校也应加强管理,对破坏公物的行为进行必要的惩罚与教育,共同维护我们宝贵的学习空间,促进学生全面健康地发展。

2. 不关手机最失礼

关手机是课堂上的基本礼仪,如果你实在"日理万机也请你把手机调成震动,课后再回电话给对方。无论如何请不要在课上接听电话。即使你的手机铃声再好听、再个性化、再值得炫耀,也一定不要让它突然在课堂上响起。不要在教室里频繁用手机发短信,或者用手机上网、看小说。

3. 老师讲课时出现口误或差错时,作为学生该怎么办?

老师在教学过程中出现差错,如由于笔误而写错字,由于发音不准而念错字,由于一时记混而说错等,这并不一定说明老师的水平低。作为学生应该正确对待老师在教学过程中出现的疏漏和差错,发现后应该选择适当的时机和方式悄悄告诉老师。沟通时,应使用请教或商量的语气,采取谦和的态度,让老师有思考和商榷的余地,不能使老师当场尴尬。

4. 受到老师的误解怎么办? 如何正确对待老师的批评?

如果老师的批评有误,或老师的批评不符合实际,可心平气和地选择在适当的场合和时间,善意地与老师交流,做出解释,同时做到"有则改之,无则加勉"。对老师的规劝和正确的批评,学生应愉快地接受,而且态度要谦虚,绝不能当面顶撞老师。

(六)营造教室整洁环境

1. 文明着装

上课时应保持仪容整洁,衣着大方,不得穿背心、运动短裤、拖鞋等进入教室。

2. 整洁卫生

不能将食品带入教学区,不在教室里吃东西。要注意保持教学场所的清洁,不得随地吐痰,乱扔纸屑等杂物。

3. 举止要得体

异性同学间的交往要举止得体,课堂上不应过分亲昵。

4.减少噪声

不要在教室大声喧哗，人们在教室应该低声交谈，音量以双方听清为准。此外，进入教室尽量轻拿轻放，如需挪动桌椅要将桌椅抬起，否则噪声会影响其他人的学习。

5.节约用电

下课之后协助老师及时关闭电灯、电扇、空调等电器设备。如果在课室里自习，同学们应养成离开时随手关闭电源的习惯。

二、寝室礼仪

寝室是学生共同生活的场所，学生大约有 2/3 的时间在宿舍里。宿舍是学生共同的家，也是反映学生精神文明和礼仪修养的一个窗口，需要格外重视。宿舍是大学生生活和休息的主要场所，宿舍关系是大学阶段最基本的人际关系，也是日常活动最基本的单位。住集体宿舍，遵守宿舍礼仪规范，能使宿舍成员间关系融洽、心情舒畅，既有利于学习，也有利于身心健康;反之，若关系不和，甚至关系紧张，就会给生活抹上一层阴影，带来一系列负面影响。

（一）宿舍基本礼仪

学生公寓是学生生活、休息的主要场所，除了自觉遵守学生宿舍管理规定外，还应注意以下礼仪:

1.保持寝室内卫生

（1）环境整洁，定期清扫:确保寝室内外环境干净无尘，定期清扫地面、桌椅、橱柜及门窗，营造清爽的生活空间。

（2）床铺整理，井然有序:被褥需折叠规整，置于指定位置，蚊帐妥善悬挂，床单平整不外露，床上仅保留必要且整洁的用品，展现良好的生活习惯。

（3）物品归位，整齐划一:衣物、日常用品如水杯、饭盒、热水瓶等，需按照统一标准摆放于指定区域,既美观又便于取用。

(4)勤洗衣物,保持清新:及时清洗脏衣物及鞋袜,防止异味滋生,保障寝室空气清新。

(5)个人物品,妥善保管:重要书籍、衣物及私人物品应放置于个人橱柜内,避免杂乱无章,确保物品安全。

(6)爱护公物,保持清洁:禁止在寝室内外乱涂乱画,不乱倒水,共同维护公共区域的整洁与美观。

(7)文明行为,尊重环境:严格遵守卫生规范,禁止在寝室区随地大小便,楼上住户不得向楼下倾倒任何物品,维护良好的生活环境。

2. 集体生活礼仪

(1)尊重共享,礼让他人:在使用水龙头、晾衣绳、电话等公共设施时,应展现出良好的礼貌与协作精神,尽量照顾到其他室友的需求,避免长时间占用或故意损坏。

(2)珍惜资源,节约用水:在使用自来水时,要养成节约用水的良好习惯,使用完毕后务必拧紧水龙头,共同为环境保护贡献力量。

(3)如厕时,若门已坏或者虚掩着,不能确定里面是否有人的话,应先敲门,核实无人后再进入。

(4)楼上的同学晾晒衣服要拧干,尽量不要滴湿楼下同学已晾着的衣物。

(5)不要过多地串门或在他人宿舍逗留过久,以免干扰他人正常的生活节奏。在午休或晚上休息时,拜访异性同学,应把对方请出来,而不是直奔异性宿舍,以免给对方的舍友带来不便。

(6)强化安全意识,维护宿舍安全。在离开宿舍时,请务必牢记安全的重要性,迅速且细致地关闭门窗,确保宿舍处于安全锁闭状态。对于不认识的人员或未经确认的来访者,切勿轻率地允许其进入宿舍区域,这是保护个人及室友财产与人身安全的基本准则。一旦发现任何可疑情况,如陌生人在宿舍楼徘徊、异响或异状等,应立即向宿管或相关部门报告,以便及时采取措施。此外,对于上门推销的人员,应保持高度警惕,不轻易相信其言辞,更不应冲动购买可能涉及盗版、走私等非法渠道的物品。这些行为不仅可能损害个人经济利益，还可能触犯法律法规，给自己带来不必要的麻烦。因此，在享受校园生活的同时，我们更应当时刻绷紧安全这根弦，共同营造一个安全、和谐、健康的住宿环境。

（7）在共享宿舍空间时，我们应致力于与舍友达成作息共识，展现相互间的包容与体谅。这意味着全体成员应努力协调个人起居时间，力求形成相对统一的作息模式，从而缩小彼此间的作息差异，营造和谐的生活环境。若因特殊情况需提前起床或延后就寝，我们应主动采取措施，如轻手轻脚行动、降低说话音量及调整光线亮度，以最大限度地减少对舍友休息或学习的干扰，共同维护宿舍的宁静与舒适。

（8）宿舍，作为我们共同生活的温馨家园，其环境的整洁与舒适离不开每位成员的共同努力与悉心维护。在这里，我们既享有属于自己的私密空间，也承担着维护公共区域秩序与卫生的责任。为了营造一个更加宜居的宿舍环境，许多宿舍实行了轮流值日制度，这一举措旨在确保每位成员都能积极参与到宿舍的日常管理中来。通过轮流值日，我们不仅能够及时完成诸如打水、扫地、倒垃圾等日常清洁任务，为宿舍的公共卫生环境贡献自己的一份力量，同时也是在为自己创造一个更加干净、整洁的生活空间。这种既利人又利己的行为，不仅体现了我们对他人的尊重与关怀，更是我们作为宿舍一员应有的责任与担当。

（9）在寝室走廊不准大声喧哗、吵闹、打口哨；就寝后，上下床注意不影响他人；在收听收音机等时，要使用耳机或把音量调低，不能影响他人休息。

（10）老师及客人进宿舍，下铺的同学要起立，上铺的同学要坐起，主动打招呼。

（11）不随便使用或挪动别人的东西；个人用品要放在固定的地方，注意摆放整齐，换洗的衣服要及时清洗晾干，不要乱放。

（二）舍友日常相处礼仪

1. 倡导平等共处

在宿舍生活中,我们应秉持一视同仁的原则,不偏袒任何一方,避免形成"小圈子"。与每位舍友都应以友善和尊重相待,确保每个人都能感受到集体的温暖与归属感。

2. 踊跃参与集体活动

宿舍的每一次活动都是加深彼此情谊的宝贵机会。我们应积极投身于这些活动中,即使因故不能全程参与,也应诚恳表达自己的想法与建议,而非勉强应付或直接拒绝,以免让舍友感到被冷落或失望。

3. 培养互助精神

在集体生活中,相互帮助是维系良好人际关系的基石。无论是日常生活的小事,如协助整理床铺,还是在他人遇到困难时伸出援手,如为生病的舍友代购食物,都是展现我们合作意识与关怀之心的具体表现。同时,当自己需要帮助时,也应勇敢地寻求舍友的支持与协助。

4. 乐于接受分享与邀请

舍友间的分享与宴请是增进感情的重要方式。当舍友带来零食与你分享时,不妨欣然接受这份好意,无需因担心给他人带来负担而拒绝。同样,当收到舍友因特殊场合发出的邀请时,也应以开放和感激的心态接受,这既是对舍友的尊重,也是增进彼此情谊的契机。

5. 慎言以和,避免无谓争执

"卧谈时光"作为宿舍文化的独特一环,本应充满欢声笑语与思想碰撞。然而,一时冲动的言辞往往能轻易打破这份和谐,将轻松的交流转变为激烈的争执。我们应当学会控制自己的情绪,避免为小事争强好胜,因为逞口舌之快非但无益于问题解决,反而可能损害彼此间的友谊与合作氛围。真正的智慧在于倾听与理解,而非一味地展示自我。

6.慷慨赞美，传递正能量

在集体生活中，每个人都是独一无二的个体，既有不足也有闪光点。我们应当拥有一双发现美的眼睛，不吝啬对舍友的真诚赞美。一句简单的夸奖，不仅能让对方感受到被认可的喜悦，更能激发团队的正面能量，促进宿舍氛围的和谐与融洽。记住，真诚的赞美是人际交往中最美的语言。

7.共筑温馨，同舟共济

面对同学的进步与成功，我们应报以衷心的祝贺与鼓励，而非嫉妒与冷漠。在他人遭遇困难时，更应伸出援手，给予支持与帮助，而非冷眼旁观甚至落井下石。这样的行为不仅体现了我们的品德与修养，更能在宿舍内部营造出一种积极向上、相互扶持的人文氛围。这样的氛围对于构建和谐宿舍关系、促进个人成长与发展具有不可估量的价值。

(三)寝室其他礼仪

1.在宿舍里串门、接待亲友或外人采访

(1)在得到同学邀请或经该宿舍其他成员同意的前提下，方可礼貌造访。进入他人宿舍时，应主动友好地向在场同学问好，并遵守主人的安排，仅坐在邀请者的床位上，避免随意占用其他床位或空间。同时，应尊重他人的私人财物，不擅自使用或翻动他人物品，这是对他人隐私的基本尊重。交流过程中，保持低语交谈，尽量缩短逗留时间，以免打扰到其他同学的休息或学习，共同维护宿舍的宁静与和谐环境。

(2)当需要访问异性同学的宿舍时，除了遵循基本的礼仪规范，如尊重个人空间、不打扰他人、不随意使用或翻动他人物品外，还需特别注意以下几点：首先，进门前务必礼貌地打招呼，并耐心等待室内同学的明确允许后再行进入，这是对异性宿舍成员隐私和安全的尊重。其次，选择适宜的访问时间尤为重要，应避免在同学们忙碌于个人生活事务的时段造访，特别是熄灯后不应前往，以免给对方带来不便或尴尬。再者，交流时应保持文雅得体的言谈举止，避免涉及不适宜的话题，同时尽量缩短逗留时间，以免打扰到

其他同学的正常作息。通过这些细致入微的考虑，我们能够在尊重与理解的基础上，促进异性同学之间的友好交流。

(3)当有亲友或外来人员到访时，作为主人，您应首先向室内的室友们打招呼，以示对大家生活空间的尊重。随后，在引领访客进入宿舍后，您应主动承担起介绍的责任，向室友们介绍访客的身份与来意。特别是当访客为异性时，更应提前打招呼并详细说明情况，确保室友们有足够的时间做好心理准备及相应的接待准备。同时，室友们也应展现出良好的礼仪风范，对访客表示欢迎与尊重，这样的互动不仅体现了对访客的重视，也加深了室友之间的默契与和谐。通过这样的方式，我们共同营造了一个既温馨又礼貌的宿舍环境。

(4)在安排住宿时，我们应当保持谨慎态度，避免随意邀请他人留宿，尤其是对于那些身份不明或背景不清的人更应加以防范。这样的做法是为了确保宿舍的安全与稳定，避免因不了解情况而引发的潜在问题或风险。因此，在做出留宿决定前，务必充分了解对方的底细，并衡量可能带来的后果，以确保宿舍成员的人身安全及财产不受损害。

2. 要相互关心但不要干预别人私事

关心也应有个限度，如果过分热心于别人的私事，也可能会导致侵犯他人的个人权利。如果有意或无意地干预别人的私事，也可能会造成难堪的后果。正确的做法是：

(1)我们应当严格遵守个人隐私的界限，绝不可擅自侵犯他人的私密空间，包括但不限于私自翻阅或窥视他人的日记。我们理解，有些同学可能因疏忽而未能妥善保管个人物品，如将日记本随意放置。然而，这绝不构成我们侵犯其隐私的借口。相反，我们应当展现出对他人的尊重与理解，即使无意间发现了这样的物品，也应立即避免任何形式的窥探行为，保持高尚的品德与道德操守。

(2)在集体宿舍这样的多人环境中，信件的往来频繁且承载着每个人的私密信息与情感。因此，我们必须坚守道德底线，严禁私自拆开或藏匿他人的信件，这是对他人隐私权最基本的尊重。同时，我们也应该避免过度好奇,不去打探同学的私人事务,尤其是那些他们选择保持沉默或不愿深入讨论的话题。每个人都有权保留自己的秘密,这是个人隐私权的体现,应当得到我们每个人的尊重与保护。在共同生活的集体中,建立和谐的人际关系离不开相互的尊重与理解,我们应当学会尊重他人的个人空间与选择,不去触碰那些他人不愿触及的领域。

(3)当同学有亲友来访并讨论私人事务时,其他同学应当展现出足够的尊重与理解,主动采取适当的回避措施,避免无意间干扰到他们的对话。在此期间,保持适当的距离与沉默尤为重要,切勿出于好奇而暗中偷听,更不可贸然插嘴或询问与私人事务无关的内容。这样的行为不仅可能侵犯到同学的隐私权,还可能破坏宿舍内的和谐氛围与相互信任。因此,我们应当时刻保持对他人隐私的尊重与保护,共同营造一个温馨、和谐、相互尊重的集体生活环境。

(4)当某位同学因个人私事离校时,我们应当给予充分的尊重与理解,不应过分好奇或追问其具体细节。了解该同学已向班主任或学校请假,确保其离校行为得到正规手续的支持与认可,便已足够。我们无需过多干涉或探究其个人私事,这是对他人隐私权的尊重,也是维护宿舍和谐氛围的重要一环。因此,在面对此类情况时,我们应保持适当的距离与沉默,避免不必要的打扰与猜疑。

三、食堂礼仪

学校食堂就餐人数多,就餐时间集中,工作人员往往比较繁忙,作为学生,应注意就餐的礼节。

(一)食堂就餐礼仪规范

1.有秩序地进入餐厅,不要冲、跑、挤,不拥挤、不插队,要互相谦让。

2.如果遇到老师、尊长,要请长辈先入座。

3.文明就餐,不大声交谈、喧哗。打喷嚏、剔牙应以手掩口,不对着别人。

4.在嚼食时,闭嘴唇,不可出声,当嘴里含有食物时,不要贸然讲话。在他人嘴含食物时,最好等他咽完再对他讲话。

5.对服务人员应有礼貌。

6.爱惜粮食,节约水电,爱护公共场所的公物及设施,不乱倒饭菜,维护正常的就餐秩序,保持食堂的整洁。

7.注意饮食卫生,及时洗刷餐具,不擅用别人餐具。

（二）吃饭讲文明

1.不要当着食堂工作人员的面,抱怨饭菜不好。有必要的话,可以用婉转的语气提出建议。

2.坐在座位上时,两脚自然并拢,双腿自然平放,坐姿自然,背部直立。骨、刺以及无法吃的其他东西,不要随地乱吐,可以放到餐具里或吐到自己准备的其他盛具里。

3.吃东西或喝汤时要小口吞咽,闭嘴咀嚼,尽量不发出响声。应该爱惜食物,不要随便剩饭、剩菜。有无法吃的饭、菜,要倒进指定的泔水桶里,不要往洗碗池、洗手池里倒。

4.食堂里不可以大声喧哗。和师长、同学以及熟悉的人在一起吃饭,先吃完的时候要说"大家慢慢吃"。

5.不要用手擦拭油腻的嘴,准备好餐巾纸,用餐巾纸擦拭。

6.尊重餐厅服务人员的劳动,对餐厅服务员应谦和有礼,当服务员忙不过来时,应耐心等待,不可敲击桌碗或喊叫。对于服务员工作上的失误,要善意提出,不可冷言冷语,加以讽刺。

（三）就餐其他礼仪规范

1.要注意公共卫生。进食堂不可随地吐痰,不可向地面泼水、扔杂物,剩余的饭菜倒在指定地方。

2.按规定时间就餐,遵守秩序,互相礼让,自觉按先后次序排队购买饭菜,不要硬挤或插队,更不应打闹、起哄和出现其他不文明行为。工作人员繁忙顾不过来时,要耐心等待,不要敲柜台、餐具,或挥舞手臂,也不要"师傅、师傅"地叫个不停,更不能隔柜台伸手拉工作人员的衣袖、衣角,这些做法都是失礼的。轮到自己打饭时,要客气地讲话。打饭后,应礼貌地说声"谢谢"。

3. 就餐时应注意节约粮食。所购买的饭菜,以吃饱为度,不要超量购买,以免吃不完造成浪费。

4. 在吃饭时,若发现饭菜有异物或质量问题,可找管理人员有礼貌地说清楚,以帮助食堂改进工作,提高服务质量。不可感情冲动,大发脾气,失去理智,吵闹不休。

四、图书馆礼仪

图书馆是人类智慧的宝库,也是学习和交流信息、获取信息的公共场所。人们来到这里或借阅图书资料,或查看报纸杂志,都是为了丰富充实自己的精神世界,提高自己的文化修养。所以,在这个场合尤其应当注意自身礼仪。

(一)图书馆的基本礼仪

图书馆,作为知识与文化的殿堂,其内的每一份静谧与秩序都蕴含着对知识的尊重与追求。在此,每位访客不仅是求知的行者,更是文明风尚的践行者。以下是图书馆礼仪的四大精髓,旨在引导我们共同营造一个更加和谐、高效的学习环境。

1. 秩序为先,排队为尊。步入图书馆的那一刻起,便应自觉成为维护公共秩序的守护者。在借阅书籍或办理相关业务时,请遵循"先来后到"的原则,耐心排队等候,让文明礼让成为我们共同的语言。同时,请尊重每一位读者的阅读权利,避免为他人预先占据座位,让每一份期待都能得到应有的回应。

2.在图书馆的静谧环境中,我们的每一个动作都应当轻柔细致,展现出对知识的尊重与对他人的关怀。就座时,移动椅子应小心翼翼,确保不发出刺耳的声响,以免打扰到周围沉浸于阅读中的同学。面对他人暂时离席的空位,我们应当保持谦逊与礼貌,不因位置优越而心生贪念,抢占座位。在学习过程中,我们应当合理规划自己的空间需求,避免占用过大的桌面,为其他同学留下足够的阅读空间。同时,阅读时的坐姿应当端正,这不仅有助于保持良好的学习状态,也是对自身健康的负责。我们应当避免在座位上休息、睡觉或频繁打哈欠,这样的行为既不符合图书馆的学习氛围,也可能对他人造成不必要的干扰。在交流讨论时,我们应当注意控制音量,尽量以低语的方式与同学沟通,避免大声喧哗或高声谈笑。如果需要进行长时间的讨论,我们应当自觉移步至图书馆外的合适区域,以免对室内其他读者的学习造成干扰。

3.维护清洁,共守净土。在图书馆的静谧时光里,维护室内环境的整洁是我们共同的责任。请避免携带食物进入,尤其是零食,以免残渣散落,影响卫生。同时,废弃纸张请投入指定垃圾桶,保持地面清洁。在查阅图书目录或卡片时,请温柔以待,避免翻乱、撕损或随意涂画,让每一份信息都能完整保留,供后来者查阅。此外,对待图书更要倍加珍惜,避免画线、折角等破坏行为,更不可撕页私藏。翻阅图书时,请轻手轻脚,减少声响,翻页时切勿使用唾液,以维护书籍的完好与卫生。

4.诚信借阅,共享资源。在图书馆浩瀚的书海中遨游时,若遇心仪资料,可通过正当途径与管理人员沟通,获得复印或拍照许可,以便保存所需信息,但绝不可为满足一己之私而撕毁或私自占有图书资料,这是对知识产权的尊重,也是个人品德的体现。对于开架图书,请逐一取阅,避免同时占用多册,以便更多读者能够享受阅读的乐趣。阅读完毕后,请及时将图书归还原位,为下一位读者留下便利,同时也体现了对公共资源的尊重与爱护。对于定期借阅的图书,请务必按期归还,共同维护图书馆良好的借阅秩序。

(二)图书馆的礼仪规范

1.在图书馆里要保持安静。要做到不接打电话,不与旁人窃窃私语,走路步履轻盈，不要穿带钉的皮鞋，以免鞋跟的声音过大影响他人。

2.在图书馆学习应衣着整洁，不能穿背心、短裤、拖鞋进入图书馆，不吃零食，不嚼口香糖，不吸烟，不随地吐痰。

3.在图书馆学习要讲文明、讲礼貌，不占座位，不为自己或他人划地盘。图书馆是公共学习场所，有空位人皆可坐，但欲坐在别人旁边的空位时，应有礼貌地询问其旁边是否有人。

4.在图书馆学习和阅览图书、报刊时，应自觉爱护图书馆的公共设施和图书、报刊，不在书上标注或折页。

案例思考

案例一　杭州图书馆 10 年不拒乞丐
　　　　唯一要求是洗手

　　"我无权拒绝他们入内读书,但您有权选择离开。"杭州市图书馆馆长褚树青说的这句话曾走红网络。从 2003 年起,杭州图书馆允许乞丐和拾荒者入内阅读,至今已经 10 年。

　　拾荒者也是读者

　　家住景芳小区的张敏剑是杭州图书馆的常客,经常"泡"在馆内。"在图书馆内,我常见到不少外来务工者。"他说,虽然如此,他们享受的是同等待遇。

　　"进图书馆不要任何证件,借书也免费。"张敏剑说:"也许他们的主要目的不是看书,但他们在休息的时候,哪怕随手翻报纸,也比在外面没事干要好吧。"

　　记者了解到,在杭州图书馆对乞丐和拾荒者开放之初,有读者无法接受,他们找到馆长说,允许乞丐和拾荒者进图书馆,是对其他读者的不尊重。

　　"我们图书馆一向坚持对所有读者免费开放,乞丐和拾荒者进门阅览,他们也是读者,我们无权拒绝他们看书。10 年来,对他们的唯一要求就是把手洗干净再阅读。"杭州图书馆文献借阅中心副主任何妨说,现在,每天至少有 8000 人入馆阅读,其中有不少是农民工,也有拾荒者、乞丐。

　　让张敏剑印象深刻的是,今年夏季气温比较高,即使入夜,也是热浪滚滚,他常常能见到外来务工者、拾荒者进入图书馆纳凉。"他们常常全家一起来,随意翻阅报纸期刊,直到图书馆快关门时,他们才离开。"

尊重赢得信任

10月18日,记者在杭州图书馆内采访,不时能见到外来农民工和本地读者一起并排而坐,埋头看报和书。

重庆人梅钟强正在图书馆的电脑上查阅资料。他告诉记者:"这里环境很好,服务态度也很好。即使有些性子急的读者嗓门大了,工作人员还是带着微笑劝阻,没有一点不耐烦。"

在梅钟强眼中,图书借阅区的那一排排书架,还有图书馆内的布置,让他觉得像"天堂"。在音乐分馆内的沙发上,有不少外来农民工、拾荒者模样的读者。"我们在等着看图书馆内的片子。"一位老家江西的农民工说,他非常喜欢图书馆内那种可以得到尊重,每个人都平等的感觉。每次经过借阅台,工作人员都会冲他微微一笑。

这种尊重赢得了不少外来农民工的信任。何妨告诉记者,前不久,一名年轻姑娘在馆内神情恍惚地走着,找到工作人员,说自己心理有问题。

在工作人员的循循善诱下,这名姑娘吐露了心里埋藏了很久的委屈:她来自河南,家里有个弟弟在读书,家里要她寄钱;家里花销,要她寄钱;前段时间,弟弟准备买房子结婚,家里还要她寄钱……重压之下,她得了抑郁症。

正好图书馆有心理咨询,工作人员把她引到咨询台前,请心理专家给她做心理辅导。结束的时候,她说了一句:好受多了。

平等促进融入

经过10年的努力,杭州图书馆倡导的平等理念也渐渐进入了读者的心中。今年9月的一天,在报刊阅览处,一名农民工突然癫痫发作,昏倒在地,现场的读者不分本地、外地,立即展开救援。

"我赶到时,已有杭州红会医院一名医生在为他急救。"图书馆工作人员邵春骁说,看到这一幕,她暗自庆幸,幸亏有读者是医生,否则真不知道该怎么办。

现场,还有读者拿起病人的手机,根据手机上的号码,挨个拨出去,和他的亲朋好友联系;还有的读者拿起了自己的手机,拨起了急救电话……"病人的鞋子掉了,急救车到来时,还有读者捡起鞋子,给他穿在脚上。"邵春骁说,这些读者默默地帮助别人,然后默默地离去,包括那位医生在内,没有一个人留下名字。

平等交流,促进融入。市民刘杰是杭州图书馆的常客,他观察了这些年来图书馆一些非杭州本地读者的举止:"开始的时候,他们进来时说话声音会比较响,有些可能是在建筑工地干活的,脸上、手上比较脏。这几年来,看书之前,他们会很自觉地去卫生间洗脸洗手,说话声音也轻了,整体素质明显提高。"

案例评析:

接过他人的名片看过之后,应将其精心放入自己的名片包、名片夹或上衣口袋等位置,切勿放在其他地方。A公司销售部负责人却随意存放他人名片,掉在地上也浑然不知,这是对对方不敬、不尊重的表现。而且在等待客户的过程中,举止烦躁,表现得很不耐烦,给人对此单生意无所谓的态度,还体现了对对方的不尊重,生意告吹也在情理之中了。

(资料来源:杭州图书馆10年不拒乞丐 唯一要求是洗手后再阅读中国新闻网2013年9月10日。https://www.chinanews.com.cn/cul/2013/09-10/5267029.shtml。)

你如何看待图书馆要洗手这件事?学校图书馆礼仪应该是怎样的呢?孔子曰:"质胜文则野,文胜质则史。文质彬彬,然后君子。"学校图书馆拥有成千上万的馆藏,它是一个知识的海洋,也是一个科学的殿堂,学生们进入图书馆以后,就是进入了"人民的终身学校"。图书馆在丰富学生们知识的同时,也能有效地历练礼仪修养。

实战演练

演练一　校园日常礼仪实训

实践目的：

让学生了解校园礼仪的规范与要求，设立校园礼仪场景。分为教室、寝室、图书馆、餐厅四个场景。让学生按照要求进行训练，明确师生礼仪、同学礼仪、公共礼仪和集会礼仪的基本要求与规范，培养大学生在校园中的基本礼貌礼仪，创建文明校园。

实践方案：

1.将男女同学按比例分为四大组，提前给出实训主题，由每组同学结合实际的学习与生活情况，自由发挥创设礼仪实训场景，最后由授课教师统一指导确定实训内容。

2.每一组同学积极准备，认真参与。

3.每组学生轮流上台演示实训场景，其他组同学进行集体讨论。在四组同学分别演示校园礼仪场景后，由各组代表阐述本组对演示内容的观点。每位同学需要表达自己的观点并由本组代表进行整合，形成小组观点。

4.在各组实训后分组讨论，互相点评，最后每组派一名代表作总结陈词,说明本组和他组的可取之处以及存在的不足,阐明今后在校园礼仪的实际操作中应当注意事项。

5.教师对学生的表现与观点进行总结点评,指出不符合校园礼仪的言行,并对这些言行进行纠正,指导学生在校园中讲文明、守礼仪;对符合校园礼仪的语言与表现给予充分肯定与表扬,并说明理由。最后强调校园礼仪的基本要求与重要性,说明大学生遵守校园礼仪的重要意义。

演练二　看看你和同学间的关系如何?

实践目的:

为了了解大学人际关系的情况,促进同学之间更好地处理与他人的人际关系提出相关建议,我们特对大学同学进行此次问卷调查。

实践方案:

1.你最近一次和同学交朋友,是因为:(　　)。

A.你认为不得不交朋友　　　B.他们喜欢你

C.你发现这些朋友令人高兴、愉快

2.当你度假时,你常:(　　)。

A.希望交到朋友,可是往往很难做到

B.喜欢独自一个人消磨时间

C.通常很容易就交到了朋友

3.你已经定下了和几个同学的约会,可是却因为繁多的作业而疲惫不堪,无法赴约,你会:(　　)。

A. 不赴约了,希望对方会谅解你

B. 去赴约,但问对方如果你早些回家的话,他们是否会介意

C. 去赴约,并尽量显得高兴

4. 一个同学向你倾吐了一件极有兴趣的个人问题,你常:(　　)。

A. 连考虑都没考虑,就把这件事告诉了别人

B. 根据情况决定是否要告诉别人

C. 为同学保密,不把这件事告诉别人

5. 当你的同学有困难时,你发现:(　　)。

A. 他们不愿意来麻烦你

B. 只有与你有关系的少数朋友才来向你求助

C. 他们愿意来找你请求帮助

6. 对于同学的优缺点,你的处理方法是:(　　)。

A. 我相信真诚,所以对于我看不惯的缺点,我不得不指出

B. 我喜欢赞扬别人的优点,缺点则尽量回避

C. 我既不吹捧奉承,也不求全苛责他们

7. 在你选择朋友时,你发现:(　　)。

A. 你只能和你趣味相同的人友好相处

B. 兴趣爱好不相同的人偶尔也能相处

C. 一般说来,你几乎能和任何人成为朋友

8. 对于同学们的恶作剧,你会:(　　)。

A. 感到生气并发怒

B. 看你的心情和环境如何,也许和他们一起大笑,也许生气并发怒

C. 和他们一起大笑

9. 对于同学间的矛盾,你喜欢:(　　)。

A. 打听、传播　　B. 不介入　　C. 设法缓和

10. 每天上学以后,对于扫地、打水一类的琐事,你的态度是:(　　)。

A. 想不到做　　B. 轮流做　　C. 主动做

对于每道题,答 A 得 1 分,答 B 得 2 分,答 C 则得 3 分。算算你自己的

分数,看看你和同学的关系到底怎么样?

分数在 15 分以下:你是一个不大合群的人,如果你确实想把自己的人缘搞好一点,就需要改善一下你同周围同学的关系了。

分数在 15—25 分:你和同学的关系还算可以,但还需要做适当的调整。

分数在 25 分以上:你的人缘很好。

拓展阅读

世界上教师最受尊敬的国家排名中国居首

　　"尊师重道"这一传统观念在全球范围内并未达成普遍共识，其体现形式与认可程度因地而异。近期，英国广播公司（BBC）援引的一项国际调查研究揭示了一个令人深思的现象：众多国家中，教师职业并未收获社会应有的敬意与认可。这一现状直接影响了教育领域的可持续发展，年轻一代对于投身教育事业的热情显著降温，进而造成教师队伍质量下滑，以及许多在职教师面临薪酬与其辛勤付出不相匹配的困境。

　　据英国国家经济社会研究学会与瓦基基金会联合发起的一项跨国调查结果显示，在全球教师受尊敬程度的排名中，亚洲国家表现尤为突出，占据了前十席位的大部，而中国更是独占鳌头。然而，在欧洲与南美洲的部分地区，学生对教师的尊重态度普遍较为淡漠，形成了鲜明对比。尤其是巴西、以色列及意大利，这些国家的教师在"教师地位指数"中处于相对较低的位置，凸显了这些地区在教育职业尊重度上的不足与挑战。

　　调查数据鲜明地展示了中国教师在全球范围内的崇高地位，其中高达81%的受访者肯定了学生对教师的高度尊重，这一比例远超国际平均的36%，彰显了中国的尊师重教传统之深厚。相比之下，英国教师的地位也相当可观，在国际35个国家与地区的排名中占据上游，甚至超越了美国、法国及德国等传统教育强国。

　　这一研究深入剖析了亚洲，特别是中国、韩国及新加坡等国，其深厚的尊师重教文化根源,认为这种文化环境对提升教师职业的吸引力起到了至关重要的作用。值得注意的是,这些地区的学生在国际标准化考试中往往表现出色,进一步印证了文化氛围与教育质量之间的紧密联系。研究人员指出,在这样的文化背景下,教育职业成为众多优秀人才竞相向往的选择。

然而,从另一维度审视,儿童对未来职业的理想选择也在一定程度上反映了社会对教师职业的尊重程度。在中国、印度及加纳等国家,教师职业被广泛视为一个值得尊敬和追求的职业道路,许多家庭积极鼓励子女投身教育事业。反观俄罗斯、以色列及日本,教师职业并未获得同等程度的青睐,父母更倾向于劝阻孩子选择这一行业,这在一定程度上揭示了这些国家在提升教师职业地位及改善教育行业环境方面面临的挑战。

此次研究调研结果显示,一个普遍现象显现于多数国家和地区:公众普遍低估了教师的实际工作时长,这深刻地揭示了教师群体在多地面临着劳动价值被忽视的现状,即他们的辛勤付出并未获得相应程度的认可与关注。特别值得注意的是,仅有加拿大与芬兰的受访者能够准确感知到教师工作时间的真实情况,认为其远超于常规认知。

以英国为例,该调研指出英国教师的工作强度在全球名列前茅,每周工作时长突破 50 小时大关,这一时长还涵盖了教师在非工作场所,如家中进行的额外劳动,如批改作业等。然而,即便是在这样高强度的工作负荷下,并非所有社会成员都能深刻理解并认同教师的辛勤与奉献,这进一步凸显了提高教师职业社会认知度与尊重度的迫切需求。

集会礼仪的"TPO"原则

清华大学博士生导师、礼仪教育专家彭林教授认为,不管是什么形式的集会,参与者都应遵循一个基本原则,即"TPO"原则。

T=时间(Time),严守会议(或活动)时间,接到会议(或活动)通知后,应按规定的时间提前 5 分钟到场，以便有一定的时间进行必要的会前准备。

P=地点（Place），一定要核准具体地点，对于自己不熟悉的地点一定要提前打听清楚，必要的话可以先去一次熟悉环境。

O=目的（Object），要做到有目的地聆听（或观看）和记录，听时要聚精会神，保持安静，汲取他人发言的精华，抓住要点。不管是否有价值，切忌心神不定，"魂游"于会场之外。

深学细悟

1. 某高校市场营销专业学生王某是一名性格开朗、为人热情的男生,篮球技术高超,是校队的主力队员,在班级担任体育委员。但王同学有些不拘小节,经常说话带脏字,喜欢去隔壁宿舍串门,并且还不打招呼带朋友回宿舍聚会,弄得寝室里乌烟瘴气,时常影响到其他同学的正常休息,他所在寝室的同学对他意见很大,联名向班主任老师提出让他搬出宿舍。王同学很委屈,他认为这是他的生活方式,为什么大家不能理解?

2. 小琴家里比较富裕,在食堂总是打比较贵的饭菜。即便这样,她总是抱怨饭菜不好吃。有时候,一份菜只吃一点点就倒在垃圾桶里。值日的学生干部见状批评了她几次,可是她骄傲地说:"饭菜是我花钱买的,我倒的是我自己的钱,和你有什么关系?"如果你是值日干部,你如何应对呢?

参考文献

[1]《高举中国特色社会主义伟大旗帜　为全面建设社会主义现代化国家而团结奋斗：在中国共产党第二十次全国代表大会上的报告》，人民出版社，2022.

[2]邓彦，李晓悦主编.大学生实用礼仪[M].成都：电子科学技术大学出版社，2020.

[3]许湘岳，蒋璟萍，费秋萍.礼仪训练教程[M].北京：人民出版社，2017

[4]赵春珍.中外礼仪故事与案例赏析[M].北京：首都经济贸易大学出版社，2011.

[5]董乃群，刘庆军.社交礼仪实训教程[M].北京：清华大学出版社，北京交通大学出版社，2017.

[6]吴新红.实用职场礼仪与实训[M].北京：化学工业出版社，北京交通大学出版社，2018.

[7]曾曼琼，刘家芬.现代礼仪及实训教程[M].北京：化学工业出版社，2018.

[8]张建华主审；张娟主编."十三五"大学生人文素质教育课程改革规划教材　职业礼仪项目化教程[M].济南：山东人民出版社，2016.

[9]张岩松.商务礼仪实用教程[M].北京：清华大学出版社，2016.

［10］包立敏.优雅的社交礼仪［M］.哈尔滨:哈尔滨出版社,2016.

［11］徐蕊.优雅的用餐礼仪［M］.哈尔滨:哈尔滨出版社,2016.

［12］任雪浩.实用签名艺术［M］.江西:江西美术出版社,2000.

［13］任雪浩.签好名字走四方［M］.广东:广东科技出版社,2012.

［14］曹开英等.现代社交礼仪［M］.北京:北京交通大学出版社,2014.

［15］张岩松,唐召英.现代交际礼仪实训教程［M］.北京:清华大学出版社,2018.

［16］唐长菁.伍燕.现代礼仪与沟通［M］.西安:西安电子科技大学出版社,2016.

［17］宋薇编.中外礼仪大全［M］.江苏:译林出版社,2017.

［18］金正昆.校园礼仪［M］.北京:中国人民大学出版社,2018.

［19］我的第一本职场礼仪细节［M］.中国纺织出版社.2019.

［20］金正昆.职场礼仪［M］.北京联合出版公司出版.2017.

［21］董乃群,刘庆军主编.社交礼仪实训教程［M］.北京:北京交通大学出版社,2012.

［22］王雅菲主编.大学语文［M］.北京:华夏出版社,2018.

［23］张秋筠主编.商务礼仪教程［M］.北京:中国商务出版社,2007.

［24］单浩杰主编.现代社交礼仪第 2 版［M］.北京:北京交通大学出版社,2012.

［25］刘晖编著.实用礼仪训练教程［M］.北京:电子工业出版社,2008.

［26］谭铮.爱国主义教育的多维视角审视［D］.北京交通大学博硕论文,2011.

［27］未来之舟编著.公务员礼仪培训手册［M］.北京:海洋出版社,2006.

［28］鄢郭望主编.公共礼仪［M］.陕西:西北工业大学出版社,2007.

［29］刘国柱主编.现代商务礼仪［M］.北京:电子工业出版社,2005.01

［30］王炎,杨晶主编.商务礼仪 情境项目训练［M］.北京:电子工业出版社,2014.

[31]赵春珍编著.中外礼仪故事与案例赏析[M].北京:首都经济贸易大学出版社,2011.

[32]张岩松,刘志敏,李文强主编.现代公关礼仪[M].北京:经济管理出版社,2015.

[33]程燕.塑造良好的网络礼仪形象——以 QQ 聊天即时通讯工具为例进行分析[J].安徽文学(下半月),2011.

[34]张岩松,马琼主编.现代旅游礼仪[M].北京:清华大学出版社,2015.

[35]杨建华.表情包文化的引导与规范[J].人民论坛,2018.